MISTER Q

D1866163

Die gemeinsten Fußballfragen

Alles Liebe
zum Geburtstag
wünscht dir

Leon

MISTER Q

Die gemeinsten Fußballfragen

Manufactured under licence by

Chronik VERLAG

Projektleitung: Christina Langner, Petra Niebuhr-Timpe
Layout, Cartoons und Satz: Jo. Pelle Küker-Bünermann
Redaktion: INTERPILLMEDIA GMBH, Hamburg
Stefanie Franz, Christina Langner, Petra Niebuhr-Timpe

Medienbereitstellung: Daniela Wuttke
Datentechnik: Ute Dieckmann, Nionex GmbH, Gütersloh
Produktion: Olaf Braun
Herstellung: Martin Kramer, Sebastian Runow
Einbandgestaltung: Jo. Pelle Küker-Bünermann, Dirk Bischoff
Druck und Bindung: GGP Media GmbH, Pößneck

Für den Inhalt dieses Buches ist ausschließlich die Wissen Media Verlag GmbH verantwortlich.

Abbildungsnachweis:

Corbis-Bettmann, New York: 134/135, 237/UPI; Horstmüller, Düsseldorf: 201; Picture-Alliance GmbH, Frankfurt: 6/ Sampics/Matzke, 26/27, 47, 87/Breloer, 102/Scheidemann, 111/epa/Gillieron, 158/Abaca/Hahn, 183, 226, 248/249.

Printed in Germany

ISBN 3-577-16406-9

Vorwort

„Die FIFA-Fussball-Weltmeisterschaft™“ steht vor der Tür – Deutschland ist im Fußball-Fieber. „Die gemeinsten Fußballfragen“ aus der beliebten Reihe „Mister Q“ bieten echten Fußballexperten – und solchen, die es werden wollen – die Möglichkeit, ihr Wissen rund um Spieler, Trainer, Anekdoten, Skandale und vieles mehr unter Beweis zu stellen und sich dabei optimal auf das Großereignis FIFA WM vorzubereiten.

Ob zum kurzweiligen Zeitvertreib zwischen den spannenden Fußballbegegnungen oder zum intensiven Training – der Quizmarathon macht Spaß, verblüfft und baut Expertenwissen auf und aus.

Eine bunte Mischung aus kniffligen und hintergründigen Fragen mit je vier Antwortoptionen, kuriosen Lügen- und Rätselgeschichten und vielen weiteren Rätseltypen sorgt für ein abwechslungsreiches Freizeitvergnügen.

Also, auf zum Training und viel Spaß!

Der deutsche Nationalspieler Sebastian Deisler konnte beim „FIFA Konföderationen-Pokal Deutschland 2005“ überzeugen.

1. Wer scheiterte beim einzigen in der regulären Spielzeit gegen die Deutschen verhängten Elfmeter der FIFA WM-Geschichte?

A Ronald Koeman
B Marco van Basten
C Antonio Cabrini
D Claudio Gentile

2. Welchen französischen Club trainiert Didier Deschamps seit 2001?

A Olympique Lyon
B Paris St. Germain
C SEC Bastia
D AS Monaco

3. Zu welchem Verein kam der Kroate Zvonomir Soldo 1996?

A VfL Bochum
B VfB Stuttgart
C VfL Wolfsburg
D SC Freiburg

4. Welcher heutige Trainer erzielte fünf Elfmeter-Tore für Hertha BSC Berlin?

A Ralf Rangnick
B Volker Finke
C Otto Rehhagel
D Jürgen Röber

5. Das Vereinslokal des 1. FC Nürnberg nach Gründung 1900 hieß...

A ...Frankenwald
B ...Loreley
C ...Frankonia
D ...Spinne

6. Welchen Titel haben die Memoiren des brasilianischen Stars Rivaldo?

A „Der Sieg über das Schicksal"
B „Mein Weg nach oben"
C „Brasilia Go"
D „Die Macht der Seele"

7. Bei welchen Bundesligisten stand der Mainzer Torwart Dimo Wache einst unter Vertrag?

A Rostock und Bielefeld
B Wolfsburg und Nürnberg
C Dortmund und Schalke
D Leverkusen und Mönchengladbach

8. Wann wurde Helmut Rahn geboren?

A 1924
B 1929
C 1933
D 1934

9. Wann wurde der DFB gegründet?

A 1. April 1899
B 28. Januar 1900
C 31. Dezember 1901
D 25. Juni 1902

10. Wie lautet der Spitzname des Spielers Helmut Rahn?

A Chef
B Direktor
C Boss
D Oberst

11. In welcher belgischen Stadt spielt der RSC Anderlecht?

A Antwerpen
B Brügge
C Brüssel
D Gent

12. Wie viele Jahre spielte Fortuna Köln in der 1. Bundesliga?

A Ein Jahr
B Drei Jahre
C Fünf Jahre
D Noch nie

13. Welchen Job trat Udo Lattek 1988 nach seinem Rücktritt als Trainer des 1. FC Köln an?
- A Spielerberater
- B Kolumnist bei „Sport-Bild“
- C DFB-Pressewart
- D Chefredakteur beim „Kicker“

14. Wie oft wurde der SSC Neapel bis heute Italienischer Meister?
- A Zweimal
- B Viermal
- C Achtmal
- D Zwölfmal

15. Für welche Nation absolvierte Teddy Lucic von Bayer 04 Leverkusen über 60 Länderspiele?
- A Schweden
- B Rumänien
- C Irland
- D USA

16. Welcher ostdeutsche Verein stand 1981 im Finale des Europapokals der Pokalsieger?
- A Dynamo Dresden
- B 1. FC Magdeburg
- C Chemie Leipzig
- D Carl Zeiss Jena

17. Welches Land gewann 1981 die so genannte „Mini-WM“?
- A Chile
- B Uruguay
- C Kanada
- D Frankreich

18. Welcher deutsche Club nahm den Brasilianer Marcelinho unter Vertrag?
- A Bayer 04 Leverkusen
- B Arminia Bielefeld
- C VfB Stuttgart
- D Hertha BSC Berlin

19. Wer gilt als „Weltenbummler“ unter den deutschen Trainern?
- A Christoph Daum
- B Rudi Gutendorf
- C Erich Ribbeck
- D Berti Vogts

20. Wie oft wurde Franz Beckenbauer als Spieler und Trainer Weltmeister?
- A Einmal
- B Zweimal
- C Dreimal
- D Viermal

21. Wann beendete Berti Vogts seine aktive Laufbahn als Spieler?
- A 1979
- B 1980
- C 1981
- D 1982

22. In welcher Saison verteidigte Kameruns Nationalspieler Rigobert Song für den 1. FC Köln?
- A 1993/94
- B 1997/98
- C 2001/02
- D 2003/04

23. Aus welchem Land stammt Mittelfeldspieler Marian Hristov?
- A Polen
- B Bulgarien
- C Russland
- D Kroatien

24. Welches Novum gab es bei der FIFA WM 2002?
- A Titelverteidiger war nicht automatisch qualifiziert
- B Fernsehbeweis wurde zugelassen
- C Es gab zwei Gastgeber
- D Weltmeister verteidigt Titel

25. Für welchen italienischen Club spielte Ex-Nationalstürmer Karl-Heinz Riedle?
- A Lazio Rom
- B AC Florenz
- C AS Rom
- D AC Parma

26. Welcher Politiker ist seit 1990 Ehrenpräsident des FC Halle?
- A Gregor Gysi
- B Helmut Kohl
- C Hans-Dietrich Genscher
- D Guido Westerwelle

27. Wer trainierte den 1. FC Kaiserslautern von 2000 bis 2002?
- A Roger Lutz
- B Erik Gerets
- C Otto Rehhagel
- D Andreas Brehme

28. Wie endete das Vorrundenspiel zwischen Deutschland und Ungarn bei der FIFA WM 1954?
- A 3:2
- B 7:4
- C 3:8
- D 0:6

29. Wer war bei der EM 2004 Bundestrainer der deutschen Auswahl?
- A Rudi Völler
- B Michael Skibbe
- C Lothar Matthäus
- D Jürgen Klinsmann

30. Welcher Trainer führte den FC Bayern München 1969 zur Deutschen Meisterschaft?
- A Branco Zebec
- B Max Merkel
- C Gunter Baumann
- D Robert Körner

31. Welcher Verein empfängt im Stadion an der Bremer Brücke seine Gegner?
- A Darmstadt 98
- B SG Wattenscheid 09
- C VfL Osnabrück
- D Jahn Regensburg

32. Welche englische Mannschaft gewann 1979 und 1980 den Europapokal der Landesmeister?
- A Nottingham Forest
- B Newcastle United
- C Arsenal London
- D West Ham United

33. Welcher Club war von 1992 bis 2004 13-mal in Folge Norwegischer Meister?
- A Viking Stavanger
- B FK Moss
- C Rosenborg Trondheim
- D Molde FK

34. An wem scheiterte Hans-Peter Briegel als Manager des 1. FC Kaiserslautern?
- A An Otto Rehhagel
- B An Andy Brehme
- C An Fritz Walter
- D An Thomas Allofs

35. Welchen Verein trainierte Diethelm Ferner zwischen 1973 und 1975?
- A RW Essen
- B Eintracht Frankfurt
- C Arminia Bielefeld
- D RW Oberhausen

36. Wer gewann als Trainer mit der englischen Nationalmannschaft die FIFA WM 1966?
- A Richard Clough
- B Arthur Ellis
- C Alf Ramsey
- D Bobby Moore

37. Versteckter Fußballer

Es stand in der Zeitung...

Die folgende kurze Notiz stand vor einigen Monaten in einer örtlichen Zeitung: „Am kommenden Mittwoch ist in Großmunderhausen wieder der jährliche große Bauernball. Ackergäule ziehen, in alter Tradition wiederum festlich geschmückt, durchs Dorf."

Können Sie den darin versteckten deutschen Fußballspieler entdecken?

38. Zum Schmunzeln

Schicksal

Anna, die Schönste im Ort, trifft ihre Freundin Karin. Fragt Karin: „Stimmt es, dass du nicht mehr mit dem Mittelstürmer von TUS Waldfrieden 09 zusammen bist?" – „Ja, es ist aus." – „Aber warum denn das?" Antwortet Anna kleinlaut: „Ich bin leider im Viertelfinale ausgeschieden!"

Küss mich, Schnuckiputzi, küss mich!

Es wird die Aufzeichnung eines Fußballspiels gesendet. Meint Stürmer Udo zu den Vorwürfen seiner Freundin: „Natürlich hab ich dich noch nie so wild geküsst. Aber du hast ja auch noch nie so ein schönes Tor geschossen wie mein Kumpel!"

39. Silbenspiel

Bilden Sie aus diesen Silben die Namen von sechs Rekordspielern der Bundesliga. Wenn Sie diese richtig ordnen, ergibt sich aus den Anfangsbuchstaben ein weiterer Name eines Rekordspielers:

AL – AU – BORN – GEN – GEN – HA – KERT – LER – LOFS – O – RATH – TEN – THA – VE – VOL – VOLL

40. Wer passt nicht zu den anderen?

Eine der folgenden Personen passt nicht zu den anderen. Können Sie erkennen, welche?

MANFRED MANGLITZ – DIRK HEINEN – WILLI LEMKE – HORST SCHNOOR

41. Besuchskarte

Welcher Fußballer möchte sich hier bei Ihnen vorstellen?

JON LAKERL

42. **Wann trat Erich Ribbeck sein Amt als Teamchef der deutschen Nationalelf an?**
- A Im September 1998
- B Im Oktober 1998
- C Im November 1998
- D Im Januar 1999

43. **Gegen welches Team kassierte die deutsche Mannschaft in der Qualifikation zur EM 1984 zwei Niederlagen?**
- A Österreich
- B Nordirland
- C Türkei
- D Albanien

44. **An wie vielen FIFA WM-Endrunden nahm Lothar Matthäus teil?**
- A 2
- B 3
- C 4
- D 5

45. **Wie lautet die Abkürzung des Fußballverbandes der Niederlande?**
- A KUPS
- B KNVB
- C LNFB
- D OFI

46. **Welcher Trainer wurde in der Saison 1983/84 schon am zweiten Spieltag entlassen?**
- A Rinus Michels
- B Branco Zebec
- C Wilibert Kremer
- D Timo Konietzka

47. **Wie viele Bundesligaaufsteiger der Saison 1995/96 stiegen am Ende der Saison wieder ab?**
- A Einer
- B Zwei
- C Alle
- D Keiner

48. **Welcher dieser Spieler nahm an vier FIFA WM-Turnieren teil?**
- A Jürgen Klinsmann
- B Karl-Heinz Schnellinger
- C Paul Breitner
- D Wolfgang Overath

49. **Welcher Verein war von 1979 bis 1984 sechs Mal in Folge Deutscher Meister im Frauenfußball?**
- A Turbine Potsdam
- B SF Siegen
- C SSC Bergisch Gladbach
- D FCR Duisburg

50. **Wie lautet der Spitzname des Spielers und Weltmeisters 1954, Anton Turek?**
- A Turi
- B Toni
- C Recke
- D Ante

51. **Wie heißt der Strafstoß im Volksmund?**
- A Freistoß
- B Abseits
- C Ecke
- D Elfmeter

52. **Warum wurde das Spiel Kaiserslautern - Düsseldorf am 27.11.1976 abgebrochen?**
- A Wegen eines Brandes im Stadion
- B Wegen Flutlichtausfall
- C Wegen Unwetter
- D Wegen einer Trinkflasche auf dem Spielfeld

53. **Wer ist mit sechs Eigentoren Rekordhalter der Bundesliga?**
- A Manfred Kaltz
- B Bernhard Dietz
- C Thomas Berthold
- D Thorsten Kracht

54. **Welches Brüderpaar spielte zusammmen über 400-mal für Bayer 05 Uerdingen?**
- A Die Hoeneß-Brüder
- B Die Allofs-Brüder
- C Die Förster-Brüder
- D Die Funkel-Brüder

55. **Wer absolvierte 552 Bundesligaspiele u. a. für Schalke 04 und Werder Bremen?**
- A Klaus Fichtel
- B Eike Immel
- C Michael Zorc
- D Manfred Kaltz

56. **Welcher Verein war letzter Deutscher Meister vor Einführung der Bundesliga?**
- A Hannover 96
- B Borussia Dortmund
- C Borussia Mönchengladbach
- D Borussia Neunkirchen

57. **Wie hieß Sepp Herbergers Assistent?**
- A Helmut Schön
- B Fritz Walter
- C Erich Ribbeck
- D Jupp Derwall

58. **Wie viel zahlte Borussia Dortmund für Marcio Amoroso?**
- A 25 Mill. DM
- B 30 Mill. DM
- C 35 Mill. DM
- D 50 Mill. DM

59. **Welcher Spieler sah im deutschen Nationaltrikot als einziger bisher jeweils eine rote und eine gelb-rote Karte?**
- A Carsten Ramelow
- B Andreas Brehme
- C Andreas Möller
- D Marko Rehmer

60. **Bei welcher FIFA WM-Endrunde gab es keine Halbfinalspiele?**
- A 1938
- B 1950
- C 1954
- D 1970

61. **Wann gab es in Deutschland erstmals eine Auswechslung mit Hilfe einer Tafel, die die Rückennummer des Spielers anzeigt?**
- A 1968
- B 1974
- C 1976
- D 1980

62. **Wie viele Minuten dauert eine Halbzeit beim Beachsoccer?**
- A 10 Minuten
- B 12 Minuten
- C 15 Minuten
- D 17 Minuten

63. **Welche Mannschaft Großbritanniens qualifizierte sich nicht für die FIFA WM 1958?**
- A Wales
- B England
- C Alle
- D Schottland

64. **Wie ist der Spitzname Max Merkels?**
- A Der Magier
- B Der Schlaumeier
- C Der große Zampano
- D Der Dünnbrettbohrer

65. **Mit welchem Bundesligaverein wurde Jürgen Kohler 1996 Deutscher Meister?**
- A Bayer 04 Leverkusen
- B Bayern München
- C Borussia Dortmund
- D VfB Stuttgart

66. **Wie lautet der korrekte Vorname von „Ruud" Gullit?**
A Rudolphus
B Rudi Dil
C Rudolf Gil
D Rudivan

67. **Welches deutsche Team nahm 1960 an der Premiere des Pokals der Pokalsieger teil?**
A Borussia Mönchengladbach
B Hamburger SV
C Schalke 04
D Werder Bremen

68. **Wem überreichte Bundespräsident Walter Scheel 1974 den Weltmeisterpokal?**
A Franz Beckenbauer
B Wolfgang Overath
C Paul Breitner
D Gerd Müller

69. **Wer erklärte nach dem Aus der deutschen Mannschaft bei der EM 2000 seinen Rücktritt aus der Nationalelf?**
A Jens Lehmann
B Carsten Ramelow
C Lothar Matthäus
D Jens Nowotny

70. **Welcher Verein gewann den UEFA-Super-Cup 2001?**
A Galatasaray Istanbul
B Real Saragossa
C FC Liverpool
D AC Parma

71. **Gegen welche Nationalmannschaft erzielte Wolfram Wuttke sein einziges Länderspieltor?**
A Spanien
B Israel
C England
D Türkei

72. **Wo spielte der niederländische Nationalstürmer Patrick Kluivert von 1998 bis 2004?**
A Beim FC Sevilla
B Bei Real Madrid
C Beim FC Valencia
D Beim FC Barcelona

73. **In welcher Liga wurde der FC Glentoran 2003 nationaler Meister ?**
A Wales
B Nordirland
C Irland
D Schottland

74. **Wie heißt der Bruder von Ehrenspielführer Fritz Walter?**
A Max
B Dieter
C Ottmar
D Franz

75. **Wie weit ist die Strafraumgrenze von der Grundlinie entfernt?**
A 16,00 m
B 16,50 m
C 18,00 m
D 20,00 m

76. **Mit welchem Club standen Bixente Lizarazu und Zinedine Zidane 1995/96 im UEFA-Pokal-Finale?**
A Deportivo La Coruna
B Bayern München
C FC Barcelona
D Girondins Bordeaux

77. **Vor dem Ruin rettete 1974 Hertha BSC der Verkauf ...**
A ...von Vereinsaktien
B ...von T-Shirts
C ...der Sportstätte Plumpe
D ...von Spieler Erwin Kostedde

78. Wer schoss die meisten FIFA WM-Tore für Deutschland?
- A Miroslav Klose
- B Rudi Völler
- C Jupp Heynckes
- D Gerd Müller

79. An welchem Spieltag kassierte der Hamburger SV in der Spielzeit 1981/82 seine letzte Saisonniederlage?
- A Am 7.
- B Am 15.
- C Am 18.
- D Am 33.

80. Wie hieß der Hund, der den Schalker Friedel Rausch am 6. 9. 1969 während des Spiels gegen Bor. Dortmund biss?
- A Lassie
- B Brutus
- C Hasso
- D Rex

81. Wann wurde der ehemalige Spieler und heutige Bayern-Manager Uli Hoeneß geboren?
- A 1949
- B 1951
- C 1952
- D 1953

82. In welcher Saison konnten vor dem letzten Bundesliga-Spieltag noch drei Vereine Deutscher Meister werden?
- A 1991/92
- B 1995/96
- C 2001/02
- D 2002/03

83. Welchen portugiesischen Club trainierte Jupp Heynckes von 1999 bis 2000?
- A FC Porto
- B Benfica Lissabon
- C Boavista Porto
- D Sporting Lissabon

84. Welcher berühmte italienische Abwehrspieler nahm an vier FIFA WM-Turnieren teil?
- A Fabio Cannavaro
- B Dino Baggio
- C Alessandro Nesta
- D Franco Baresi

85. Welcher Club absolviert seine Heimspiele auf dem Tivoli?
- A Eintracht Trier
- B Westfalia Herne
- C Alemannia Aachen
- D Preußen Münster

86. Wie heißt der Bruder von Christoph Metzelder mit Vornamen?
- A Sören
- B Thorben
- C Malte
- D Finn

87. Wann übernahm Uli Hoeneß den Posten des FC-Bayern-Managers?
- A Im Mai 1980
- B Im Juni 1985
- C Im Juli 1990
- D Im August 1992

88. Welcher Trainer bemerkte: „Ein Tag ohne Fußball ist ein verlorener Tag.“?
- A Ernst Happel
- B Helmut Schön
- C Udo Lattek
- D Otto Rehhagel

89. Wo spielte Tomas Hajto, bevor er 2004 zum 1. FC Nürnberg wechselte?
- A Hamburger SV
- B FC Schalke 04
- C Hannover 96
- D RW Essen

90. Gegen welche Mannschaft unterlag der VfB Stuttgart 1998 im Finale des Europapokals der Pokalsieger?

A Atalanta Bergamo
B FC Porto
C FC Chelsea
D FC Liverpool

91. Für welchen Verein erzielte der ehemalige belgische Nationalstürmer Jan Ceulemans 191 Liga-Tore?

A RSC Anderlecht
B Ajax Amsterdam
C FC Brügge
D KV Mechelen

92. Für welche Nation bestritt Ex-Bundesligaspieler Rune Bratseth 42 Länderspiele?

A Schweden
B Norwegen
C Dänemark
D Island

93. Wie viele Gegenspieler ließ Diego Maradona beim Tor zum 2:0 im FIFA WM-Viertelfinale 1986 gegen England aussteigen?

A 4
B 5
C 6
D 8

94. Für welchen Club spielte Christian Wörns in der Saison 1998/99?

A FC Toulouse
B Girondins Bordeaux
C Paris Saint Germain
D Olympique Lyon

95. Bei welcher FIFA WM wurde das Finale erstmals durch ein Elfmeterschießen entschieden?

A 1962
B 1982
C 1994
D 2002

96. Gegen welchen Schweizer Verein verlor Hertha BSC Berlin in der dritten Runde des UEFA-Pokals 2001/02?

A FC Zürich
B FC Basel
C Lausanne Sport
D Servette Genf

97. Gegen welche Elf gewann die deutsche Mannschaft bei der FIFA WM 1966 ihr Vorrundenspiel mit 5:0?

A Portugal
B Spanien
C Schweiz
D Argentinien

98. Welcher ehemalige Bundesliga-Spieler stand bei sieben verschiedenen Bundesligisten unter Vertrag?

A Bruno Labbadia
B Jürgen Rynio
C Michael Spies
D Stefan Kohn

99. Wer schoss als erster früherer DDR-Auswahlspieler ein Tor für die „vereinte" Nationalelf?

A Andreas Thom
B Ulf Kirsten
C Falko Götz
D Matthias Sammer

100. Mit welchem Verein wurde Bernd Hobsch Deutscher Meister?

A Bayern München
B Werder Bremen
C 1. FC Kaiserslautern
D Borussia Mönchengladbach

101. Welcher Stürmer von Borussia Dortmund wurde 1992 mit Dänemark Europameister?

A Kim Christofte
B Lars Olsen
C Hendrik Larsen
D Flemming Povlsen

102. Welcher Trainer kultivierte beim Hamburger SV das „Pressing“?

A Josip Skoblar
B Klaus Toppmöller
C Ernst Happel
D Willi Reimann

103. Wann endete die Amtszeit von Bundestrainer Derwall?

A Am 4. April 1982
B Am 1. Juni 1983
C Am 20. Juni 1984
D Am 31. Dezember 1985

104. Welches war der bisher beste Tabellenplatz des VfL Bochum in der Bundesliga-Abschlusstabelle?

A Der dritte
B Der fünfte
C Der siebte
D Der zehnte

105. Welchem Spieler verpasste HSV-Torwart Uli Stein 1987 im Spiel gegen Bayern München einen Fausthieb?

A Jürgen Wegmann
B Norbert Eder
C Klaus Augenthaler
D Norbert Nachtweih

106. In welcher österreichischen Stadt trägt der FC Superfund seine Heimspiele aus?

A Pasching
B Eisenstadt
C Innsbruck
D Ischgl

107. In welchem Jahr gewann Bayer 04 Leverkusen den UEFA-Pokal?

A 1968
B 1978
C 1988
D 1998

108. Welcher Abwehrspieler absolvierte 242 Bundesligaspiele für Eintracht Frankfurt und wechselte 2004 in die Oberliga?

A Jens Keller
B Manfred Binz
C Uwe Bindewald
D Jens Matthies

109. Wer kam als Deutscher Meister in die neu gegründete Bundesliga?

A Hamburger SV
B 1. FC Köln
C 1. FC Nürnberg
D Borussia Dortmund

110. Wie hoch war der höchste Sieg bei einem FIFA WM-Spiel überhaupt?

A 9:0
B 10:1
C 11:0
D 12:2

111. Wie endete das Halbfinale der EM 1996 zwischen Deutschland und England?

A 1:2
B 2:1 nach Verlängerung (Golden Goal)
C 3:0
D 7:6 nach Elfmeterschießen

112. Wie lautet die Postanschrift des FC Schalke 04?

A Ernst-Kuzorra-Weg 1
B Fritz-Szepan-Straße 1
C Charly-Neumann-Platz 1
D Olaf-Thon-Allee 1

113. Welcher Spieler erhielt den ersten Platzverweis der Fußball-Bundesliga?

A Helmut Rahn
B Fritz Herkenrath
C Helmut Benthaus
D Helmut Schön

114. **Für welchen spanischen Club spielte der Schweizer Nationalspieler Rafael Wicky im Jahr 2001?**
- A Real Mallorca
- B Atletico Madrid
- C Espanyol Barcelona
- D FC Malaga

115. **Im letzten Länderspiel in der Historie des Wembley-Stadions spielte England gegen...**
- A ...Frankreich
- B ...Holland
- C ...Deutschland
- D ...Portugal

116. **Welche Nation schied dreimal in Folge bei Europameisterschaften duch Elfmeterschießen aus?**
- A Niederlande
- B Tschechien
- C Dänemark
- D Spanien

117. **Zu welchem Verein wechselte der jugoslawische Nationalspieler Branko Oblak zur Saison 1975/76?**
- A Bayern München
- B 1. FC Köln
- C VfB Stuttgart
- D Schalke 04

118. **Bei welchem Bundesligisten spielte Bernhard Trares von 1997 bis 2001?**
- A VfB Stuttgart
- B Borussia Dortmund
- C FC Bayern München
- D Werder Bremen

119. **Wie oft wurde Borussia Mönchengladbach Deutscher Meister?**
- A Fünfmal
- B Sechsmal
- C Siebenmal
- D Nie

120. **Welche dieser Nationalmannschaften wartet immer noch auf den ersten Sieg in einem offiziellen Spiel?**
- A Mazedonien
- B Färöer
- C Liechtenstein
- D San Marino

121. **Woher stammt Europas Torschützenkönig 2001, Henrik Larsson?**
- A Aus Norwegen
- B Aus Schweden
- C Aus Dänemark
- D Aus Finnland

122. **In welcher Stadt fand das Finale der FIFA WM 1962 statt?**
- A Santiago de Chile
- B Mexiko-City
- C Lima
- D Buenos Aires

123. **Im Ruhrstadion spielt...**
- A ...FC Schalke 04
- B ...der VfL Bochum
- C ...Rot Weiß Essen
- D ...Hamborn 07

124. **Wie viele Treffer erzielte Max Morlock beim FIFA WM-Turnier 1954?**
- A 3
- B 4
- C 5
- D 6

125. **Wer stieg in der Bundesliga-Saison 1999/2000 als Tabellenschlusslicht ab?**
- A MSV Duisburg
- B Eintracht Frankfurt
- C Arminia Bielefeld
- D SSV Ulm

126. Welche Mannschaft stand bereits zehnmal in einem DFB-Pokalendspiel?

A 1.FC Köln
B FC Schalke 04
C Hannover 96
D 1.FC Kaiserslautern

127. Welcher Nationalspieler spielte für BC Augsburg?

A Horst Szymaniak
B Karl-Heinz Schnellinger
C Helmut Haller
D Toni Turek

128. Wer ist englischer Rekord-Nationalspieler?

A Peter Shilton
B Jack Charlton
C Alan Shearer
D Tony Adams

129. Wer war in der Saison 2002/03 Trainer von Hansa Rostock?

A Armin Veh
B Friedhelm Funkel
C Ewald Lienen
D Andreas Zachhuber

130. Welcher dieser Bundesligaspieler war sowohl für den Hamburger SV als auch für den FC St. Pauli aktiv?

A Stefan Beinlich
B Rafael Wicky
C Christian Rahn
D Bernardo Romeo

131. Wann triumphierte zum ersten Mal ein türkischer Verein in einem internationalen Pokalwettbewerb?

A 1985
B 1990
C 1995
D 2000

132. In welcher Saison wechselte Mario Basler von Werder Bremen zum FC Bayern München?

A 1992/93
B 1996/97
C 1997/98
D 1998/99

133. Zwischen 1963 und 1998 sprachen Bundesliga-Schiedsrichter...

A ...556 Platzverweise aus
B ...658 Platzverweise aus
C ...789 Platzverweise aus
D ...812 Platzverweise aus

134. Wie oft war Uwe Seeler „Fußballer des Jahres“?

A Nie
B Einmal
C Zweimal
D Dreimal

135. Wie viele Meistertitel gewann Franz Beckenbauer als Trainer?

A 1
B 2
C 3
D 4

136. Welcher dieser Spieler stand sowohl beim FC Bayern München als auch bei 1860 München unter Vertrag?

A Paul Breitner
B Karl-Heinz Rummenigge
C Dieter Hoeneß
D Franz Beckenbauer

137. Seit wann gibt es ein olympisches Frauenfußballturnier?

A Seit 1992
B Seit 1996
C Seit 2000
D Seit 2004

138. **Für welchen italienischen Club spielte Diego Armando Maradona zwischen 1984 und 1991?**
- A AC Florenz
- B Juventus Turin
- C Brescia Calcio
- D SSC Neapel

139. **Welcher Spieler stieg mit dem MSV Duisburg dreimal aus der Bundesliga ab?**
- A Joachim Hopp
- B Franz-Josef Steininger
- C Uwe Weidemann
- D Norbert Meier

140. **Welcher Trainer wurde in der ersten Bundesliga-Saison bereits während der Hinrunde entlassen?**
- A Herbert Widmayer
- B Georg Gawliczek
- C Hermann Neuberger
- D Martin Wilke

141. **In welchem Jahr standen sich zwei Vereine aus einer Stadt im Pokalfinale gegenüber?**
- A 1983
- B 1985
- C 1987
- D 1989

142. **Wann wurde die Zweite Bundesliga eingeführt?**
- A 1966
- B 1968
- C 1970
- D 1974

143. **In welcher Saison wurde Bayer 05 Uerdingen sensationell Bundesliga-Dritter?**
- A 1985/86
- B 1988/89
- C 1991/92
- D 1998/99

144. **Wie viele Länderspiele absolvierte Alexander Zickler?**
- A 12
- B 15
- C 18
- D 21

145. **Wie lange war Otto Rehhagel Trainer bei Werder Bremen?**
- A 6 Jahre
- B 9 Jahre
- C 11 Jahre
- D 14 Jahre

146. **Aus welchem Land stammt Mittelfeldspieler Ervin Skela?**
- A Griechenland
- B Türkei
- C Albanien
- D Rumänien

147. **Wo spielte Helmut Schön als Aktiver nicht?**
- A Dresdner SC
- B Hertha BSC Berlin
- C VfB Leipzig
- D FC St. Pauli

148. **In welchem Stadion spielt der 1. FC Nürnberg?**
- A Pegnitz-Arena
- B Dürer-Kampfbahn
- C Frankenstadion
- D Nürnberg-Stadion

149. **Wer war Assistent von Sepp Herberger?**
- A Franz Beckenbauer
- B Jupp Derwall
- C Helmut Schön
- D Fritz Walter

150. Wer hat's gesagt?

A „Ich will keine Karotten, ich will Möhren."

Rüdiger Abramczik
Jürgen Kohler
Werner Lorant

B „Ohne Tore kann man nicht gewinnen."

Michael Rummenigge
Willibert Kremer
Dirk Heyne

C „Jede Seite hat zwei Medaillen."

Lothar Matthäus
Mario Basler
Horst Hrubesch

D „Keine Ahnung, ich hab' nicht nachgeschaut." (...auf die Frage, ob seine Mannschaft heute die Hosen voll hatte)

Steffen Baumgart
Michael Frontzeck
Jörg Butt

E „Das nächste Spiel ist immer das nächste."

Jupp Heynckes
Jürgen Grabowki
Matthias Sammer

F „Von der Anzahl her hatten wir mehr Chancen."

Berti Vogts
Ottmar Hitzfeld
Klaus Toppmöller

151. Wahrheit oder Lüge?

A Nach dem Ungarn-Aufstand 1956 floh Torwart Gyula Grosics nach Österreich.

B 1963 lehnte Inter Mailand eine Verpflichtung des Stürmers Luigi Riva ab mit der Begründung: „Aus dem wird nichts!"

C Harald Schumacher wurde in seiner Funktion als Trainer in der Halbzeitpause entlassen.

D Der argentinische Nationalspieler Hernán Crespo stürmte ab Mitte 2000 beim AS Rom.

E Torsten Gütschow wurde 1989, 1990 und 1991 Torschützenkönig in der DDR-Oberliga.

F In Sheffield ist ein Fußballverein nach einem Wochentag benannt.

G David Beckham hat bei Real Madrid einen Vertrag bis 2010.

H Eines der großen Torwart-Idole der 1920er und 1930er Jahre war der Spanier Ricardo Zamora.

I Bei der EM 2000 gelang Thierry Henry im Finale gegen Italien das „Golden Goal" für Frankreich.

J Josef Posipal war nach dem 2. Weltkrieg der beste Abwehrspieler des 1. FC Nürnberg.

152. **Für wen spielte Thomas Schaaf?**
- A Nur für Werder Bremen
- B Werder Bemen und bei Eintracht Frankfurt
- C Werder Bremen, Hamburger SV und Arminia Bielefeld
- D Er spielte nie in der Bundesliga

153. **Wie oft wurde der FIFA WM-Pokal schon entwendet?**
- A Einmal
- B Zweimal
- C Dreimal
- D Noch nie

154. **Für welchen Erstligisten spielte Francisco Copado von 1991 bis 1995?**
- A Bayern München
- B Borussia Dortmund
- C HSV
- D VfL Bochum

155. **Welchen Titel gewann der FC Bayern München am 23. Mai 2001?**
- A Champions-League-Pokal
- B DFB-Pokal
- C Weltpokal
- D Deutsche Meisterschaft

156. **In welcher Saison beendete Krassimir Balakov seine Bundesligakarriere?**
- A 2000/01
- B 2001/02
- C 2002/03
- D 2004/05

157. **Welchen Namen trug der unmittelbare Vorläufer des Deutschen Fußball-Bundes?**
- A Deutscher Fußballverband
- B Reichsfußball-Bund
- C Deutscher Sport- und Fußballbund
- D Deutscher Fußballausschuss

158. **Wann trainierte Max Merkel die niederländische Nationalmannschaft?**
- A 1955 bis 1957
- B 1960 bis 1962
- C 1964 bis 1966
- D Niemals

159. **Wer wurde im Jahr 2000 Olympiasieger im Frauenfußball?**
- A Norwegen
- B USA
- C Schweden
- D Deutschland

160. **Welcher Verein stellte 1965/66 mit 15:108 Toren einen Bundesliga-Negativrekord auf?**
- A Borussia Neunkirchen
- B Tasmania 1900 Berlin
- C Wuppertaler SV
- D Tennis-Borussia Berlin

161. **Wie weit kam der amtierende Weltmeister Italien bei der FIFA WM 1986?**
- A Vorrunde
- B Achtelfinale
- C Viertelfinale
- D Halbfinale

162. **Wer ist der zweitbeste Bundesliga-Torschütze aller Zeiten?**
- A Klaus Fischer
- B Jupp Heynckes
- C Uwe Seeler
- D Michael Zorc

163. **Wer wurde 1903 erster Deutscher Fußballmeister?**
- A VfB Leipzig
- B Freiburger FC
- C Phönix Karlsruhe
- D Hamburger SV

164. Wie viele Meistertitel gewann der Hamburger SV unter Trainer Ernst Happel?
A 1
B 2
C 3
D Keinen

165. Werder Bremens Ex-Manager Willi Lemke arbeitet heute als...
A ...Bremer Hafendirektor
B ...Bremer Bildungssenator
C ...Bremer Stadtmusikant
D ...Bremer Bürgermeister

166. Welcher belgische Club gewann 1988 den Europapokal der Pokalsieger?
A Standard Lüttich
B KV Mechelen
C FC Brügge
D FC Antwerpen

167. Welcher Begriff wird mit Manfred Kaltz verbunden?
A Bananenflanke
B Elfmeterkönig
C Verletzungschampion
D Abseitsfalle

168. Wie viele Spiele wurden bei der FIFA WM 1990 ausgetragen, ehe der Weltmeister feststand?
A 36
B 48
C 52
D 66

169. Wie heißt der größte Verein Kolumbiens?
A Colo-Colo
B Millionarios
C Atalanta
D Burgos

170. Bei welchem Verein spielte Levan Kobiashvili, bevor er zur Saison 2003/04 zum FC Schalke 04 wechselte?
A VfB Stuttgart
B 1860 München
C SC Freiburg
D Hannover 96

171. Auf welchem Tabellenplatz landete Titelverteidiger VfB Stuttgart in der Saison 1984/85?
A Auf dem 4.
B Auf dem 10.
C Auf dem 12.
D Auf dem 16.

172. Welche deutsche Zeitung konstatierte am Tag nach dem FIFA WM-Finale 1966 „Wir haben 2:2 verloren"?
A Hamburger Abendblatt
B Frankfurter Allgemeine Zeitung
C Bild
D Süddeutsche Zeitung

173. Welcher Trainer war länger als zehn Jahre bei nur einem Club tätig?
A Ottmar Hitzfeld
B Volker Finke
C Berti Vogts
D Felix Magath

174. Warum steht Daniel Kappner aus Coburg im Guiness-Buch der Rekorde?
A 12 Platzverweise in einer Saison
B 10 Eigentore in einer Saison
C Ein Tor nach drei Sekunden
D Ein Hattrick in nur vier Minuten

175. Welcher Club spielt im Stadion am Böllenfalltor?
A VfL Bochum
B Eintracht Trier
C Kickers Offenbach
D SV Darmstadt

176. **Wie oft war Franz Beckenbauer Kapitän der deutschen Nationalelf?**
- A 30-mal
- B 50-mal
- C 80-mal
- D 100-mal

177. **Wie viele Spieler dürfen während eines Spieles ausgewechselt werden?**
- A Zwei
- B Drei
- C Drei Feldspieler und der Torwart
- D Fünf

178. **Für welche Nation absolvierte Emile Mpenza über 40 Länderspiele?**
- A Belgien
- B Italien
- C Kenia
- D Niederlande

179. **Welcher Leichtathlet trainierte Fortuna Köln 1974 kurz?**
- A Armin Hary
- B Manfred Germer
- C Willi Holdorf
- D Martin Lauer

180. **Wer hütete bei der FIFA WM 1974 das Tor der DDR-Auswahl?**
- A Joachim Streich
- B Jürgen Croy
- C Klaus Sammer
- D Jürgen Sparwasser

181. **Wie viele Zuschauer sahen die Spiele der Saison 1972/73?**
- A Rund 4 Millionen
- B Über 5 Millionen
- C Knapp 7 Millionen
- D Fast 8 Millionen

182. **Welche Mannschaften standen sich im torreichsten FIFA WM-Spiel gegenüber?**
- A Brasilien - Zaire
- B Österreich - Schweiz
- C Nordkorea - Schottland
- D England - Sowjetunion

183. **Welcher Ruhrgebietsverein wurde nie von Rolf Schafstall trainiert?**
- A Borussia Dortmund
- B VfL Bochum
- C RW Essen
- D FC Schalke 04

184. **Bei welchem dieser Bundesligaclubs stand Pablo Thiam noch nie unter Vetrag?**
- A FC Bayern Münchenist
- B Werder Bremen
- C VfB Stuttgart
- D VfL Wolfsburg

185. **In welcher Bundesligasaison fielen bisher die meisten Tore pro Spiel?**
- A 1970/71
- B 1983/84
- C 1989/90
- D 2000/01

186. **Welche Spielposition wird umgangssprachlich „Ausputzer“ genannt?**
- A Torwart
- B Linksaußenist
- C Libero
- D Mittelstürmer

187. **Wo befindet sich die Trainerausbildungsstätte des DFB?**
- A In Frankfurt / Main
- B In Leipzig
- C In Köln
- D In Berlin

188. Lügengeschichte

In dieser Geschichte befindet sich ein sachlicher Fehler. Können Sie ihn finden?

Als am 4. Juli 1954 die deutsche Mannschaft im Berner Wankdorfstadion auflief, galt sie als krasser Außenseiter. Die Ungarn, die seit Jahren ungeschlagen waren und Deutschland schon in der Vorrunde am 20. Juni mit 8:3 deklassiert hatten, sahen es lediglich als Pflichtübung an, noch einmal gegen Deutschland antreten zu müssen. Fast das ganze Spiel über regnete es, eine Tatsache, die Bundestrainer Herberger als einen Vorteil einschätzte. Er nannte das „Fritz-Walter-Wetter“. Doch der frühe Spielverlauf sollte allen Recht geben, die Ungarn als Weltmeister vom Platz gehen sehen wollten.

Durch einen Doppelschlag in der sechsten und achten Minute brachten Puskas und Czibor ihre Elf mit 2:0 in Führung. Doch die 65.000 Zuschauer staunten nicht schlecht, als Max Morlock nur zwei Minuten später auf 2:1 verkürzte. Das Spiel der Ungarn wurde zurückhaltender, was in der 19. Minute durch Fritz Walters Bruder Ottmar zum Ausgleich führte – 2:2! Alles war wieder offen. Nach der Halbzeit waren die Ungarn die bessere Mannschaft. Nur durch großartige Torwartparaden Toni Tureks und viel Glück gelang es, das Unentschieden bis zur 84. Minute zu halten. Sechs Minuten vorm Abpfiff gelang Helmut Rahn dann sein zweites und wohl im ganzen Leben wichtigstes Tor – 3:2. Deutschland war Weltmeister!

189. Versteckter Fußballer

Guten Appetit

Fleischgerichte mochte er ja. Schinken allerdings – das war nicht sein Ding.

Können Sie den darin versteckten legendären russischen Fußballspieler entdecken?

190. Zum Schmunzeln

Teuflisch!

Sepp Herberger kommt auch im Himmel nicht vom Fußball los. Irgendwann fasst er sich ein Herz und geht zu Petrus. Als er ihm vorschlägt, eine himmlische Fußballmannschaft aufstellen zu dürfen, stimmt Petrus zu. „Ich werde unter den besten Spielern der Welt auswählen!“ verspricht Herberger. Bereits am nächsten Tag gibt er seine bekannte Devise 'Elf Freunde sollt ihr sein!' aus und beginnt mit dem Training. Es wird beschlossen, ein Freundschaftsspiel gegen die Mannschaft der Hölle auszutragen. Herberger ruft unten an und fragt den Teufel: „Habt ihr Lust, gegen uns Fußball zu spielen?“ – „Gern“, sagt der Teufel, „aber ihr müsst wissen, dass ihr gegen uns absolut keine Chance habt!“ – „Wieso das? Wir haben hier oben schließlich die besten Spieler aller Zeiten!“ Grinst der Teufel heimtückisch: „Das mag ja stimmen, aber wir haben hier unten alle Schiedsrichter!“

191. **Wann stand Borussia Mönchengladbach erstmals im Finale des Europapokals der Landesmeister?**
- A 1973
- B 1975
- C 1977
- D 1979

192. **Welche beiden Mannschaften scheiterten bei der EM 1984 im Halbfinale?**
- A Holland und Polen
- B Dänemark und Portugal
- C Spanien und Italien
- D Deutschland und Rumänien

193. **Wo begann Ex-Bundestrainer Michael Skibbe seine aktive Karriere?**
- A Bei Borussia Dortmund
- B Bei Westfalia Herne
- C Bei Wattenscheid 09
- D Bei Schalke 04

194. **Welcher Spieler erzielte 1972 das „Tor des Jahres"?**
- A Gerd Müller
- B Jupp Heynckes
- C Ulrik Le Fevre
- D Klaus Fischer

195. **Wie viele Länderspiele verantwortete Bundestrainer Vogts?**
- A 76
- B 87
- C 94
- D 102

196. **Wer schoss die meisten Tore für Bayer Leverkusen?**
- A Herbert Waas
- B Ulf Kirsten
- C Oliver Neuville
- D Paulo Sergio

197. **Wer ist der einzige Spieler des Hamburger SV, der in zwei verschiedenen Europapokal-Finals ein Tor erzielte?**
- A Horst Hrubesch
- B Georg Volkert
- C Felix Magath
- D Kevin Keegan

198. **Von welchem englischen Spitzenclub wechselten Guy Demel und Guillaume Warmuz zu Borussia Dortmund?**
- A Manchester United
- B FC Liverpool
- C FC Chelsea
- D FC Arsenal

199. **Wo findet die Europameisterschaft 2008 statt?**
- A Österreich/Schweiz
- B Österreich/Italien
- C Österreich/Ungarn
- D Österreich/Tschechien

200. **Welches Land hat bisher fünfmal die „FIFA Fussball-Weltmeisterschaft™" gewonnen?**
- A Argentinien
- B Brasilien
- C Italien
- D Uruguay

201. **Hans Krankl war nicht nur Torschützenkönig in Österreich, sondern auch...**
- A In Deutschland
- B In der Schweiz
- C In Spanien
- D In Italien

202. **Welcher Verein wurde erster Deutscher Meister nach Einführung der Bundesliga?**
- A Bayern München
- B Schalke 04
- C 1. FC Köln
- D Hamburger SV

Auch der einst weltbeste Torhüter Oliver Kahn kann im Tor nicht immer glänzen.

203. **In welchem der nachfolgenden Clubs hat Mario Basler nie gespielt?**
A TSV 1860 München
B Rot Weiß Essen
C SV Werder Bremen
D VfL Neustadt

204. **Wie heißt ein Verein aus der ersten Frauenbundesliga?**
A Klara Rheine
B Heike Rheine
C Magda Rheine
D Milla Rheine

205. **Wie viele Gegentore kassierte Amerikanisch-Samoa in den vier Partien zur FIFA WM-Qualifikation 2002?**
A 27
B 37
C 47
D 57

206. **Wie breit ist das Spielfeld in den DFB-Anweisungen?**
A 68 - 70 m
B 70 - 72 m
C 72 - 73 m
D 75 - 77 m

207. **Bei der FIFA WM 1958 schrie das heimische Publikum beim Sieg Schwedens über Deutschland...**
A ...heja - heja!
B ...umba - tumba!
C ...aga - aga!
D ...Smörebröd, Smörebröd!

208. **Auf welchem Tabellenplatz beendete Real Madrid die Saison 2000/01?**
A Auf dem 1.
B Auf dem 2.
C Auf dem 4.
D Auf dem 14.

209. **Wie viele eingetragene Fan-Clubs hat der TSV 1860 München?**
A Rund 50
B Etwa 500
C Mehr als 2000
D Fast 10000

210. **Wie hieß das Guiseppe-Meazza-Stadion in Mailand bis 1980?**
A Bernabeu
B Estadio de Bergomi
C San Siro
D Nou Camp

211. **Welches Tier ist auf dem Vereinswappen des OSC Lille abgebildet?**
A Adler
B Fuchs
C Hund
D Fisch

212. **Bei welchem Bundesligaclub spielte Thomas Doll in der Saison 1990/91?**
A Eintracht Frankfurt
B Hansa Rostock
C Hamburger SV
D SC Freiburg

213. **Welchen Posten übernahm Rudi Völler in der Saison 1996/97 bei Bayer 04 Leverkusen?**
A Vize-Präsident
B Co-Trainer
C Stadionsprecher
D Team-Manager

214. **In welcher Saison wurde die Zweite Bundesliga in zwei Staffeln zu je 12 Teams unterteilt?**
A 1991/92
B 1992/93
C 1993/94
D 1994/95

215. Für welche Nation bestreitet Hasan Salihamidzic Länderspiele?
- A Kroatien
- B Bosnien und Herzegowina
- C Slowenien
- D Bulgarien

216. Wer hatte in der Bundesliga die meisten Einsätze für den SC Freiburg?
- A Jens Todt
- B Ralf Kohl
- C Andreas Zeyer
- D Jörg Schmadtke

217. Bei welcher FIFA WM schoss Lothar Matthäus keinen Elfmeter?
- A 1990
- B 1986
- C 1994
- D 1998

218. Wo wirkte Andreas Brehme sowohl als Spieler als auch als Trainer?
- A Bei der SpVgg Unterhaching
- B Bei Bayern München
- C Beim 1. FC Kaiserslautern
- D Beim 1. FC Saarbrücken

219. Welcher Mannschaft gelang in der Saison 1982/83 das Kunststück, 10 Tore in einer Halbzeit zu erzielen?
- A Borussia Mönchengladbach
- B Eintracht Frankfurt
- C Schalke 04
- D Borussia Dortmund

220. Ältester noch heute existierender deutscher Fußballverein ist der...
- A ...Thor und FC Viktoria
- B ...Berliner FC Preußen
- C ...FC Britannia Berlin
- D ...Berliner FC Germania

221. Wie viele Mannschaften mussten nach der Saison 1964/65 in die Zweite Liga absteigen?
- A Zwei
- B Drei
- C Vier
- D Keine

222. Bei welchen FIFA WM-Endrunden stand Wolfgang Weber im Kader der deutschen Nationalmannschaft?
- A 1962 und 1966
- B 1966 und 1970
- C 1970 und 1974
- D 1980 und 1984

223. Welcher Spieler flog bei Bundesligaspielen am häufigsten vom Platz?
- A Stefan Effenberg
- B Jens Nowotny
- C Torsten Kracht
- D Jürgen Kohler

224. Welcher der nachfolgenden Sportler ist kein Fußballer?
- A Anthony Yeboah
- B Franz Beckenbauer
- C Hans-Jörg Butt
- D Jan Ullrich

225. Welcher dieser Nationalspieler wurde nie während einer FIFA WM aus dem Team geworfen?
- A Siggi Haringer
- B Uli Stein
- C Günter Netzer
- D Stefan Effenberg

226. Welcher der nachfolgenden Clubs hat die meisten europäischen Titel gewonnen?
- A AC Mailand
- B Inter Mailand
- C Real Madrid
- D FC Barcelona

227. **Für welche Mannschaft erzielte Dieter Müller zwischen 1973 bis 1983 insgesamt 159 Tore?**
A 1. FC Köln
B Eintracht Frankfurt
C Werder Bremen
D 1860 München

228. **An wie vielen FIFA WM-Spielen nahm der italienische Superstar Roberto Baggio teil?**
A 1
B 2
C 3
D 4

229. **In welchem Zeitraum stellte das Saarland eine eigene Nationalmannschaft?**
A 1920-1932
B 1950-1956
C 1958-1965
D 1966-1975

230. **In welcher Stadt steht das Zentralstadion?**
A Dresden
B Leipzig
C Prag
D Innsbruck

231. **Wie oft war Franz Beckenbauer Kapitän der Nationalelf?**
A 50-mal
B 63-mal
C 87-mal
D 103-mal

232. **Wie viele der acht Qualifikationsspiele zur FIFA WM-Endrunde 1982 gewann die deutsche Nationalelf?**
A Vier
B Fünf
C Sechs
D Acht

233. **Wer ist Veranstalter der seit 1980 ausgetragenen Jugend-Europameisterschaft?**
A DFB
B NOK
C UEFA
D FIFA

234. **Welcher Torwart wurde 1989 bis 1991 zum Welttorhüter gewählt?**
A Bodo Illgner
B Joel Bats
C Walter Zenga
D Peter Shilton

235. **Wer verschoss im Halbfinale der FIFA WM 1982 gegen Frankreich einen Elfmeter?**
A Manfred Kaltz
B Uli Stielike
C Hansi Müller
D Pierre Littbarski

236. **Wie viele Tore schoss Gerd Müller in seinen 62 Länderspielen?**
A 33
B 46
C 52
D 68

237. **Welchen Durchmesser hat der Mittelkreis des Spielfeldes?**
A 9,15 m
B 10 m
C 11 m
D 11,55 m

238. **Welcher Club spielt im Lohrheidestadion?**
A SSV Ulm
B SC Freiburg
C SG Wattenscheid 09
D Wormatia Worms

239. **Für welchen dieser Vereine spielte Ex-Nationaltorwart Rudi Kargus nie?**
A 1. FC Nürnberg
B Hamburger SV
C Karlsruher SC
D VfB Stuttgart

240. **Wie viele Spielausfälle gab es in der Saison 1992/93?**
A 4
B 10
C 12
D Keinen

241. **Seit wann schreibt die FIFA das Tragen von Schienbeinschützern vor?**
A Seit 1988
B Seit 1992
C Seit 1996
D Seit 2000

242. **Wie endete das Qualifikationsspiel zur FIFA WM 2002 zwischen Deutschland und England?**
A 1:5
B 1:6
C 4:1
D 7:1

243. **Wie hieß der SV Waldhof Mannheim zwischen 1972 und 1978?**
A SV Chio Waldhof
B SV Waldshut
C SV Bayer Waldhof
D Borussia Mannheim

244. **In welcher Stadt trägt die SG Wattenscheid 09 ihre Heimspiele aus?**
A Gelsenkirchen
B Dortmund
C Bochum
D Düsseldorf

245. **Von welchem Verein wechselte Gary Lineker 1985 zum FC Barcelona?**
A Tottenham Hotspur
B Aston Villa
C FC Birmingham
D Leicester City

246. **Wie viele Mitglieder hat der FC Bayern München?**
A Etwa 37.500
B Rund 48.000
C Fast 50.000
D Gut 85.500

247. **Wann wurde Roland Wohlfahrt Bundesliga-Torschützenkönig?**
A 1991
B 1993
C 1995
D 1997

248. **Welcher Club führte die Bundesliga-Tabelle bis Saisonende 2001 am zweithäufigsten an?**
A 1. FC Kaiserslautern
B Bor. Mönchengladbach
C Hamburger SV
D SV Werder Bremen

249. **Welcher Verein ist neben Benfica noch in Lissabon beheimatet?**
A Maritimo
B Sporting
C Uniao
D Boavista

250. **Bei wie vielen FIFA WM-Endrunden stand Helmut Haller im Aufgebot der deutschen Elf?**
A Einer
B Zwei
C Drei
D Nie

251. Welcher in Deutschland geborene Torwart absolvierte 508 Ligaspiele in England?
- A Stefan Klos
- B Wolfgang Fahrian
- C Bernd Trautmann
- D Jens Lehmann

252. Wie oft stand Brasilien im FIFA WM-Endspiel?
- A Fünfmal
- B Siebenmal
- C Achtmal
- D Zehnmal

253. Wie heißt der wohl bekannteste mexikanische Nationaltorhüter?
- A Fernando Gomez
- B Jorge Campos
- C Carlos Valderama
- D Rene Higuita

254. Bei welcher FIFA WM spielte zum ersten Mal der Iran mit?
- A 1966
- B 1970
- C 1974
- D 1978

255. Bei welcher FIFA WM-Endrunde spielten erstmals die Vereinigten Arabischen Emirate mit?
- A 1978
- B 1982
- C 1986
- D 1990

256. Wann spielte FIFA Willi Schulz erstmals in der Nationalelf?
- A 1956
- B 1959
- C 1961
- D 1964

257. Bei welchen Europameisterschaften schied die deutsche Nationalelf bereits in der Vorrunde aus?
- A 1976, 1988 und 1992
- B 1988, 1996 und 2000
- C 1984, 2000 und 2004
- D 1984, 1988 und 2004

258. Welcher Mittelfeldspieler war zwischen 1997 und 2000 deutscher Nationalspieler?
- A Ditmar Jakobs
- B Christian Nerlinger
- C Dariusz Wosz
- D Wolfram Wuttke

259. Wie viele ihrer 18 Spiele verlor die Elf Brasiliens in der Qualifikation zur FIFA WM 2002?
- A 2
- B 4
- C 6
- D Keines

260. Wer gewann den ersten Europapokal der Landesmeister 1956?
- A Real Madrid
- B Benfica Lissabon
- C AS Rom
- D Hamburger SV

261. In welchem Stadion in Bern wurde Deutschland 1954 Weltmeister?
- A Im Ruetli-Stadion
- B Im Wankdorfstadion
- C Im Schweizerstadion
- D Im Bernabeostadion

262. In welcher Saison spielte Borussia Mönchengladbach letztmals in der Zweiten Bundesliga?
- A 1988/89
- B 1989/90
- C 1995/96
- D 2000/01

263. Welche Nationalmannschaft trainierte Wanderley Luxemburgo zwischen 1998 und 2000?

A Argentinien
B USA
C Brasilien
D Mexico

264. Die spanische Meisterschaft 2001 war für Real Madrid der ...

A ... 17.Titelgewinn
B ... 28.Titelgewinn
C ... 45.Titelgewinn
D ... 58.Titelgewinn

265. Bei welcher EM stand Hannes Bongartz im Aufgebot der deutschen Nationalelf?

A 1972
B 1976
C 1980
D 1984

266. Welchem Club gelang der höchste Europapokal-Sieg einer deutschen Mannschaft gegen Real Madrid?

A 1. FC Kaiserslautern
B Schalke 04
C Hamburger SV
D Borussia Mönchengladbach

267. Welches war die erste deutsche Mannschaft, die in ein europäisches Pokal-Finale einzog?

A Eintracht Frankfurt
B 1860 München
C ASK Vorwärts Berlin
D RW Essen

268. Gegen wen siegte Borussia Mönchengladbach im DFB-Pokal-Finale 1995?

A Energie Cottbus
B Arminia Bielefeld
C Hannover 96
D VfL Wolfsburg

269. In welcher Saison stand der FC Bayern München bereits fünf Spieltage vor Schluss als Deutscher Meister fest?

A 1972/73
B 1984/85
C 1993/94
D 2001/02

270. Welcher Fußballspieler sang das Lied „Gute Freunde"?

A Franz Beckenbauer
B Heinz Flohe
C Uli Hoeneß
D Bernd Hölzenbein

271. Wie oft spielten Günter Netzer und Wolfgang Overath gemeinsam in der deutschen Nationalelf?

A 12-mal
B 18-mal
C 21-mal
D 27-mal

272. Bei welchem Verein beendete Trainer Ewald Lienen 1989 seine aktive Fußballerlaufbahn?

A Arminia Bielefeld
B MSV Duisburg
C VfB Stuttgart
D Borussia Mönchengladbach

273. Zu welchem Verein wechselte der belgische Nationalspieler Bart Goor zur Saison 2004/05?

A Feyenoord Rotterdam
B FC Brügge
C FC Sevilla
D RC Lens

274. Wo spielte Oliver Neuville, bevor er zu Bayer Leverkusen wechselte?

A Hansa Rostock
B VfB Stuttgart
C SC Freiburg
D Werder Bremen

275. Wann wechselte Franz Beckenbauer nach New York?

A 1977
B 1978
C 1979
D 1980

276. Welcher Spieler verwandelte 40 Elfmeter für Werder Bremen?

A Andreas Herzog
B Horst-Dieter Höttges
C Bernd Hobsch
D Jürgen Röber

277. Welcher Spieler der Elf von 1954 machte zwischen 1938 und 1962 über 1000 Spiele für den 1. FC Kaiserslautern?

A Helmut Rahn
B Werner Liebrich
C Ottmar Walter
D Max Morlock

278. Welcher Club spielt am Bökelberg?

A Borussia Mönchengladbach
B 1. FC Kaiserslautern
C VfL Bochum
D Eintracht Frankfurt

279. Welcher Club wurde Italienischer Meister 2001?

A Juventus Turin
B AS Rom
C AC Parma
D Lazio Rom

280. Wer ist kein Ehrenspielführer der Nationalelf?

A Uwe Seeler
B Fritz Walter
C Rudi Völler
D Franz Beckenbauer

281. Welcher Verein stieg in der Saison 1971/72 neben Arminia Bielefeld aus der Bundesliga ab?

A MSV Duisburg
B RW Oberhausen
C Borussia Dortmund
D Hannover 96

282. Welcher Popstar ist eng mit dem schottischen Club Celtic Glasgow verbunden?

A Elton John
B Rod Stewart
C Liam Gallagher
D George Michael

283. Welcher Club gewann zwischen 1997 und 2000 viermal in Folge den Ligapokal?

A Werder Bremen
B Borussia Dortmund
C Borussia Mönchengladbach
D FC Bayern München

284. Für welchen Verein bestritt André Trulsen 177 Bundesliga-Spiele?

A Bayer 04 Leverkusen
B 1. FC Kaiserslautern
C 1. FC Köln
D FC St. Pauli

285. Welcher Nationalspieler wechselte 2004 von Dortmund zum FC Bayern?

A Torsten Frings
B Thomas Linke
C Michael Ballack
D Sebastian Kehl

286. In welcher Saison stieg Eintracht Trier erstmals in die Zweite Bundesliga auf?

A 1995/96
B 1998/99
C 2004/05
D 2001/02

287. Im Müngersdorfer Stadion spielt der...

A ...VfB Stuttgart
B ...1. FC Köln
C ...HSV
D ...VfL Bochum

288. Was fehlte Franz Beckenbauer, als er DFB-Teamchef wurde?

A Trainerlizenz
B Erfahrung
C Fortune
D Durchsetzungskraft

289. Wie endete das Spiel 1. FC Köln gegen US Luxemburg in der ersten Runde des Messe-Pokals 1965/66?

A 6:0
B 9:0
C 13:0
D 15:0

290. Welche Stürmerin war 2001 bis 2005 „Fußballerin des Jahres" in Deutschland?

A Birgit Prinz
B Conny Pohlers
C Maren Meinert
D Nia Künzer

291. Wann verloren erstmals gleich zwei Bundesligisten das Finale eines europäischen Cup-Wettbewerbs?

A 1980
B 1982
C 1984
D 1986

292. Wo begann Andy Brehme seine Karriere?

A Beim Itzehoer SV
B Beim SV Barmbek-Uhlenhorst
C Bei Victoria Hamburg
D Beim HSV

293. Gegen welches Team erzielte Stefan Effenberg zwei seiner fünf Länderspieltore?

A Wales
B USA
C Ghana
D Mexiko

294. Gegen welchen Club verlor Bayer 04 Leverkusen das entscheidende Spiel um die Deutsche Meisterschaft 2000?

A SC Freiburg
B Werder Bremen
C SpVgg Unterhaching
D VfB Stuttgart

295. Welchen Preis bekamen Günter Netzer und Gerhard Delling im Jahr 2000?

A Sport-Oscar
B Goldene Kamera
C Grimme-Preis
D Goldene Zitrone

296. Letzter DDR-„Fußballer des Jahres" war 1991 ...

A ...Ulf Kirsten
B ...Andreas Thom
C ...René Müller
D ...Torsten Gütschow

297. In welchem Jahr wechselte Brasiliens Starfußballer Ronaldo nach Europa?

A 1993
B 1994
C 1996
D 1997

298. Welchen Ex-Nationalspieler verpflichtete Borussia Mönchengladbach zur Saison 2004/05?

A Andreas Köpke
B Christian Ziege
C Dietmar Hamann
D Marco Bode

299. Welcher deutsche Spieler wurde bei der FIFA WM 2002 im Vorrundenspiel gegen Kamerun vom Platz gestellt?

A Torsten Frings
B Carsten Ramelow
C Miroslav Klose
D Christian Ziege

300. In welcher Nationalmannschaft spielt Claudio Pizarro?

A Chile
B Kolumbien
C Peru
D Bolivien

301. Welchen Beinamen trägt die Nationalmannschaft Frankreichs?

A Equipe Tricolore
B Sbornaja
C Squadra Azzurra
D Furien

302. Wie heißt der frühere Bundesligist Blau-Weiß 90 Berlin heute?

A Viktoria 94 Berlin
B Blau-Weiß 92 Berlin
C Fortuna Berlin-West
D FC Spandau

303. Welche Mannschaft erreichte als erstes deutsches Team das Finale im Europapokal der Pokalsieger?

A Borussia Dortmund
B Hamburger SV
C 1. FC Köln
D 1860 München

304. In welcher Spielkleidung laufen die Nationalspieler Islands auf?

A Gelb
B Blau
C Grün
D Schwarz

305. Welche Mannschaft wurde bei der EM 2000 Vizeeuropameister?

A Spanien
B Belgien
C Italien
D Holland

306. Wer wurde Bundesliga-Torschützenkönig der Saison 1965/66?

A Lothar Emmerich
B Peter Grosser
C Arnold Schütz
D Hannes Löhr

307. Für ihren Trikottausch nach dem Spiel gegen die Bundesrepublik bei der FIFA WM 1974 zahlten die DDR-Mannen je...

A ...50 Mark
B ...60 Mark
C ...70 Mark
D ...80 Mark

308. Bei welchem nordamerikanischen Club spielte Franz Beckenbauer?

A New York Metro Stars
B Boston Bruins
C Fort Lauderdale Strikers
D Cosmos New York

309. Welcher Spieler war der jüngste, der je den FIFA WM-Titel gewann?

A Zico
B Franco Baresi
C Paolo Maldini
D Pelé

310. Zum wie vielten Mal gewann Argentinien 2001 die U-20-Weltmeisterschaft?

A Zum 1. Mal
B Zum 2. Mal
C Zum 4. Mal
D Zum 6. Mal

311. Wer war 1990 der erste ausländische Bundesliga-Torschützenkönig?

A Wynton Rufer
B Jan Furtok
C Anthony Yeboah
D Jörn Andersen

312. Nach wie vielen Jahren trat Gerd Niebaum im November 2004 als Präsident von Borussia Dortmund zurück?

A Nach 10 Jahren
B Nach 14 Jahren
C Nach 18 Jahren
D Nach 23 Jahren

313. Wie nannte man früher die HSV-Spieler?

A Rote Socken
B Rothosen
C Rote Sterne
D Rote Teufel

314. Welches ist die legendäre Clubhymne vom FC Liverpool?

A „You'll never walk alone"
B „Football is coming home"
C „Yesterday"
D „Candle in the wind"

315. Wo beendete Uli Hoeneß seine Zeit als Aktiver?

A Beim TSV 1860 München
B Beim 1. FC Nürnberg
C Beim HSV
D Beim FC Bayern München

316. In welches Land wechselte Bernd Schuster nach seiner Zeit bei Bayer 04 Leverkusen?

A Nach Mexiko
B In die USA
C Nach Japan
D Nach Dubai

317. Welcher ehemalige Abwehrstratege ist Rekord-Bundesligaspieler von Fortuna Düsseldorf?

A Gerd Zewe
B Werner Seel
C Ralf Dusend
D Rudi Bommer

318. Mit wie vielen Auswärtsniederlagen wurde Bayern München 1997 Deutscher Meister?

A Mit einer
B Mit zwei
C Mit fünf
D Mit keiner

319. Bei welchem Bundesligisten stand der belgische Nationalspieler Bart Goor von 2001 bis 2004 unter Vertrag?

A Bayern München
B Hannover 96
C Hertha BSC Berlin
D VfB Stuttgart

320. Wie nennt man einen Schuss durch die Beine?

A Tunnel
B Einbahnstraße
C Senke
D Gabel

321. Wie lautet der Spitzname des Spielers Hasan Salihamidzic?

A Brazzo
B Bravo
C Branko
D Brallo

322. Wie viele Gegentore musste die deutsche Nationalmannschaft in der Vorrunde der FIFA WM 1990 hinnehmen?

A 1
B 2
C 3
D 4

323. Unter Teamchef Erich Ribbeck war Bundestrainer...
- A ... Berti Vogts
- B ... Uli Stielike
- C ... Christoph Daum
- D ... Rudi Völler

324. Gegen welchen Verein verlor der VfL Bochum im UEFA-Pokal der Saison 1997/98?
- A FC Fulham
- B Fenerbahce Istanbul
- C FC Brügge
- D Ajax Amsterdam

325. Wer war der erste Spieler, der den Europapokal der Landesmeister mit zwei verschiedenen Clubs hintereinander gewann?
- A Didier Deschamps
- B Ruud van Nistelrooy
- C Marcel Desailly
- D Ruud Gullit

326. In welcher Saison standen drei deutsche Teams im Halbfinale des UEFA-Pokals?
- A 1964/65
- B 1978/79
- C 1982/83
- D 1998/99

327. Welche Mannschaft gewann 1988 das nationale Double und den Europapokal der Landesmeister?
- A PSV Eindhoven
- B Manchester United
- C FC Barcelona
- D IFK Göteborg

328. Welcher deutsche Schiedsrichter leitete 1989 das Landesmeister-Cup-Finale zwischen dem AC Mailand und Steaua Bukarest?
- A Siegfried Kirschen
- B Karl-Heinz Tritschler
- C Walter Eschweiler
- D Wolf-Dieter Ahlenfelder

329. In welcher Runde scheiterte Borussia Dortmund 1963/64 im Landesmeister-Pokal am späteren Sieger Inter Mailand?
- A In der zweiten Runde
- B Im Achtelfinale
- C Im Viertelfinale
- D Im Halbfinale

330. Wer spielte nicht mit im FIFA WM-Endspiel 1986?
- A Hans-Peter Briegel
- B Wolfgang Rolff
- C Norbert Eder
- D Felix Magath

331. Wer ist Europas „Fußballerin des Jahrhunderts"?
- A Heidi Mohr
- B Tina Wunderlich
- C Bärbel Wohlleben
- D Tina Theune-Meyer

332. Für welchen Verein erzielte Peter Ducke 153 Tore in der DDR-Oberliga?
- A Carl Zeiss Jena
- B Dynamo Dresden
- C Sachsenring Zwickau
- D 1. FC Magdeburg

333. Wer war 1992 Meistertrainer des VfB Stuttgart?
- A Winfried Schäfer
- B Rainer Adrion
- C Willi Entenmann
- D Christoph Daum

334. Welcher italienische Verein stand 1957 im Finale des Europapokals der Landesmeister?
- A Juventus Turin
- B AC Mailand
- C AC Florenz
- D Inter Mailand

335. Wer bin ich?

Hier erzählt eine bekannte Fußballpersönlichkeit über sich selbst. Wissen Sie, um wen es sich dabei handelt?

Ich gehöre immer noch zum Urgestein des deutschen Fußballs. Und das, obwohl ich mich schon vor einigen Jahren aus dieser Stressbranche verabschiedet habe. Mein Herz hatte mir das Zeichen zum Kürzertreten gegeben, aber mit demselben Herzen bin ich immer noch ein hundertzehnprozentiger Fußballfan.

Mein unverkennbares Markenzeichen ist mein Körperumfang, damit könnte ich ohne Weiteres noch zwei Dünne mindestens vollschlank machen. Dieses Aussehen verleiht mir eine gewisse Autorität, die ich in meiner Zeit als Manager eines Werkssportvereins in der Nähe von Köln auch durch ebenso lautstarke wie originelle Sprüche noch mächtig untermauerte. Ein Satz wie „Bevor wir für einen Torwart 15 bis 20 Millionen Mark bezahlen, stelle ich mich selbst ins Tor“ muss einem erst mal einfallen! Und dass ich Uli Hoeneß mal vorwarf, er habe Alzheimer, tut mir Leid – für Herrn Alzheimer.

Profifußballer war ich nie, aber als Trainer habe ich den Jungs von Frankonia Lövenich, Blau-Weiß Königsdorf und Frechen 20 zeitweilig kräftig eingeheizt. Seit einiger Zeit betätige ich mich hier und da einmal im Fernsehen. Vielen hat bestimmt gefallen, als ich im Auftrag einer Telefonfirma ins Wasser fallen musste – nicht jedoch den Fischen! Sei's drum: Dem Fußball werde ich trotzdem immer verbunden bleiben.

Wer bin ich?

336. Wahrheit oder Lüge?

A Michel Platini ist der einzige Fußballer, der dreimal in Folge Europas „Fußballer des Jahres“ wurde.

B Willi Schulz spielte Libero im deutschen Nationalteam.

C Die Brüder Erwin und Ronald Koeman standen im Aufgebot der belgischen Nationalmannschaft.

D Kevin Keegan arbeitete zeitweilig als Trainer der englischen Nationalelf.

E Bei der EM 1968 wurde Deutschland Dritter.

F Vor gut 4000 Jahren gab es in China ein Spiel namens Tsuh-Küh, das als einer der Vorläufer des Fußballs gilt.

G Seit dem Jahre 1900 ist der Fußball olympisch.

H Der italienische Stürmer Christian Vieri spielte zunächst bei einem australischen Club.

I Ein Spieler kann mit einem Einwurf direkt, d. h. ohne Ballberührung durch Gegner oder Mitspieler, ein Tor erzielen.

J In der frühen DDR-Oberliga spielten 16 Clubs.

337. Wer hat's gesagt?

A „Die Schweden sind keine Holländer – das hat man ganz genau gesehen."

Uwe Seeler
Franz Beckenbauer
Matthias Sammer

B „Ich habe viel von meinem Geld für Alkohol, Weiber und schnelle Autos ausgegeben ... Den Rest habe ich einfach verprasst."

Bruno Labbadia
Maurizio Gaudino
George Best

C „Bedanken möchten wir uns auch bei den Fans, auf denen wir uns immer verlassen konnten."

Andreas Brehme
Thomas Brdaric
Thomas Häßler

D „Da kam dann das Elfmeterschießen. Wir hatten alle die Hosen voll, aber bei mir lief's ganz flüssig."

Uli Hoeneß
Paul Breitner
Georg Schwarzenbeck

E „Die Wahrscheinlichkeit, nicht Meister zu werden, ist größer als die Wahrscheinlichkeit, dem Abstieg nicht zu entgehen."

Dettmar Cramer
Eduard Geyer
Huub Stevens

F „Fußball ist wie eine Frikadelle, man weiß nie, was drin ist."

Manfred Kaltz
Martin Driller
Sebastian Deisler

338. Wahrheit oder Lüge?

A Der Pokalwettbewerb in der DDR hieß SED-Pokal.

B Die UEFA ist die United European Football Association.

C Der erste deutsche Fußballverein war der 1878 gegründete Deutsche Fußballverein Hannover.

D In der Champions League wird ab dem Achtelfinale im K.o.-System gespielt.

E Gerd Müller erhielt neben diversen Auszeichnungen auch das Bundesverdienstkreuz.

F Marco van Basten wurde mit UVV Utrecht Niederländischer Meister.

G Als erster französischer Spieler gewann Just Fontaine den Europapokal der Landesmeister.

H Noch nie erzielte ein Bundesliga-Spieler sieben Tore in einem Spiel.

I Nach Abschluss seiner aktiven Laufbahn trainierte Oleg Blochin eine griechische Mannschaft.

J Deutschlands Fußball-Nationalelf wurde bereits dreimal Europameister.

339. **In welcher Stadt des Ruhrgebietes wurde Weltmeister Helmut Rahn geboren?**
A Gelsenkirchen
B Essen
C Dortmund
D Bochum

340. **Welcher Club spielt im Niedersachsenstadion?**
A VfL Wolfsburg
B Hannover 96
C VfL Osnabrück
D Eintracht Braunschweig

341. **In welcherm Jahr wurde Eintracht Braunschweig Deutscher Fußballmeister?**
A 1967
B 1969
C 1971
D Noch nie

342. **Wer singt den offiziellen DFB-Song?**
A Udo Jürgens
B Marius Müller-Westernhagen
C Placido Domingo
D Anna-Maria Kaufmann und Joey Tempest

343. **Bei wem stand der ehemalige französische Nationalstürmer Lilian Laslandes 2001/02 unter Vertrag?**
A Hansa Rostock
B 1. FC Köln
C Eintracht Frankfurt
D Bayer 04 Leverkusen

344. **Welcher dieser Fußballstars spielte nie für Juventus Turin?**
A Zinedine Zidane
B Dino Zoff
C Johan Cruyff
D Michel Platini

345. **Wo fand das Finale der Europameisterschaft 1992 statt?**
A Stockholm
B Kopenhagen
C Göteborg
D Oslo

346. **Für welche Nationalmannschaft geht Emmanuel Olisadebe seit 2000 auf Torejagd?**
A Polen
B Südafrika
C Nigeria
D Bulgarien

347. **Weshalb musste die Partie Spartak Moskau - FC Sion vom 30. September 1997 wiederholt werden?**
A Zu flauer Ball
B Zu kleine Tore
C Kein Sieger nach 180 Minuten
D Zu früher Abpfiff

348. **Wie viele Mitglieder hat der „Fussball-Weltverband FIFA"?**
A Etwa 50 Millionen
B Etwa 100 Millionen
C Etwa 150 Millionen
D Etwa 200 Millionen

349. **Wie oft gewann Real Madrid den Europapokal der Pokalsieger?**
A Zweimal
B Dreimal
C Zehnmal
D Noch nie

350. **Wann wurde der FC Schalke 04 letztmals Deutscher Meister?**
A 1958
B 1962
C 1981
D 1987

351. Versteckter Fußballer

Trainingslager

Der FC Knorke Berlin reist zum Ende der Sommerpause für zwei Wochen in ein Trainingslager, das inmitten einer der schönsten Landschaften Österreichs liegt, dem Klagenfurter Becken. Bauernhöfe sind in dieser Gegend das einzige Zeichen der Zivilisation. Im Mittelpunkt steht die schöne Natur.

Können Sie den darin versteckten deutschen Fußballspieler entdecken?

352. Zum Schmunzeln

So ein Theater!

Bundesliga-Topspiel in der Münchner Arena, 33. Minute. Durch ein leichtes Foul umgeworfen, wälzt sich der heimische Mittelstürmer winselnd auf dem Rasen. Zwei Sanitäter mit einer Trage kommen angerast. Doch der Schiedsrichter stellt sich ihnen abwehrend in den Weg, pfeift und brüllt: „Keine Sanitäter! Was wir brauchen, ist ein guter Theaterkritiker!“

Niemals Dienstag!

Fußballfan Martin zu seiner Dietlinde: „Wir können auf keinen Fall am Dienstag heiraten!“ Sie erbleicht: „Warum denn nicht?“ – „Weil dann unsere Silberhochzeit auf einen Samstag fiele, und da sind doch immer die Bundesligaspiele!“

353. Wahrheit oder Lüge?

A 1990 kam mit Hristan Stoichkov Europas Torjäger des Jahres aus Bulgarien.

B Das erste deutsche Stadion mit einer Flutlichtanlage war das Münchner Olympiastadion.

C Lew Jaschin wurde als erster sowjetischer Sportler als „Held der sozialistischen Arbeit“ geehrt.

D Der Beginn von Roberto Baggios Karriere war von Meniskusoperationen überschattet.

E Ernst Lehner, Aktiver in den 30ern, begann seine Karriere beim TSV Schwaben Augsburg.

F Paul Janes gewann 1933 mit dem 1. FC Köln die Deutsche Meisterschaft.

G Belgien belegte bei der FIFA WM 1986 den vierten Platz.

H In Frankreich wird Zinedine Zidane liebevoll „Zizou“ genannt.

I Leidtragender des Skandalspiels von Gijon zwischen Deutschland und Österreich bei der FIFA WM 1982 war Algerien.

J Rudi Völler begann seine Karriere beim TSV 1860 München.

354. **Welcher Verein holte in der Saison 1970/71 das Double in der DDR?**
- A Hansa Rostock
- B Carl Zeiss Jena
- C Dynamo Dresden
- D Vorwärts Berlin

355. **Wie lautet der Spitzname des Spielers Gerd Müller?**
- A Knipser der Nation
- B Striker der Nation
- C Bomber der Nation
- D Goalgetter der Nation

356. **Welches sind die Vereinsfarben von Partizan Belgrad?**
- A Schwarz/weiß
- B Rot/weiß
- C Grün/weiß
- D Blau/weiß

357. **Wie viele Mannschaften stehen in einem Semifinale?**
- A Zwei
- B Vier
- C Sechs
- D Acht

358. **Welcher Verein verpflichtete 1991 Giovane Elber, lieh ihn aber sofort an Grasshoppers Zürich aus?**
- A FC Barcelona
- B Benfica Lissabon
- C VfB Stuttgart
- D AC Mailand

359. **Wie viele Bundesliga-Heimsiege errang Bayern München in der Saison 1981/82?**
- A 11
- B 13
- C 15
- D 17

360. **Mit welchem Trainer stieg 1860 München 1992 in die Erste Bundesliga auf?**
- A Gyula Lorant
- B Werner Lorant
- C Edgar Lorant
- D Max Lorant

361. **In welcher Saison wurden erstmals in der Bundesliga stichprobenartige Dopingkontrollen durchgeführt?**
- A 1981/82
- B 1986/87
- C 1990/91
- D 1994/95

362. **Bei welchem aktuellen Bundesligisten trat Udo Lattek einst selbst vor den Ball?**
- A Werder Bremen
- B Schalke 04
- C Bayer 04 Leverkusen
- D Borussia Mönchengladbach

363. **In welchen Jahren wurde Günter Netzer „Fußballer des Jahres" in Deutschland?**
- A 1970 und 1971
- B 1972 und 1973
- C 1976 und 1977
- D 1979 und 1980

364. **Gegen welchen damaligen Bundesligisten verlor der Hamburger SV in der Saison 1970/71 mit 1:8?**
- A Kickers Offenbach
- B Borussia Neunkirchen
- C Tennis Borussia Berlin
- D RW Oberhausen

365. **Wer erwarb als erste Frau in Deutschland die Lizenz einer Fußball-Lehrerin?**
- A Silvia Neid
- B Tina Theune-Meyer
- C Melanie Hoffmann
- D Doris Fitschen

366. **Wer spielte 2001-03 bei den Amateuren des FC Bayern München und wurde 2003/04 an den VfB Stuttgart ausgeliehen?**

A Andreas Hinkel
B Kevin Kuranyi
C Timo Hildebrand
D Philipp Lahm

367. **Für welchen Club absolvierte Dieter Eilts 390 Bundesligaspiele?**

A Hamburger SV
B Borussia Dortmund
C Bayern München
D Werder Bremen

368. **Wann und wo wurden DFB und DDR-Fußballverband wieder vereinigt?**

A 3.10.1990, Berlin
B 21.11.1990, Leipzig
C 24.12.1990, Dresden
D 31.12.1990, Rostock

369. **Wie heißt der Vorstandsvorsitzende des FC Bayern München?**

A Franz Beckenbauer
B Uli Hoeneß
C Karl-Heinz Rummenigge
D Edmund Stoiber

370. **Wer sagte „Nach dem Spiel ist vor dem Spiel."?**

A Helmut Schön
B Jupp Derwall
C Erich Ribbeck
D Sepp Herberger

371. **Wer führt die ewige FIFA WM-Torschützentabelle mit 14 Toren an?**

A Gary Lineker
B Pelé
C Gerd Müller
D Eusebio

372. **Welcher Spieler erhielt die meisten gelben Karten innerhalb einer Bundesliga-Saison?**

A Stefan Effenberg
B Jürgen Kohler
C Tomas Hajto
D Bernd Hollerbach

373. **Welcher Rumäne schoss in 125 Länderspielen 35 Tore für sein Nationalteam und spielte u. a. für Real Madrid?**

A Gheorghe Hagi
B Ion Lupescu
C Helmut Ducadam
D Marcel Raducanu

374. **Was war das Besondere am Tor des Jahres 1985, erzielt von Helmut Winklhofer von Bayern München?**

A Es entstand aus einem Fallrückzieher
B Es war ein Torwarttreffer
C Es war ein Abseitstreffer
D Es war ein Eigentor

375. **Wie viele Länderspieltore erzielte der spätere Nationaltrainer Sepp Herberger?**

A 1
B 2
C 3
D Keines

376. **Welches sind die Vereinsfarben von Hansa Rostock?**

A Blau-weiß
B Schwarz-blau
C Rot-gelb
D Grün-lila

377. **Welcher dieser Vereine ist nicht in London beheimatet?**

A Chelsea
B Aston Villa
C West Ham United
D Arsenal

378. **Wie hieß der legendäre argentinische Weltmeister-Trainer von 1978?**
A José Villalonga
B Mario Zagalo
C Cesar Luis Menotti
D Tele Santana

379. **Welchen Namen trug der Vorläufer des DFB-Pokals?**
A Herberger-Pokal
B Knöpfle-Pokal
C Tschammer-Pokal
D Rimet-Pokal

380. **Wer moderierte zusammen mit Günter Jauch die Champions-League-Saison 1994/95?**
A Oliver Bierhoff
B Franz Beckenbauer
C Jürgen Klinsmann
D Gerd Müller

381. **Wer schoss 2004 im Länderspiel gegen Südkorea das einzige Tor für die deutsche Elf?**
A Lukas Podolski
B Miroslav Klose
C Michael Ballack
D Fabian Ernst

382. **Welche Mannschaft ließ in der Saison 2000/01 die wenigsten Gegentore zu?**
A Hamburger SV
B Werder Bremen
C Bayern München
D Schalke 04

383. **Wer stieg neben Borussia Mönchengladbach und dem VfL Bochum in der Saison 1998/99 in die Zweite Liga ab?**
A VfL Wolfsburg
B 1860 München
C 1. FC Nürnberg
D Hansa Rostock

384. **Wer war 1995 bis 1997 Co-Trainer von Jupp Heynckes bei CD Teneriffa?**
A Bernd Schuster
B Wolfgang Wolf
C Ewald Lienen
D Jürgen Röber

385. **Wie viele Länderspiele absolvierte Martin Max?**
A 1
B 10
C 15
D 20

386. **Gegen welches Land schoss Zinedine Zidane sein erstes FIFA WM-Tor?**
A Kroatien
B Paraguay
C Dänemark
D Brasilien

387. **Bei welcher FIFA WM stand Lothar Emmerich im Aufgebot der deutschen Nationalmannschaft?**
A 1974
B 1962
C 1970
D 1966

388. **Wie lautet der Spitzname des Trainers Helmut Kronsbein?**
A Fiffi
B Lumpi
C Waldi
D Bello

389. **Welche Nationalelf war für ihr extrem defensives Spielsystem, den so genannten Catenaccio, bekannt?**
A Italien
B Deutschland
C Brasilien
D Ungarn

390. **Welche deutsche Mannschaft gewann 2002 den UEFA-Womens-Cup?**
A Turbine Potsdam
B FC Bayern München
C 1. FFC Frankfurt
D FCR Duisburg

391. **Welcher Club gewann 13-mal in Folge den norwegischen Meistertitel ?**
A Molde FK
B Viking Stavanger
C FK Moss
D Rosenborg Trondheim

392. **Bei welchem Club stand Jonathan Akpoborie nie unter Vertrag?**
A VfL Bochum
B Hansa Rostock
C VfB Stuttgart
D VfL Wolfsburg

393. **Wann stand mit Austria Wien erstmals ein österreichischer Club in einem Europapokal-Finale?**
A 1978
B 1980
C 1982
D 1984

394. **Welcher dieser Spieler erhielt in seiner Bundesliga-Karriere fünf rote Karten?**
A Maurizio Gaudino
B Wolfgang Funkel
C Thomas Rath
D Harald Spörl

395. **Welcher Spieler wird scherzhaft „Bulle vom Bosporus" genannt?**
A Ümit Davala
B Hakan Sükür
C Ali Daei
D Hasan Sas

396. **Wo sollte die FIFA WM-Endrunde 1942 ursprünglich stattfinden?**
A In Italien
B In Deutschland
C In Belgien
D In der Schweiz

397. **Wer spielte in der Fernsehserie „Manni der Libero" den Manni?**
A Thomas Ohrner
B Sebastian Bach
C Elmar Wepper
D Dieter Krebs

398. **Wer war Trainer der deutschen Europameistermannschaft 1996?**
A Franz Beckenbauer
B Berti Vogts
C Rudi Völler
D Erich Ribbeck

399. **In welchem Stadion trägt Kickers Offenbach seine Heimspiele aus?**
A Bökelberg
B Betzenberg
C Bieberer Berg
D Mainstadion

400. **Zu welchem politisch pikanten Duell kam es während der Vorrunde der FIFA WM 1998 in Frankreich?**
A Südkorea - Nordkorea
B Pakistan - Indien
C USA - Iran
D Irak - Kuweit

401. **Wann wurde Oliver Kahn geboren?**
A 1964
B 1966
C 1968
D 1969

Der deutsche Mittelfeldspieler und Kapitän Michael Ballack freut sich über ein Tor.

402. **Welcher Club verpasste am letzten Spieltag der Bundesliga-Saison 1991/92 die sicher geglaubte Meisterschaft?**
- A Werder Bremen
- B Eintracht Frankfurt
- C 1. FC Köln
- D 1. FC Nürnberg

403. **Wer war der erste „Stand-by"-Profi der Bundesliga?**
- A Rudi Völler
- B Dieter Burdenski
- C Wynton Rufer
- D Rune Bratseth

404. **Welchen Platz belegte der MSV Duisburg in der ersten Bundesliga-Saison 1963/64?**
- A Den zweiten
- B Den dritten
- C Den sechsten
- D Den siebzehnten

405. **Wann wurde der DSC Arminia Bielefeld gegründet?**
- A 1895
- B 1900
- C 1905
- D 1980

406. **Von welchem Verein wechselte Nationalspieler Bernd Schneider 1999 zu Bayer 04 Leverkusen?**
- A Bayer 05 Uerdingen
- B Arminia Bielefeld
- C SC Freiburg
- D Eintracht Frankfurt

407. **Wie viele Tore erzielte Edgar Schmitt für den Karlsruher SC in der Europapokal-Saison 1993/94?**
- A 4
- B 6
- C 8
- D 12

408. **Für welchen Verein spielte Norbert Nachtweih von 1982 bis 1989?**
- A FC Bayern München
- B 1. FC Nürnberg
- C VfL Bochum
- D Eintracht Frankfurt

409. **Erster DDR-Spieler, der nach der Wende in die Bundesliga wechselte, war...**
- A ...Ulf Kirsten
- B ...Andreas Thom
- C ...Matthias Sammer
- D ...Thomas Doll

410. **Bei welchem deutschen Verein stand der Kroate Davor Suker von 2001 bis 2003 unter Vertrag?**
- A 1860 München
- B VfL Bochum
- C Hannover 96
- D Hansa Rostock

411. **Wessen „sexy Knie" wurden in einem Lied besungen?**
- A Karl-Heinz Rummenigges
- B Andreas Brehmes
- C Gerd Müllers
- D Pierre Littbarskis

412. **Wer war Meistertrainer in der Saison 1978/79?**
- A Udo Lattek
- B Lothar Buchmann
- C Branko Zebec
- D Pal Csernai

413. **Welcher ehemalige Bundesligaspieler erzielte bis heute die meisten Elfmeter-Tore?**
- A Michael Zorc
- B Andreas Brehme
- C Manfred Kaltz
- D Mario Basler

414. **Wann wurde die deutsche Elf FIFA Fussball-Weltmeister?**
- A 1958, 1984, 1994
- B 1954, 1980, 1996
- C 1954, 1974, 1990
- D 1954, 1972, 1988

415. **Wer folgte Heiner Stuhlfauth ins Tor der Nationalelf?**
- A Toni Turek
- B Tull Harder
- C Fritz Herkenrath
- D Willibald Kress

416. **Wer ist Rekord-Bundesligaspieler des VfB Stuttgart?**
- A Günther Schäfer
- B Karl Allgöwer
- C Guido Buchwald
- D Fritz Walter

417. **Für welchen Verein spielte Stefan Kuntz, als er in der Saison 1985/86 Bundesliga-Torschützenkönig wurde?**
- A Hamburger SV
- B 1. FC Kaiserslautern
- C VfL Bochum
- D Bayer 05 Uerdingen

418. **Was bekamen die Spieler des 1. FC Nürnberg 1961 für den Sieg gegen Benfica Lissabon?**
- A 5 DM
- B 50 DM
- C 500 DM
- D 5.000 DM

419. **Wer trägt seine Heimspiele im Stadion Vicente Calderon aus?**
- A FC Malaga
- B FC Sevilla
- C Sporting Gijon
- D Atletico Madrid

420. **Wie viele Zuschauer besuchten die Spiele der FIFA WM 1962?**
- A 62.7000
- B 776.000
- C 952.000
- D 1.020.000

421. **Gegen wen verlor Brasilien 1993 sein erstes FIFA WM-Qualifikationsspiel überhaupt?**
- A Equador
- B Peru
- C Bolivien
- D Chile

422. **Wie viele Mannschaften starteten 1999 im UEFA-Pokal?**
- A 32
- B 56
- C 76
- D 96

423. **Welche Nationalmannschaft trainierte Siegfried Held von 2001 bis 2003?**
- A Zypern
- B Taiwan
- C Südkorea
- D Malta

424. **Was gelang den Italienern bei der FIFA WM 1970?**
- A Kein Gegentor während des Turniers
- B Viertelfinalsieg trotz vier roter Karten
- C Viertelfinal-Qualifikation ohne Sieg
- D Viertelfinal-Qualifikation mit nur einem erzielten Tor

425. **Wie nennt man ein Spiel, das wohltätigen Zwecken dient?**
- A Sonderspiel
- B Benefizspiel
- C Kassenspiel
- D Spendenspiel

426. Wer bin ich?

Hier erzählt ein bekannter Fußballstar über sich selbst. Wissen Sie, um wen es sich dabei handelt?

Abwehrspieler war ich einmal, habe also gelernt, wie man verteidigt. Dass mir das bei der Bewältigung meines Lebens einmal hilfreich werden sollte, bemerkte ich im Jahre 2000, als ich mich selbst verteidigen musste. Doch von Anfang an: Ich wurde im Oktober 1953 im Erzgebirge geboren. Das Fußballspielen lernte ich bei Hamborn 07 und Eintracht Duisburg. Danach begann mein Profi-Dasein beim 1. FC Köln. Nach Ende meiner aktiven Karriere wurde ich zunächst Jugendtrainer in der Domstadt. Aber der Ehrgeiz, höhere Weihen zu erhalten, war und ist sehr stark. Am 23. September 1986 hatte ich es geschafft: Ich wurde Cheftrainer in Köln.

Noch erfolgreicher als am Rhein wurde ich allerdings am Neckar. Mit dem VfB Stuttgart gelang mir 1992 der Gewinn der Deutschen Meisterschaft. Nach ein paar Jahren in der Türkei rief Bayer Leverkusen nach mir. Mit der Werkself wurde ich zum ewigen Zweiten. Danach war ich beseelt vom Plan des DFB, mich zum Bundestrainer zu machen, doch alles scheiterte an dem berühmten Haar, das man in einer Suppe aus Gerüchten, Halbwahrheiten und bitteren Fakten fand und das auf so viel Schnee schließen ließ, dass der Verkehr zeitweilig gefährdet schien. In jedem Fall wurde mir dieser Fall zum Verhängnis, sodass ich mich trotz Rehabilitierung vor Gericht entschloss, wieder ins Ausland zu gehen, diesmal über Österreich erneut in die Türkei. Ob mir jemals ein Comeback in Deutschland gelingen wird, ist fraglich, weil der Letzte, der zu mir hielt, MV heißt. Und ob diese Buchstaben zukünftig noch ziehen, wage ich zu bezweifeln.

Wer bin ich?

427. Wahrheit oder Lüge?

A Uwe Seeler war erster deutscher „Fußballer des Jahres".

B Beim ersten Länderspiel 1908 gegen die Schweiz erhielt jeder weibliche Besucher eine Tafel Schokolade.

C Der heutige Trainer Jörg Berger spielte früher u. a. bei Lokomotive Leipzig.

D Einst hieß die Stehplatztribüne an der Anfield Road „The Kop".

E Zwischen 1982 und 1984 spielte Hansi Müller für Inter Mailand.

F Das erste Tor der Bundesliga-Geschichte fiel am 24. August 1963 bereits in der 1. Spielminute.

G In Zeiten, als es noch keine Verlängerung gab, wurde gespielt, bis es zu dunkel war.

H Der Spitzname des Peruaners Teofilo Cubillas war „Nene".

I Helmut Schön war als aktiver Fußballer zweimal Deutscher Meister mit dem Dresdner SC.

J Bevor er nach Spanien wechselte, spielte Portugals Luis Figo fünf Jahre lang bei Sporting Lissabon.

© 2004 FIFA TM

428. Wer hat's gesagt?

A „Ich kann es mir als Verantwortlicher für die Mannschaft nicht erlauben, die Dinge subjektiv zu sehen. Grundsätzlich werde ich versuchen zu erkennen, ob die subjektiv geäußerten Meinungen subjektiv sind oder objektiv sind. Wenn sie subjektiv sind, dann werde ich an meinen objektiven festhalten. Wenn sie objektiv sind, werde ich überlegen und vielleicht die objektiven subjektiv geäußerten Meinungen der Spieler mit in meine objektiven einfließen lassen."

Erich Ribbeck
Berti Vogts
Jupp Derwall

B „Zum Wohle der Mannschaft kann ich nicht nur machen, was der Trainer will."

Giovane Elber
Sergej Barbarez
Michael Ballack

C „Wir müssen diese elementaren Fehler abstellen. Das ist schwerer gesagt als getan."

Wolfgang Wolf
Reiner Calmund
Eduard Geyer

D „Das ist Schnee von morgen."

Jens Jeremies
Oliver Reck
Michael Preetz

E „Die Fans müssen wissen, dass ich kein Clown bin."

Hansi Müller
Friedel Rausch
Oliver Kahn

F „Wir werden alles tun, um den Klassenerhalt zu vermeiden."

Timo Lange
Dirk Lottner
Dieter Schlindwein

429. Rebus-Rätsel

Um welchen Fußballer handelt es sich hier?

430. **Wann wurde der größte Bestechungsskandal der Bundesliga aufgedeckt?**
- A 1971
- B 1973
- C 1974
- D 1976

431. **Wie hieß der erste Deutsche Meister im Jahre 1903?**
- A BFC Prag
- B Viktoria Berlin
- C 1. FC Nürnberg
- D VfB Leipzig

432. **Wer war jüngster Trainer in der Bundesliga?**
- A Uli Stielicke
- B Christoph Daum
- C Wolfgang Weber
- D Ewald Lienen

433. **Welcher Nationaltorwart wurde 1965 zum „Fußballer des Jahres" gewählt?**
- A Toni Turek
- B Wolfgang Fahrian
- C Hans Tilkowski
- D Bernd Franke

434. **Wie hieß der FC Schalke 04 bei seiner Gründung?**
- A SC Westfalia Schalke
- B SC Gelsenkirchen
- C SC Knappen von 1904
- D FC Schalke 04

435. **Welcher Club spielt an der Bremer Brücke?**
- A Werder Bremen
- B Bremer SV
- C TuS Bremerhaven
- D VfL Osnabrück

436. **In welcher südamerikanischen Stadt spielen Botafogo und Vasco da Gama um Meisterschaftspunkte?**
- A Rio de Janeiro
- B Lima
- C Buenos Aires
- D São Paulo

437. **Die meisten Tore in einer Bundesliga-Spielzeit waren...**
- A ...777 (1970/71)
- B ...842 (1963/64)
- C ...892 (1990/91)
- D ...1097 (1983/84)

438. **Bei welcher EM stand Mario Basler im Kader der deutschen Nationalelf?**
- A 1988
- B 1992
- C 1996
- D 2000

439. **Wohin wechselte der polnische Nationalspieler Tomas Hajto zu Beginn der Saison 2004/05?**
- A 1. FC Saarbrücken
- B 1. FC Nürnberg
- C 1. FC Magdeburg
- D 1. FC Kaiserslautern

440. **Gegen wen gelang Bayer 04 Leverkusen mit einem 6:0 sein höchster Bundesliga-Heimsieg?**
- A 1. FC Kaiserslautern
- B Werder Bremen
- C Energie Cottbus
- D Borussia Mönchengladbach

441. **Welcher Spieler wurde in der Saison 1966/67 nach einer Prügelei vom DFB für 19 Wochen gesperrt?**
- A Timo Konietzka
- B Gerd Müller
- C Friedel Lutz
- D Wolfgang Fahrian

442. **Auf welcher Position spielte Silke Rottenberg in der deutschen Frauennationalelf seit 1993?**
- A Mittelstürmerin
- B Torfrau
- C Spielmacherin
- D Trainerin

443. **Bei welchem Verein begann die Trainerkarriere von Mario Zagalo?**
- A Flamengo
- B Botafogo
- C Gremio Porto Alegre
- D Fluminense

444. **Wie lautet der Spitzname des Spielers Otto Tibulski?**
- A Ötte
- B Bulle
- C Bully
- D Tibby

445. **Wie viele Länderspiele bestritt Andreas Köpke?**
- A 59
- B 79
- C 99
- D 119

446. **Für welchen Verein stürmte Nationalspieler Miroslav Klose, bevor er 1999 zum 1. FC Kaiserslautern wechselte?**
- A Sportfreunde Siegen
- B Hessen Kassel
- C FC Homburg
- D Darmstadt 98

447. **Bei welcher FIFA WM-Endrunde stürmte Dieter Hoeneß für die DFB-Auswahl?**
- A 1978
- B 1982
- C 1986
- D 1990

448. **Wer machte die meisten Spiele für Borussia Mönchengladbach?**
- A Berti Vogts
- B Jupp Heynckes
- C Günter Netzer
- D Frank Mill

449. **Wer unterlag im Finale der FIFA WM 1934 den Italienern nach Verlängerung?**
- A Spanien
- B Österreich
- C Tschechoslowakei
- D Niederlande

450. **Wer ging als jüngster Bundesligaspieler in die Geschichte ein?**
- A Uwe Höfer
- B Bernd Thiele
- C Ibrahim Tanko
- D Jürgen Friedl

451. **Als was war Rudi Assauer früher aktiv?**
- A Torwart
- B Stürmer
- C Abwehrspieler
- D Schiedsrichter

452. **Wer wurde in der Saison 1978/79 Bundesliga-Torschützenkönig?**
- A Klaus Toppmöller
- B Klaus Allofs
- C Klaus Fischer
- D Rüdiger Abramczik

453. **Wie hieß der erste afrikanische Bundesliga-Spieler?**
- A Souleyman Sane
- B Ibrahim Sunday
- C Sunday Oliseh
- D Anthony Baffoe

454. **Das war Bundesligarekord: Wie viele Eigentore fielen in der Saison 1999/2000?**
- A 13
- B 19
- C 27
- D 36

455. **Welcher Spieler wechselte 2001 für über 29 Mio. Euro von River Plate Buenos Aires zum FC Barcelona?**
- A Ronaldinho
- B Juan-Sebastian Veron
- C Javier Saviola
- D Carlos Tevez

456. **In welchem Land wurde die Fußball-Europameisterschaft 1968 ausgetragen?**
- A Italien
- B Polen
- C Norwegen
- D Portugal

457. **Wer schoss 1958 im ersten deutschen FIFA WM-Spiel zwei Tore gegen Argentinien?**
- A Hans Schäfer
- B Helmut Rahn
- C Horst Eckel
- D Uwe Seeler

458. **Welcher Fußballclub trägt seine Heimspiele im Georg-Melches-Stadion aus?**
- A Eintracht Trier
- B Union Berlin
- C Wacker Burghausen
- D RW Essen

459. **Wo ist der FC Schalke 04 beheimatet?**
- A In Essen
- B In Gelsenkirchen
- C In Leverkusen
- D In Hamborn

460. **Wann fand das erste Länderspiel einer deutschen Mannschaft statt?**
- A 1908
- B 1912
- C 1916
- D 1920

461. **Wer wurde am 13. Mai 2003 Trainer von Bayer 04 Leverkusen?**
- A Klaus Toppmöller
- B Klaus Sammer
- C Klaus Augenthaler
- D Klaus Schlappner

462. **Außer mit Bayern München wurde Franz Beckenbauer Deutscher Meister mit...**
- A ...1860 München
- B ...Bor. Dortmund
- C ...dem HSV
- D ...keinem anderen Club

463. **Noch immer Bundesliga-Rekord: 6 Tore in einem Spiel schoss...**
- A ...Dieter Müller
- B ...Klaus Scheer
- C ...Gerd Müller
- D ...Jupp Heynckes

464. **Zu welcher Saison verstärkte sich der FC Schalke 04 mit Mladen Kristajic und Ailton?**
- A 1999/2000
- B 2003/04
- C 2004/05
- D 2005/06

465. **Wer wurde 1997 und 2001 zum Welt-Clubtrainer des Jahres gewählt?**
- A Berti Vogts
- B Ottmar Hitzfeld
- C Werner Lorant
- D Christoph Daum

466. **Wie viele Gegentore kassierte der FC Bayern München in den Heimspielen der Saison 1968/69?**

A 10
B 12
C 14
D 20

467. **Die Spieler des 1. FC Kaiserslautern nennt man ...**

A ... Walz aus der Palz
B ... Pfälzer Kicker
C ... Rote Teufel
D ... Saumagen-Fraktion

468. **Bei welchem dieser Clubs stand Bernd Hollerbach seit 1996 unter Vertrag?**

A FC St.Pauli
B Arminia Bielefeld
C 1. FC Kaiserslautern
D Hamburger SV

469. **Wer schoss 1967 im Europacup-Finale gegen die Glasgow Rangers das entscheidende 1:0 für den FC Bayern München?**

A Georg Schwarzenbeck
B Gerd Müller
C Franz Beckenbauer
D Franz Roth

470. **Wer stand bei der Europameisterschaft 1980 für die belgische Mannschaft im Tor?**

A Erwin van Moor
B Fränkie van der Elst
C Jan Ceulemans
D Jean Marie Pfaff

471. **Wie oft wurde Roger Milla „Fußballer des Jahres" in Afrika?**

A Einmal
B Zweimal
C Dreimal
D Nie

472. **Bei welchem Verein begann 1981 die Bundesligakarriere von Frank Mill?**

A Borussia Dortmund
B Borussia Mönchengladbach
C Werder Bremen
D Fortuna Düsseldorf

473. **Wie hieß die höchste deutsche Spielklasse vor Einführung der Bundesliga?**

A Verbandsliga
B Regionalliga
C Landesliga
D Oberliga

474. **Welche Mannschaft schaffte 1991 im letztmals ausgetragenen Relegationsspiel den Aufstieg in die Erste Bundesliga?**

A Stuttgarter Kickers
B Bayer 05 Uerdingen
C 1.FC Saarbrücken
D FC St.Pauli

475. **In welchem Alter lief Ronaldo erstmals in der ersten brasilianischen Liga für Cruzeiro Belo Horizonte auf?**

A Mit 15 Jahren
B Mit 16 Jahren
C Mit 17 Jahren
D Mit 20 Jahren

476. **Wie viele Bundesligatore erzielte Rudi Völler in der Saison 1994/95 für Bayer 04 Leverkusen?**

A 16
B 21
C 26
D 31

477. **Welcher deutsche Spieler nahm an fünf FIFA WM-Endrunden teil?**

A Lothar Matthäus
B Andreas Brehme
C Oliver Reck
D Felix Magath

478. Versteckter Fußballer

Besuch in der Hansestadt

Auf dem Programm ihres Hamburg-Besuches hatte die amerikanische Familie auch den berühmten Tierpark Hagenbeck. „Hamburg ist wirklich eine schöne Stadt", meinte der Vater später.

Können Sie den darin versteckten englischen Fußballspieler entdecken?

479. Zum Schmunzeln

Sehhilfe

Das Fußballspiel ist zu Ende. Die Heimmannschaft hat wieder einmal verloren. Die Zuschauer sind der Meinung, der Schiedsrichter hätte gegen die eigene Mannschaft gepfiffen und veranstalten ein dementsprechend lautes Pfeifkonzert, als er das Stadion verlässt. Lehnt sich ein Zuschauer über die Brüstung und ruft dem Schiedsrichter zu: „Wie heißt eigentlich Ihr Hund?" Antwortet der Mann in Schwarz verwirrt: „Aber ich habe doch gar keinen Hund!" Da fasst sich der Zuschauer an seinen Kopf und ruft: „Ach, du meine Güte! Ist blind und hat keinen Hund!"

Breite Brust

Fußballtrainer zum Spieler: „Sie sind so engagiert. Mit ihrer breiten Brust sind sie genau der Richtige für unser Team." - „Ist es nicht wichtig, dass ich auch gut spielen kann?" - „Nein. Hauptsache, die Werbefläche ist groß genug!"

480. Besuchskarte

Welcher bekannte Fußballstar will sich hier bei Ihnen vorstellen?

O. v.
FREIBIER-FLOH

481. **Wer hütete bei der FIFA WM-Endrunde 1962 das deutsche Tor?**
- A Hans Tilkowski
- B Wolfgang Fahrian
- C Toni Turek
- D Sepp Maier

482. **Welcher dieser Trainer war bereits dreimal beim VfL Bochum beschäftigt?**
- A Klaus Toppmöller
- B Reinhard Saftig
- C Rolf Schafstall
- D Jürgen Gelsdorf

483. **In welchem Jahr wurde George Weah „Weltfußballer des Jahres"?**
- A 1995
- B 1996
- C 1997
- D 1998

484. **Wie oft stand Norbert Nigbur im Tor der deutschen Nationalmannschaft?**
- A Zweimal
- B Sechsmal
- C Zehnmal
- D Zwölfmal

485. **Bei wie vielen FIFA WM-Endrunden war Bodo Illgner die Nummer 1 im Tor der deutschen Nationalmannschaft?**
- A Einmal
- B Zweimal
- C Dreimal
- D Nie

486. **Welcher ehemalige deutsche Nationalspieler wechselte 2004 zu Hannover 96?**
- A Stefan Klos
- B Christian Nerlinger
- C Michael Tarnat
- D Mehmet Scholl

487. **Wer wurde 1935 erster Deutscher Pokalsieger?**
- A FC Schalke 04
- B 1. FC Nürnberg
- C Eintracht Frankfurt
- D Fortuna Düsseldorf

488. **Wo liegt der aktuelle Rekord beim Torwandschießen im Aktuellen Sportstudio?**
- A 3 Treffer
- B 4 Treffer
- C 5 Treffer
- D 6 Treffer

489. **Wie viele Tore schoss Gerd Müller für den FC Bayern München?**
- A 188
- B 257
- C 301
- D 365

490. **Für welche Nation geht der Stürmer Kevin Kuranyi auf Torejagd?**
- A Paraguay
- B Panama
- C Brasilien
- D Deutschland

491. **Bei welchem Bundesligaverein war Papst Johannes Paul II. Ehrenmitglied?**
- A Hannover 96
- B FC Schalke 04
- C SC Freiburg
- D Bayern München

492. **Wer schoss im FIFA WM-Finale 1986 das entscheidende 3:2 für Argentinien gegen die deutsche Elf?**
- A Jorge Valdano
- B Jorge Burruchaga
- C Diego Maradona
- D Oswaldo Ardiles

493. Welchen Umfang hat ein Fußball?
A 62-64 cm
B 68-70 cm
C 74-76 cm
D 82-84 cm

494. Wo wurde 1986 bis 1990 dem Team, das ein Ligaspiel mit mehr als drei Toren Unterschied verlor, ein Punkt abgezogen?
A In Portugal
B In der Schweiz
C In Russland
D In Polen

495. Wie viele Tore erzielte die deutsche Nationalmannschaft bei der FIFA WM-Endrunde 1966?
A 11
B 13
C 15
D 17

496. Wer folgte als Bundestrainer auf Helmut Schön?
A Jupp Derwall
B Berti Vogts
C Sepp Herberger
D Franz Beckenbauer

497. Welcher Verein gewann als erster das Double in der DDR?
A Union Berlin
B Dynamo Dresden
C Hansa Rostock
D Sachsen Leipzig

498. Welche schwedische Mannschaft gewann 1982 und 1987 den UEFA-Pokal?
A IFK Göteborg
B AIK Stockholm
C Malmö FF
D IFK Norrköping

499. Wodurch gelangte Dänemark 1992 zur Europameisterschaft?
A Durch den Ausschluss Jugoslawiens
B Durch eine Volksabstimmung
C Durch den Verzicht der Türkei
D Auf Fürsprache Schwedens

500. Welcher deutsche Schiedsrichter leitete ein FIFA WM-Finale?
A Wolf-Dieter Ahlenfelder
B Hellmut Krug
C Rudi Glöckner
D Walter Eschweiler

501. Bei welchem deutschen Verein war Peter Pacult sowohl als Spieler als auch als Trainer aktiv?
A SC Freiburg
B Hansa Rostock
C 1860 München
D VfL Wolfsburg

502. Wer war 1992/93 technischer Direktor bei Galatasaray Istanbul?
A Werner Lorant
B Christoph Daum
C Karl-Heinz Feldkamp
D Joachim Löw

503. Wann machte Manfred Kaltz sein erstes Länderspiel?
A 1974
B 1975
C 1976
D 1978

504. Bei welchem Verein war Udo Lattek von 1990 bis 1992 Manager?
A 1. FC Kaiserslautern
B Borussia Mönchengladbach
C Borussia Dortmund
D 1. FC Köln

505. Was bin ich?

Hier erzählt jemand über sich selbst. Wissen Sie, um wen oder was es sich dabei handelt?
Ich bin bei jedem Spiel von außerordentlicher Wichtigkeit, genau gesagt ginge ohne mich rein gar nichts. Die Leute sagen, ich sei ein wenig rund. Das hat aber nichts mit meinem Gewicht zu tun, denn abnehmen darf ich nicht, weil man mich dann wegen Regelwidrigkeit vom Platz stellen müsste. Manchmal geht mir die Puste aus, das hat ebenfalls meine sofortige Auswechslung zur Folge. In der Regel bin ich weiß, aber neuerdings gibt es mich auch in hochwertiger farblicher Ausstattung, z. B. in Silber. Wenn es schneit, erröte ich meistens – fragen Sie mich aber bitte nicht, warum.

Im Gegensatz zu allen anderen Akteuren auf dem Spielfeld werde ich ins Stadion getragen. Dabei wäre ich in der Lage, schneller als alle anderen auf dem Platz zu sein. Wie ich überhaupt sehr beliebt zu sein scheine, denn alle laufen ständig hinter mir her. Obwohl ich jeder Zeit in die Hand genommen werden könnte, trauen sich das während des Spieles nur ganze zwei Leute. Um mich zu fangen, legen Sie stattdessen zwei Netze aus – gerade so, als ob ich ein Fisch wäre. Haben sie mich wieder in so einem Netz gefangen, gibt es einen Riesenlärm im Stadion, ehrlich gesagt: Menschen sind schon etwas komisch. Doch meine Spielfreude wird jedes Mal schnell getrübt, weil ich grundsätzlich derjenige bin, der auf dem Platz mit weitem Abstand am häufigsten gefoult wird. Und wissen Sie, was der wahre Skandal daran ist? Kein Schiedsrichter pfeift deswegen ab! Das ist auch der Grund, warum ich bei Spielschluss immer ziemlich betreten aussehe, was ich richtig gemein finde. Aber einer ist ja bei jedem Fußballspiel der Dumme...

Was bin ich?

506. Wahrheit oder Lüge?

A Günter Netzer wechselte für die Ablösesumme von einer Million DM 1973 von Borussia Mönchengladbach zu Real Madrid.

B Bis Ende 2004 endete noch nie ein Bundesliga-Spiel 5:5.

C Noch nie konnte eine französische Mannschaft die Champions League gewinnen.

D Der erste Deutsche Meister wurde 1901 ermittelt.

E Erste Station von Oliver Bierhoff in Italiens Erster Liga war Ascoli Calcio.

F Auf dem Weg in das UEFA-Pokal-Finale 1997 kassierte der FC Schalke 04 kein Heimgegentor.

G Holland gewann dreimal hintereinander die Bronzemedaille bei Olympia.

H Ulf Kirsten verwandelte alle seine zehn Bundesliga-Elfmeter.

I Der englische Club FC Everton spielt in Liverpool.

J Noch nie in der Bundesligageschichte musste ein kompletter Spieltag wegen schlechter Witterung abgesagt werden.

507. Wer hat's gesagt?

A „Ein Mittelstürmer verbringt die meiste Zeit seines Lebens im Strafraum."

Uwe Seeler
Gert Müller
Gerald Asamoah

B „Speziell in der zweiten Halbzeit haben wir einen guten Tag erwischt."

Horst-Dieter Höttges
Bodo Illgner
Andreas Möller

C „Wir waren in der 1. Halbzeit über 90 Minuten die überlegene Mannschaft."

Michael Kutzop
Claus Reitmaier
Ernst Kuzorra

D „Ich habe keine Spielerfrau, ich habe eine richtige Frau."

Arie van Lent
Valdas Ivanauskas
Bernd Krauss

E „Wir werden die Spitze mit Messer und Gabel verteidigen."

Andreas Thom
Ulf Kirsten
Martin Wagner

508. Wahrheit oder Lüge?

A Der Wuppertaler SV spielte drei Jahre lang in der Bundesliga.

B 2000 wechselte David Trezeguet zu Thierry Henrys Verein Arsenal London.

C Pavel Nedved kam von Dukla Prag zu Lazio Rom.

D Der FC Homburg stieg bereits zweimal in die Bundesliga auf.

E In der estnischen Liga spielen nur sechs Vereine.

F Der VfL Bochum stieg als erster Verein aus dem Amateurlager bis in die Bundesliga auf.

509. Welcher Spieler ließ sich für 150.000 DM den Bart abrasieren?

Paul Breitner
Klaus Augenthaler
Jimmy Hartwig
Horst Hrubesch

510. Welche dieser Nachwuchsauswahlmannschaften gibt es nicht?
A U 16
B U 18
C U 21
D U 24

511. In welcher Nationalmannschaft spielen Roy und Robbie Keane?
A England
B Irland
C Schottland
D Australien

512. Wie endete in der Bundesligasaison 1963/64 das Spiel Borussia Dortmund - 1. FC Kaiserslautern?
A 8:1
B 9:3
C 6:5
D 2:7

513. Wie viele Elfmeter verschoss Lothar Matthäus in seiner Karriere als Nationalspieler?
A Einen
B Zwei
C Sechs
D Keinen

514. Wer schoss bei der FIFA WM 1954 das 500. Tor der FIFA WM-Geschichte?
A Max Morlock
B Hans Schäfer
C Helmut Rahn
D Fritz Walter

515. An wie vielen Weltmeisterschaften nahm die DDR teil?
A An einer
B An zwei
C An drei
D An keiner

516. Wer wurde nach Beendigung seiner Spielerkarriere Nationaltrainer Albaniens, trat sein Amt aber nicht an?
A Mario Kempes
B Pelé
C Johan Neeskens
D Alfredo di Stefano

517. Der Deutsche Bernd Krauss bestritt 22 A-Länderspiele für...
A ...Polen
B ...Österreich
C ...die DDR
D ...Deutschland

518. Ältester Spieler der Bundesliga mit 43 Jahren war...
A ...Fritz Walter
B ...Klaus Fichtel
C ...Helmut Rahn
D ...Uwe Seeler

519. Wer war nie deutscher A-Nationaltorwart?
A Oliver Reck
B Bodo Illgner
C Stefan Klos
D Wolfgang Fahrian

520. Für welchen Bundesligisten erzielte der niederländische Stürmer Youri Mulder 33 Tore?
A VfL Bochum
B FC Schalke 04
C SC Freiburg
D Borussia Dortmund

521. In welcher griechischen Stadt sind die Vereine Iraklis und Aris beheimatet?
A Saloniki
B Patras
C Iraklion
D Athen

522. Lügengeschichte

Im nachfolgenden Text befinden sich zwei sachliche Fehler.

Sie ist schon legendär, die Pressekonferenz, die der damalige Trainer des FC Bayern München, Giovanni Trapattoni, am 10. März 1998 gab. Wie er seine Mannschaft kritisierte, ist einmalig. Hier der volle Wortlaut, der nach bestem Wissen und Gewissen, aber ohne Gewähr abgeschrieben wurde:

„Es gibt im Moment in diese Mannschaft, oh, einige Spieler vergessen ihnen Profi, was sie sind. Ich lese nicht sehr viele Zeitungen, aber ich habe gehört viele Situationen: Wir haben nicht offensiv gespielt. Es gibt keine deutsche Mannschaft spielt offensiv und die Namen offensiv wie Bayern. Letzte Spiel hatten wir in Platz drei Spitzen. Elber, Jancker und dann Zickler. Wir mussen nicht vergessen Zickler. Zickler ist eine Spitzen mehr Mehmet e mehr Basler. Ist klar diese Wörter, ist möglich verstehen, was ich hab' gesagt? Danke.

Offensiv, offensiv ist wie machen in Platz. Ich habe erklärt mit diese zwei Spieler. Nach Dortmund brauchen vielleicht Halbzeit Pause. Ich habe auch andere Mannschaften gesehen in Europa nach diese Mittwoch. Ich habe gesehen auch zwei Tage de Training. Ein Trainer ist nicht ein Idiot! Ein Trainer sehen, was passieren in Platz. In diese Spiel es waren zwei, drei oder vier Spieler, die waren schwach wie eine Flasche leer! Haben Sie gesehen Mittwoch, welche Mannschaft hat gespielt Mittwoch? Hat gespielt Mehmet, oder gespielt Basler, oder gespielt Trapattoni? Diese Spieler beklagen mehr als spielen! Wissen Sie, warum die Italien-Mannschaften kaufen nicht diese Spieler? Weil wir haben gesehen viele Male solche Spiel. Haben gesagt, sind nicht Spieler für die italienischen Meisters. Scholl! Scholl ist zwei Jahre hier, hat gespielt zehn Spiele, ist immer verletzt. Was erlauben Scholl? Letzte Jahre Meister geworden mit Hamann ...eh... Nerlinger.

Diese Spieler waren Spieler und waren Meister geworden. Ist immer verletzt! Hat gespielt 25 Spiele in diese Mannschaft, in diese Verein! Muss respektieren die anderen Kollegen! Haben viel nette Kollegen, stellen sie die Kollegen in Frage! Haben keinen Mut an Worten, aber ich weiß, was denken über diese Spieler! Mussen zeigen jetzt, ich will, Samstag, diese Spieler mussen zeigen mich, eh, seine Fans, mussen allein die Spiel gewinnen. Muss allein die Spiel gewinnen. Ich bin müde jetzt Vater diese Spieler, eh, verteidige immer diese Spieler! Ich habe immer die Schulde über diese Spieler. Einer ist Mario, einer, ein anderer ist Mehmet! Strunz dagegen, egal, hat nur gespielt 25 Prozent diese Spiel! (Pause) Ich habe satt."

523. Wahrheit oder Lüge?

A Weltweit gesehen hat der spanische Rekordmeister Real Madrid die meisten registrierten Vereinsmitglieder.

B 1955 schrieb der DFB an alle Vereine: „Frauenfußball darf in keiner Form unterstützt werden".

C Bei der FIFA WM 1994 betreute Sepp Maier die deutsche Nationalmannschaft als Bundes-Torwart-Trainer.

D In der Saison 1983/84 fielen im Halbfinale des DFB-Pokals insgesamt 26 Tore.

E Bis zum Jahr 1912 war es dem Torwart erlaubt, den Ball in der gesamten eigenen Spielhälfte in die Hand zu nehmen.

F Preußen Münsters Trainer schickte in der Saison 1963/64 beim Spiel gegen den Hamburger SV nach der Pause 12 Spieler auf den Platz, ohne dass es dem Schiedsrichter auffiel.

G Am englischen FA-Cup nehmen außer den einheimischen Mannschaften auch Vereine aus Wales teil.

H Der SV Werder Bremen kassierte in der Saison 1992/93 in 17 Heimspielen nur fünf Gegentore.

I Ein Torwart kann mit einem Abschlag direkt ein Tor erzielen.

524. Wer bin ich?

Hier erzählt ein bekannter Fußballer über sich selbst. Wissen Sie, um wen es sich handelt?

Ich kann mit Recht behaupten, dass ich zu den besten Torhütern des deutschen Fußballs gehöre. 1976-1980 spielte ich bei Arminia Bielefeld, danach beim Hamburger SV und ab 1987 bei Eintracht Frankfurt. Die Zeitungen haben viel über mich berichtet, wenn auch oft mehr über mein Privatleben als über meine fußballerischen Leistungen. Man hat mich als egozentrisch, cholerisch und rebellisch bezeichnet und mir eine ganze Menge Negativschlagzeilen gewidmet.

Als Torhüter war ich aber große Klasse. Mit dem HSV habe ich zum Beispiel zweimal die Deutsche Meisterschaft, einmal den Europapokal der Landesmeister und den DFB-Pokal gewonnen. Seit 1983 war ich auch Torhüter der Nationalelf, musste aber oft als Reserve hinter Harald Schumacher auf der Bank sitzen. Bei der FIFA WM 1986 in Mexiko ist mir dann der Kragen geplatzt. Wir kamen zwar ins Finale, unterlagen aber Argentinien mit 2:3. Ich war so sauer, dass ich den Teamchef Franz Beckenbauer als „Suppenkasper" und die Mannschaft als „Gurkentruppe" bezeichnet habe. Danach war für mich die Weltmeisterschaft allerdings vorzeitig beendet.

Jetzt wissen Sie sicher, wer ich bin.

525. Silbenrätsel

Bilden Sie aus diesen Silben die Namen von sechs Spielern aus verschiedenen Zeitspannen. Wenn Sie diese richtig ordnen, ergibt sich aus den Anfangsbuchstaben der Name eines weiteren Fußballers:

BERG – EF – EM – FEN – GE – GER – LIN – ME – NAT – NER – REU – RICH – TAR – TER – ZIE

526. Was passt nicht zu den anderen?

Einer der folgenden Begriffe passt nicht zu den anderen. Können Sie erkennen, welcher?

ABSEITS – SIEBENMETER – EINWURF - FREISTOSS

527. Versteckter Fußballer

Expedition

Drei Wissenschaftler planen in Kürze eine neunzehntägige Expedition zum Nordpol. Sternenforscher Graf wird die Gruppe leiten.

Können Sie den darin versteckten österreichischen Fußballspieler entdecken?

528. Zum Schmunzeln

Gelegenheitsarbeiter

Beim Finanzamt: „Und wie viele Arbeitsplätze hatten Sie im vergangenen Jahr?" – „Sieben." – „Ach, dann sind Sie wohl Gelegenheitsarbeiter, wie?" – „Nein, ich bin Trainer in der Fußball-Bundesliga!"

Tor ist Tor!

„Du Trottel hast heute ein Eigentor geschossen!" schreit der Trainer seinen Mittelstürmer an. Der verteidigt sich: „Ja, woher sollte ich denn das wissen? Die Tore sehen doch alle gleich aus!"

529. Besuchskarte

Welcher bekannte Fußballstar will sich hier bei Ihnen vorstellen?

HERBI S. C.
SATAN-
WEINGEIST

530. Erster Trainer einer deutschen Nationalelf war ab 1926...

A ...Karl Schreiber
B ...Dr. Otto Nerz
C ...Sepp Herberger
D ...Hans Schäfer

531. Wer schoss das 1500. Tor der deutschen Fußball-Nationalelf?

A Michael Preetz
B Gerald Asamoah
C Ulf Kirsten
D Andreas Möller

532. Wie hießen die Brüder Walter?

A Fritz und Ottmar
B Fritz und Waldemar
C Fritz und Volkmar
D Fritz und Rainmar

533. Welcher Verein war der erste DFB-Pokalsieger?

A RW Essen
B 1860 München
C Schalke 04
D 1. FC Nürnberg

534. Wie lautet der Spitzname des Spielers Harald Schumacher?

A Toni
B Willy
C Harry
D Schumi

535. Gegen wen schied RW Essen im Landesmeistercup1955/56 im Achtelfinale aus?

A Hibernian Edinburgh
B Honved Budapest
C Partizan Belgrad
D Rapid Wien

536. Bei welchem Bundesligaverein begann die Karriere von Ex-Nationaltorwart Eike Immel?

A VfB Stuttgart
B Borussia Dortmund
C Werder Bremen
D Bayern München

537. Wie viele Tore erzielte Michel Platini bei der EM 1984?

A 9
B 10
C 11
D 12

538. Welchen Verein trainierte Sven-Göran Eriksson, bevor er englischer Nationalcoach wurde?

A Inter Mailand
B Lazio Rom
C AS Rom
D Malmö FF

539. Welcher ehemalige Torhüter ist heute lizenzierter Spielervermittler?

A Rudi Kargus
B Norbert Nigbur
C Wolfgang Fahrian
D Sepp Maier

540. Wer schoss die meisten Tore für die DDR-Nationalelf?

A Ulf Kirsten
B Jürgen Sparwasser
C Joachim Streich
D Thomas Doll

541. Wer wurde bei der FIFA WM 1934 Torschützenkönig?

A Oldrich Nejedly
B Vittorio Pozzo
C Paul Janes
D Ricardo Zamora

542. Bei welchem Club absolvierte Karl-Heinz Schnellinger sein einziges Bundesligajahr?
- A VfL Bochum
- B Tennis Borussia Berlin
- C Wuppertaler SV
- D Fortuna Düsseldorf

543. Wie viele Tickets wurden in der Bundesliga-Saison 97/98 verkauft?
- A Gut 5 Millionen
- B Über 6,4 Millionen
- C Etwa 8 Millionen
- D Über 9,5 Millionen

544. Welcher Frauen-Mannschaft gelang in der Saison 2003/04 das Double?
- A 1. FFC Frankfurt
- B Turbine Potsdam
- C FSV Frankfurt
- D FCR Duisburg

545. Welcher Fußballlehrer trainierte weltweit die meisten Mannschaften?
- A Bora Milutinovic
- B Rudi Gutendorf
- C Dettmar Cramer
- D Bernd Stange

546. Wie oft kickte Jürgen Grabowski für Eintracht Frankfurt?
- A 189-mal
- B 275-mal
- C 328-mal
- D 441-mal

547. Was meint der Franzose, wenn er von einem „Arbitre" spricht?
- A Foulspiel
- B Einwurf
- C Kantersieg
- D Schiedsrichter

548. Für welchen Verein erzielten Horst Hrubesch und Willi Lippens zusammen über 100 Bundesliga-Tore?
- A Hamburger SV
- B Eintracht Braunschweig
- C RW Essen
- D Kickers Offenbach

549. Als was betätigt sich Ex-Nationaltorwart Sepp Maier heute?
- A Als Jugendtrainer
- B Als Clubmanager
- C Als Clubpräsident
- D Als Torwarttrainer

550. Welche Mannschaft wurde mit nur 49 erzielten Toren Deutscher Meister?
- A 1.FC Nürnberg
- B 1.FC Köln
- C 1860 München
- D Eintracht Braunschweig

551. Wer gewann 2005 den DFB-Pokal?
- A Schalke 04
- B Werder Bremen
- C VFB Stuttgart
- D FC Bayern München

552. Wann wurde die Allianz-Arena offiziell eröffnet?
- A Im März 2005
- B Im April 2005
- C Im Mai 2005
- D Im Juni 2005

553. Wann wurde der 1. FC Kaiserslautern letztmals Deutscher Pokalsieger?
- A 1972
- B 1988
- C 1990
- D 1996

554. Welcher Automobilhersteller ist seit langem Werbepartner der deutschen Nationalmannschaft?
A Opel
B Mercedes-Benz
C Toyota
D Volkswagen

555. Bei welchem Club begann Alexander Zickler seine Fußballkarriere?
A Bayern München
B SC Freiburg
C Chemnitzer FC
D Dynamo Dresden

556. Bei welchem dieser Clubs stand Wolfram Wuttke nie unter Vertrag?
A 1. FC Kaiserslautern
B Schalke 04
C VfL Bochum
D Hamburger SV

557. Wie hieß der erste Bundesligatrainer, der keine DFB-Trainerlizenz hatte?
A Rudi Gutendorf
B Otto Rehhagel
C Rinus Michels
D Aad de Mos

558. In welcher Stadt spielen die Hearts of Midlothian?
A Edinburgh
B Aberdeen
C Coventry
D Dundee

559. Mit welchem Ergebnis rettete sich Eintracht Frankfurt am letzten Spieltag 1998/99 vor dem Abstieg?
A 2:2 beim VfL Bochum
B 1:1 beim SC Freiburg
C 3:0 gegen den 1. FC Nürnberg
D 5:1 gegen den 1. FC Kaiserslautern

560. Wann werden die Sonntagsspiele der Bundesliga angepfiffen?
A 17.30 Uhr
B 19.30 Uhr
C 18.00 Uhr
D 20.00 Uhr

561. Wie hieß die Trophäe des Deutschen Meisters zwischen 1903 und 1944?
A Siegerlade
B Viktoria
C Goldener Adler
D Reichspokal

562. Wer spielte nicht in der FIFA WM-Elf von 1990?
A Klaus Allofs
B Pierre Littbarski
C Rudi Völler
D Bodo Illgner

563. In welchem Jahr wurde Marco van Basten Europas Torschützenkönig mit 37 Treffern?
A 1986
B 1992
C 1996
D 2002

564. Welcher Torwart hielt im Finale des Landesmeister-Cups 1986 vier Elfmeter?
A Helmut Ducadam
B Renat Dassajew
C Sergej Salnikow
D Josef Bican

565. Wer wurde zwischen 1969 und 1971 dreimal hintereinander Deutscher Amateurmeister?
A Westfalia Herne
B SC Jülich
C Borussia Lippstadt
D FC Augsburg

566. **In welcher Spielminute fiel das berühmte Wembley-Tor?**
A In der 95.
B In der 101.
C In der 108.
D In der 116.

567. **Aus welchem Land stammt der ehemalige Bundesligastürmer Anthony Yeboah?**
A Simbabwe
B Ghana
C Südafrika
D Benin

568. **Wie oft gewann der FC Bayern München den Europacup der Pokalsieger?**
A Einmal
B Zweimal
C Dreimal
D Viermal

569. **Welchen Spitznamen erhielt Wolfgang Kleff aufgrund seiner Ähnlichkeit zu einem bekannten Komiker?**
A Otto
B Mr. Bean
C Jerry
D Rudi

570. **Wie heißt der bekannteste Pay-TV-Sender, bei dem unter anderem alle Bundesliga-Spiele live gezeigt werden?**
A Tele 5
B Eurosport
C Premiere
D DSF

571. **Wer spielte 290-mal für Borussia Mönchengladbach in der Bundesliga?**
A Michael Klinkert
B Jörg Stiel
C Hans-Jörg Criens
D Stefan Effenberg

572. **Wie heißt die Münchner Prominenten-Fußballmannschaft um Dieter Hildebrandt?**
A FC Promi
B FC Schmiere
C FC Bussi
D FC Bumbum

573. **Seit wann gibt es die Wahl zum „Tor des Jahres"?**
A 1972
B 1975
C 1978
D 1988

574. **Welche Nationalelf trainiert der frühere Bundesligaprofi Atli Edvaldsson?**
A Färöer
B Grönland
C Island
D Malta

575. **Wann wurde zum ersten Mal ein deutsches Fußball-Länderspiel im Fernsehen übertragen?**
A 1920
B 1939
C 1953
D 1962

576. **Welches Team gewann 1995 und 1996 den DFB-Supercup?**
A VfB Stuttgart
B Borussia Mönchengladbach
C Bayern München
D Borussia Dortmund

577. **Bei welcher EM-Endrunde wurde Christian Wörns nicht eingesetzt?**
A 1984
B 1988
C 1992
D 1996

578. Wahrheit oder Lüge?

A Der erste Fußballclub der Welt wurde 1857 im englischen Sheffield gegründet.

B Das erste offizielle Länderspiel der DDR fand 1952 gegen Polen statt.

C Der beste Torschütze Europas wird jährlich mit dem „Silbernen Schuh“ ausgezeichnet.

D Im ersten Jahr der Fußball-Bundesliga spielten 18 Mannschaften um den Titel.

E Typisches Kennzeichen des italienischen Spielers Roberto Baggio war dessen Glatze.

F Die Abseitsregel gilt nur in der gegnerischen Hälfte.

G Francisco Gento war einer der ersten Italiener, die mit Real Madrid Welterfolge feierten.

H Die bekanntesten Clubs der portugiesischen Hauptstadt sind Benfica und Sporting.

I Trainer Otto Rehhagel führte Bayern München zu zwei Deutschen Meisterschaften.

J Bis auf den Beginn seiner Karriere spielte Uwe Seeler immer beim Hamburger SV.

579. Wer hat's gesagt?

A „Da hab ich gedacht, ich tu ihn ihm rein in ihm sein Tor.“

Horst Hrubesch
Helmut Rahn
Fritz Walter

B „Weitere Fragen kann ich jetzt nicht beantworten. Ich muss jetzt zu meinen Spielern. Die sind so blind, dass sie den Weg von der Kabine zum Bus nicht finden.“

Uwe Klimaschewski
Werner Lorant
Matthias Sammer

C „Die deutschen Spieler hören erst dann auf zu kämpfen, wenn sie schon im Bus sitzen.“

David Beckham
Zinedine Zidane
Ronald Koeman

D „Wer in Bochum von Strafraum zu Strafraum geht und sich dabei nicht den Knöchel bricht, dem gebe ich einen aus.“

Ewald Lienen
Thomas Doll
Christoph Daum

580. **Wann fand die FIFA WM-Endrunde zum ersten Mal in Deutschland statt?**
- A 1954
- B 1970
- C 1974
- D 1978

581. **Aus welchem Land stammt der Stürmer Paul Agostino?**
- A USA
- B Australien
- C Kanada
- D Südafrika

582. **Wie war der Spitzname von Willi Lippens?**
- A „Muli“
- B „Watschel“
- C „Dackel“
- D „Ente“

583. **Wie viele internationale Titel gewann Uwe Seeler?**
- A Einen
- B Zwei
- C Drei
- D Keinen

584. **Welcher Club verhinderte 1985 durch einen 2:1-Erfolg im DFB-Pokalfinale das Double des FC Bayern München?**
- A 1. FC Köln
- B Bayer 04 Leverkusen
- C Bayer Uerdingen
- D 1. FC Kaiserslautern

585. **In welcher Stadt fand das UEFA-Pokal-Endspiel 2005 statt?**
- A Istanbul
- B Wien
- C Lissabon
- D Lyon

586. **Wie nennt man die italienischen Fußballfans?**
- A Tifosi
- B Azzurri
- C Italiani
- D Forza

587. **Wer verschoss den entscheidenden Elfmeter beim EM-Finale 1976?**
- A Dieter Müller
- B Franz Beckenbauer
- C Heinz Flohe
- D Uli Hoeneß

588. **Wann wurde Sepp Herberger Trainer der deutschen Nationalmannschaft?**
- A 1934
- B 1938
- C 1948
- D 1951

589. **Wer ist zurzeit der teuerste Torhüter der Liga?**
- A Oliver Kahn
- B Jens Lehmann
- C Frank Rost
- D Hans-Jörg Butt

590. **Welcher Spieler erzielte im Finale der FIFA WM 1978 zwei Tore?**
- A Arie Haan
- B Mario Kempes
- C Osvaldo Ardiles
- D Johan Neeskens

591. **Wie heißen die berühmten Charlton Brüder mit Vornamen?**
- A Jack und Robert
- B Steve und Alexander
- C Bruce und Marc
- D Martin und John

592. **Um die Deutsche Meisterschaft 1904 spielte Germania Hamburg...**

A ...mit 1 Ausländer
B ...mit 3 Ausländern
C ...mit 7 Ausländern
D ...ohne Ausländer

593. **Für welche damalige Rekord-Ablösesumme wechselte Günter Hermann 1963 vom Karlsruher SC zu Schalke 04?**

A 5.000 DM
B 10.000 DM
C 20.000 DM
D 150.000 DM

594. **Wie viele europäische Mannschaften standen im Halbfinale der FIFA WM-Endrunde 1986?**

A 1
B 2
C 3
D 4

595. **In welchem Jahr kamen alle drei Europapokalsieger aus Italien?**

A 1984/85
B 1989/90
C 1994/95
D 2000/01

596. **Welche Fußballer sind nicht verwandt?**

A Niko und Robert Kovacs
B Erwin und Helmut Kremers
C Gerd und Dieter Müller
D Uwe und Dieter Seeler

597. **Wie viele der ersten drei Spiele nach dem Gewinn der FIFA WM 1954 gewann die Nationalelf?**

A Eines
B Zwei
C Alle
D Keines

598. **Wie endete das einzige Spiel zwischen der Bundesrepublik und der DDR?**

A 4:0
B 1:1
C 0:1
D 1:0

599. **Wie werden die Spieler des MSV Duisburg scherzhaft genannt?**

A Haie
B Fohlen
C Teufel
D Zebras

600. **In welchem Jahr wurde die Tschechoslowakei Olympiasieger im Fußball?**

A 1980
B 1984
C 1988
D 1992

601. **Wie viel Siege erzielte die Nationalelf unter Helmut Schön?**

A 43
B 57
C 62
D 87

602. **In welcher Stadt wird das Eröffnungsspiel der FIFA WM 2006™ ausgetragen?**

A Dortmund
B Gelsenkirchen
C Leipzig
D München

603. **Welche Mannschaft verpasste durch das schlechtere Torverhältnis den Einzug ins FIFA WM-Finale 1978?**

A Brasilien
B Polen
C Österreich
D Deutschland

604. **Welcher Manager sorgte in der Saison 1993/94 wegen angeblicher KGB-Kontakte für Presserummel?**
- A Günter Sebert
- B Willi Lemke
- C Hermann Ziessner
- D Wolfgang Vogel

605. **Wo spielte Weltmeister Guido Buchwald zum Ende seiner Profikarriere?**
- A Beim VfB Stuttgart
- B Bei 1860 München
- C Beim Karlsruher SC
- D Bei Werder Bremen

606. **Welcher Club gewann 1971, 1972 und 1973 den Europapokal der Landesmeister?**
- A Bayern München
- B Real Madrid
- C Ajax Amsterdam
- D Benfica Lissabon

607. **In welchem Zeitraum spielte Lothar Matthäus für Borussia Mönchengladbach?**
- A 1974 bis 1980
- B 1979 bis 1984
- C 1982 bis 1988
- D 1985 bis 1987

608. **Bei welcher FIFA WM wurde Christian Wörns im Viertelfinale vom Platz gestellt?**
- A 1990
- B 1994
- C 1998
- D 2002

609. **Wen besiegte der FC Bayern München im DFB-Pokal-Finale 1966?**
- A Werder Bremen
- B Meidericher SV
- C Karlsruher SC
- D Schalke 04

610. **Mit welchem Ergebnis endete am 21. Dezember 2004 das Länderspiel zwischen Thailand und Deutschland?**
- A 0:1
- B 0:4
- C 2:4
- D 1:5

611. **Welchen Bundesligisten trainierte Kurt Jara von 2001 bis 2003?**
- A Werder Bremen
- B Bayer 04 Leverkusen
- C 1. FC Kaiserslautern
- D Hamburger SV

612. **Wer war der Vorgänger von Jürgen Klopp als Trainer des FSV Mainz 05?**
- A Eckhard Krautzun
- B Gerd Roggensack
- C Horst Franz
- D Wolfgang Frank

613. **Wie heißt eine der bekanntesten Fußballerinnen der Welt?**
- A Mia Hövel
- B Mia Hamm
- C Mia Bockum
- D Mia Kamen

614. **Für welche Nation absolvierte Raymond Kalla über 60 Länderspiele?**
- A Kamerun
- B Tunesien
- C Senegal
- D Marokko

615. **Für welchen Bundesligisten spielte Nationalspieler Marco Haber von 1988 bis 1995?**
- A 1. FC Kaiserslautern
- B VfB Stuttgart
- C 1. FC Nürnberg
- D Bayer 04 Leverkusen

616. **Für welchen spanischen Club war Rainer Bonhoff von 1978 bis 1980 aktiv?**
- A Real Madrid
- B Real Mallorca
- C FC Valencia
- D Atletico Madrid

617. **Welcher ehemalige Bundesligastürmer ist seit 2002 Präsident von Kickers Offenbach?**
- A Manfred Burgsmüller
- B Gerd Müller
- C Dieter Müller
- D Fritz Walter

618. **In welcher europäischen Liga spielt Odense BK?**
- A Schweden
- B Norwegen
- C Dänemark
- D Finnland

619. **Wer schied bei der FIFA WM 1974 ohne Niederlage bereits in der Vorrunde aus?**
- A Australien
- B Jugoslawien
- C Schweden
- D Schottland

620. **Wann wurde Franz Beckenbauer geboren?**
- A 1945
- B 1948
- C 1949
- D 1950

621. **Für welche Ablösesumme ließ der PSV Eindhoven Ruud Gullit zum AC Mailand ziehen?**
- A Gut 5 Mio. Euro
- B Rund 7,5 Mio. Euro
- C Fast 10 Mio. Euro
- D Über 20 Mio. Euro

622. **Wer spielte nicht in der legendären brasilianischen Elf, die 1958 Weltmeister wurde?**
- A Pelé
- B Ronaldo
- C Vava
- D Didi

623. **Welches Team wurde vom Verband deutscher Sportjournalisten zur „Mannschaft des Jahrhunderts" gewählt?**
- A WM-Elf 1954
- B Bayern München 1974
- C WM-Elf 1990
- D EM-Elf 1996

624. **Welches Unternehmen ist Namensgeber des Stadions der SpVgg. Greuther Fürth?**
- A Nutella
- B Nikon
- C Playmobil
- D Ado

625. **Welchen türkischen Club trainierte Jupp Derwall?**
- A Besiktas
- B Trabzonspor
- C Fenerbahce
- D Galatasaray

626. **Unter welchem Trainer blieb die Nationalelf am längsten ungeschlagen?**
- A Helmut Schön
- B Franz Beckenbauer
- C Jupp Derwall
- D Sepp Herberger

627. **Welchem Stürmer reichten in der Saison 1995/96 insgesamt nur 17 Tore zur Torjägerkrone?**
- A Stefan Kuntz
- B Sean Dundee
- C Martin Dahlin
- D Fredi Bobic

628. **Wer wurde im Januar 1975 Nachfolger von Udo Lattek als Trainer des FC Bayern München?**
A Hermann Eppendorf
B Heinz Lucas
C Horst Buhtz
D Dettmar Cramer

629. **Welcher Spieler feierte bei der Asienreise der deutschen Nationalmannschaft im Dezember 2004 sein Länderspieldebüt?**
A Tim Borowski
B Christian Schulz
C Fabian Ernst
D Bastian Schweinsteiger

630. **Wie heißt einer der bekanntesten Torhüter der ehemaligen DDR-Oberliga?**
A Hans Müller
B Dirk Müller
C Jochen Müller
D René Müller

631. **Wie viel Geld erhielt der FC Bayern München von der UEFA in der Champions-League-Saison 2000/01?**
A Gut 19 Mio. Euro
B Knapp 28 Mio. Euro
C Rund 35 Mio. Euro
D Etwa 46 Mio. Euro

632. **In welcher Saison spielte der VfL Wolfsburg erstmals in der Bundesliga?**
A 1997/98
B 1998/99
C 1999/2000
D 2000/01

633. **Wie alt war Thomas Häßler, als er 1984 zum 1. FC Köln wechselte?**
A 14 Jahre
B 16 Jahre
C 17 Jahre
D 18 Jahre

634. **Welcher portugiesische Verein gewann 2003 den UEFA-Pokal?**
A Boavista Porto
B Benfica Lissabon
C FC Porto
D Sporting Lissabon

635. **Wer war Kapitän der deutschen Nationalmannschaft bei der EM 1996?**
A Andreas Möller
B Stefan Kuntz
C Jürgen Klinsmann
D Steffen Freund

636. **Am 17. Juni 1984 absolvierte die deutsche Nationalmannschaft ihr ...**
A ... 200. Länderspiel
B ... 400. Länderspiel
C ... 500. Länderspiel
D ... 750. Länderspiel

637. **Wen besiegte Borussia Dortmund im DFB-Pokalfinale 1965 mit 2:0 Toren?**
A Alemannia Aachen
B RW Essen
C Hannover 96
D Meidericher SV

638. **Bei welchem Verein begann 1986 die Karriere von Jens Jeremies?**
A 1860 München
B 1. FC Saarbrücken
C Chemnitzer FC
D Dynamo Dresden

639. **Europas Torschützenkönig erhält den...**
A ...Goldenen Fußballschuh
B ...Goldenen Lorbeer
C ...Goldenen Ball
D ...Goldenen Torschuss

640. Wie viele Spiele verlor Borussia Dortmund auf dem Weg zum Champions-League-Titel 1997?

- A Eins
- B Zwei
- C Vier
- D Keins

641. Welche Länder wurden nur einmal „FIFA Fussball-Weltmeister"?

- A Italien / Holland
- B Frankreich / England
- C USA / Russland
- D Uruguay / Argentinien

642. Wann wurde das erste Fußballspiel in Deutschland im Radio übertragen?

- A 1925
- B 1930
- C 1952
- D 1963

643. Wer wurde 1930 erster „FIFA Fussball-Weltmeister"?

- A Uruguay
- B Brasilien
- C England
- D Deutschland

644. Seit welchem Jahr unterstützt der DFB die Kampagne „Keine Macht den Drogen"?

- A Seit 1990
- B Seit 1994
- C Seit 1998
- D Seit 2002

645. In welchem Jahr wurde erstmals das Hallen-Masters ausgetragen?

- A 1987
- B 1990
- C 1992
- D 1993

646. Welcher Spieler verwandelte bei der FIFA WM 1982 gegen Frankreich und 1986 gegen Mexiko einen Elfmeter?

- A Klaus Allofs
- B Pierre Littbarski
- C Bernd Förster
- D Andreas Brehme

647. Für welchen englischen Erstligisten absolviert Paul Scholes seit 1991 Ligaspiele?

- A FC Liverpool
- B Manchester United
- C Manchester City
- D Birmingham City

648. Welcher dieser Clubs ist in Barcelona beheimatet?

- A Espanyol
- B Atletico
- C Betis
- D Albacete

649. Wie oft gewann Borussia Mönchengladbach den UEFA-Pokal?

- A Einmal
- B Zweimal
- C Fünfmal
- D Siebenmal

650. Welcher Spieler schoss das bisher schnellste Bundesligator?

- A Uwe Wegmann
- B Giovane Elber
- C Thomas Zdebel
- D Norbert Dickel

651. Unter welchem Trainer stieg Borussia Mönchengladbach 1999 in die Zweite Liga ab?

- A Hannes Bongartz
- B Wolf Werner
- C Rainer Bonhof
- D Bernd Krauss

652. **Wie nannte Sepp Herberger Franz Beckenbauer?**
- A Genie von München
- B Bruder Leichtfuß
- C Spieler von Gottes Gnaden
- D Der Zauberer

653. **Wer war Vorgänger von Ewald Lienen als Trainer von Hannover 96?**
- A Ralf Rangnick
- B Franz Gerber
- C Horst Ehrmanntraut
- D Thomas Wolter

654. **Wie hieß der letzte Trainer der DDR-Nationalmannschaft?**
- A Hans-Jürgen Dörner
- B Georg Buschner
- C Klaus Sammer
- D Eduard Geyer

655. **Welcher Club gewann mit Matt Busby als Manager fünf Meistertitel?**
- A Newcastle United
- B Ipswich Town
- C FC Liverpool
- D Manchester United

656. **Von welchem Verein wechselte Mehmet Scholl 1992 zum FC Bayern München?**
- A VfB Stuttgart
- B Spvgg. Unterhaching
- C 1. FC Nürnberg
- D Karlsruher SC

657. **Gegen wen verlor 1860 München 1965 das Europapokal-Finale der Pokalsieger?**
- A FC Brügge
- B West Ham United
- C Benfica Lissabon
- D Twente Enschede

658. **Wie lautet der Spitzname des Spielers Dietmar Hamann?**
- A Didi
- B Pelé
- C Vava
- D Dedé

659. **Was gründeten der französische Verband und der DFB mit FIFA und UEFA 1999?**
- A Anti-Hooligan-Stoßtruppe
- B Daniel-Nivel-Stiftung
- C Fußball-Kinderdörfer
- D Kicker-Altersversorgung

660. **Der erste Proficlub, der Stadionplätze für Sehbehinderte einrichtete, war...**
- A ...der SC Freiburg
- B ...Hertha BSC
- C ...Bayer Leverkusen
- D ...der Hamburger SV

661. **Wie viele Mannschaften steigen jährlich aus der Zweiten Bundesliga in die Regionalligen ab?**
- A 2
- B 3
- C 4
- D 5

662. **Wer schoss die meisten Tore für den Hamburger SV?**
- A Horst Hrubesch
- B Manfred Kaltz
- C Uwe Seeler
- D Thomas von Heesen

663. **Wer war Trainer der Nationalelf Kanadas?**
- A Holger Osieck
- B Berti Vogts
- C Christoph Daum
- D Udo Lattek

664. **Wer war neben Österreich und Chile Vorrundengegner der deutschen Elf bei der FIFA WM 1982?**
- A Honduras
- B Algerien
- C Peru
- D Tunesien

665. **Wer schoss den FC Bayern München in der Saison 2000/01 in der Nachspielzeit zur Deutschen Meisterschaft?**
- A Giovane Elber
- B Nico Kovac
- C Carsten Jancker
- D Patrik Andersson

666. **Wie viele Auswärtsspiele in Folge blieb der FC Bayern München von 1985 bis 1987 ungeschlagen?**
- A 16
- B 21
- C 26
- D 33

667. **Wie heißt eine Sportwette, bei der für jedes Spiel Vorausquoten festgelegt werden?**
- A Glücksspirale
- B Oddset
- C Elferwette
- D 6 aus 49

668. **Welchen Rekord an Spielabsagen gab es in der Saison 1978/79 in der Bundesliga zu vermelden?**
- A 14
- B 23
- C 46
- D 68

669. **Wie viele Minuten blieb Oliver Kahn in der Bundesliga-Saison 2002/03 ohne Gegentor?**
- A 532
- B 622
- C 712
- D 802

670. **Bei welchem italienischen Club spielte Ciriaco Sforza in der Saison 1996/97?**
- A Inter Mailand
- B AC Turin
- C AC Mailand
- D Udinese Calcio

671. **Wie oft wurde Hannover 96 schon DFB-Pokalsieger?**
- A Einmal
- B Dreimal
- C Viermal
- D Sechsmal

672. **Wer war bei der EM 2000 italienischer Nationaltrainer?**
- A Marco Tardelli
- B Cesare Maldini
- C Marcelo Lippi
- D Dino Zoff

673. **Wo spielte Jürgen Klinsmann, als er 1994 zum „Fußballer des Jahres“ gewählt wurde?**
- A Beim VfB Stuttgart
- B Bei Tottenham Hotspur
- C Bei Inter Mailand
- D Beim AS Monaco

674. **Wie viele Tore erzielte Ulf Kirsten in der Europapokal-Saison 1994/95?**
- A 4
- B 8
- C 10
- D 12

675. **Wer stieg Ende der Saison 1965/66 in die Zweite Liga ab?**
- A Tasmania Berlin und Bor. Neunkirchen
- B Tasmania Berlin und Hannover 96
- C Tasmania Berlin und Karlsruher SC
- D Hannover 96 und Bor. Neunkirchen

676. **Die Länge des Spielfeldes beträgt zwischen ...**
A ... 90 u. 120 m
B ... 92,5 und 100 m
C ... 90 und 91,5 m
D ... 95 und 125 m

677. **Wer war bei der FIFA WM 1982 Kapitän der italienischen Nationalmannschaft?**
A Bruno Conti
B Claudio Gentile
C Dino Zoff
D Paolo Rossi

678. **Wer schoss das erste „Golden Goal“ einer EM?**
A Carsten Jancker
B Rudi Völler
C Jürgen Klinsmann
D Oliver Bierhoff

679. **Welcher Verein gewann zwischen 1956 und 1960 fünfmal in Folge den Europapokal der Landesmeister?**
A Real Madrid
B FC Liverpool
C Manchester United
D Benfica Lissabon

680. **Welches Team besiegte die deutsche Elf im Viertelfinale der FIFA WM 1958?**
A Jugoslawien
B UdSSR
C Wales
D Frankreich

681. **Wer erreichte Anfang der 1970er dreimal in Folge den 11. Bundesligaplatz, jeweils mit der gleichen Punktzahl?**
A Werder Bremen
B Hamburger SV
C Hannover 96
D Eintracht Frankfurt

682. **Welcher Spieler verursachte den Elfmeter für die Niederlande im Finale der FIFA WM 1974?**
A Berti Vogts
B Paul Breitner
C Uli Hoeneß
D Jürgen Grabowski

683. **Welche Mannschaft verlor das Halbfinale der EM 1992 gegen Dänemark im Elfmeterschießen?**
A Niederlande
B Norwegen
C Italien
D GUS

684. **Zu welchem Erstliga-Auswärtsspiel müssen französische Clubs mit Schiff oder Flugzeug anreisen? Beim ...**
A ...SC Bastia
B ...Maritimo Funchal
C ...CD Teneriffa
D ...UC Cagliari

685. **Zu welchem überraschenden Duell kam es im Spiel um Platz 3 bei der FIFA WM 2002?**
A Japan - Irland
B Südkorea - Türkei
C Paraguay - Südafrika
D Senegal - USA

686. **Welches Gehalt bekam Thomas Häßler als Spieler des TSV 1860 München?**
A Rund 2,4 Mio. DM jährlich
B Etwa 3,6 Mio. DM jährlich
C Über 5 Mio. DM jährlich
D Gut 6,2 Mio. DM jährlich

687. **Welcher Verein gewann 1953 den ersten DFB-Pokal nach dem Zweiten Weltkrieg?**
A RW Essen
B Hertha BSC Berlin
C Hannover 96
D Schalke 04

688. Wer bin ich?

Hier erzählt jemand über sich selbst. Wissen Sie, um wen es sich dabei handelt?

Ich war 1972/73 einmal Torschützenkönig! Aber nicht bei uns, sondern in der Schweiz. Ich habe selbst auch nur 22-mal in der Bundesliga gestürmt und dabei immerhin fünfmal getroffen. Mein Name ist nämlich weniger als Aktiver ein Begriff, sondern mehr mit dem Trainerjob verbunden. Da, allerdings, habe ich so ziemlich alles abgeräumt, was man gewinnen kann. Aber der Reihe nach:

Ich bin Jahrgang 1949 und an der Schweizer Grenze aufgewachsen. Meine fußballerischen Sporen verdiente ich mir beim TuS Stetten und dem FV Lörrach, bevor ich für den FC Basel und 1977 für den VfB Stuttgart spielte. Lugano und Luzern waren meine letzten Clubs als Aktiver.

Erste Trainerstation war der FC Zug, mit dem ich 1984 Schweizer Pokalsieger wurde. Nach dem Wechsel zu den Grasshoppers Zürich wurde ich auch zweimal Meister im Nachbarland. So richtig los ging's aber erst bei Borussia Dortmund, die ich nicht nur zweimal zur Deutschen Meisterschaft, sondern auch noch zum Gewinn der Champions League führte.

1997 wollte ich mich schon ganz vom Trainerjob zurückziehen, aber ein knappes Jahr später winkten die Bayern mit einem großen Scheck – und schon hatte ich wieder Lust! Mit dem „Club Hollywood" wurde ich danach sechsmal Meister und sogar je zweimal Champions League- und Weltpokalsieger. Nur den Bundestrainer-Stuhl habe ich lieber an mir vorbeigehen lassen und vorgezogen, mich aufs Altenteil zurückzuziehen, denn eigentlich habe ich doch alles erreicht - oder?

Wer bin ich?

689. Wahrheit oder Lüge?

A Brasilien nahm als einziges Land an allen FIFA WM-Endrunden seit 1930 teil.

B Der Italiener Vittorio Pozzo war der einzige Trainer, der eine Mannschaft zweimal nacheinander zum Gewinn des FIFA WM-Titels führte.

C Francisco Gento ging als kettenrauchender Linksaußen in die Fußballgeschichte ein.

D Der sowjetische Fußballstar Oleg Blochin arbeitete kurzzeitig als Nationaltrainer der Ukraine.

E Italiens Nationaltrainer Enzo Bearzot war Franco Baresis Liberospiel lange Zeit zu passiv.

F Karl-Heinz Schnellinger begann seine Karriere als Straßenfußballer in seiner Geburtsstadt Düren.

G Max Merkel führte sowohl 1860 München als auch den 1. FC Nürnberg zur Deutschen Meisterschaft.

H Seit 1878 benutzt der Schiedsrichter eine Trillerpfeife.

I Im Jahr des deutschen FIFA WM-Gewinns 1954 wurde Hannover 96 Deutscher Fußballmeister.

J Der RSC Anderlecht ist eine Fußballmannschaft aus Rotterdam.

690. Wer hat's gesagt?

A „Mein Problem ist, dass ich immer sehr selbstkritisch bin, auch mir selbst gegenüber.“

Andreas Möller
Thomas Schaaf
Yordan Letchkov

B „Ich wechsle nur aus, wenn sich einer ein Bein bricht.“

Willy Reimann
Werner Lorant
Wolfgang Sidka

C „Resignation ist der Egoismus der Schwachen.“

Jörg Berger
Hermann Gerland
Udo Lattek

D „Im ersten Moment war ich nicht nur glücklich, ein Tor geschossen zu haben, sondern auch, dass der Ball reinging.“

Pierre Littbarski
Horst-Dieter Höttges
Mario Basler

E „Das Wort mental gab es zu meiner Zeit als Fußballspieler noch gar nicht. Nur eine Zahnpasta, die so ähnlich hieß.“

Willi Lemke
Uli Hoeneß
Rudi Assauer

691. Versteckter Fußballer

Ein großer Hit
Silvias neue Platte konnte sofort in die Hitparade einsteigen.

Können Sie den darin versteckten deutschen Fußballtrainer entdecken?

692. Zum Schmunzeln

Überraschung
Der Trainer enttäuscht nach dem verlorenen Spiel zur versammelten Mannschaft: „Also, Leute, fangen wir noch mal ganz von vorne an. Das hier ist ein Fußball!“ Meldet sich ein Spieler aus der letzten Reihe: „'tschuldigung, Trainer, kann ich den noch mal sehen?“

Fußball im Kopf
„Du hast aber wirklich nichts als Fußball im Kopf!“, schluchzt die süße Sabine. „Ich wette, du weißt nicht einmal mehr, wann wir geheiratet haben!“ Wehrt sich Georg: „Klar weiß ich das noch! Das war an dem Tag, an dem Deutschland Holland 2:1 geschlagen hat!“

693. **Welches war die schlechteste Schluss-Platzierung des Hamburger SV in der Bundesliga-Geschichte?**
- A der 14. Platz
- B der 15. Platz
- C der 16. Platz
- D der 17. Platz

694. **Bei welchem ostdeutschen Verein begann die Karriere von Ulf Kirsten?**
- A Union Berlin
- B Chemnitzer FC
- C Dynamo Dresden
- D VfB Leipzig

695. **Welcher Club wurde als Aufsteiger sofort Deutscher Meister?**
- A Borussia Dortmund
- B Bayern München
- C 1. FC Kaiserslautern
- D 1. FC Köln

696. **Wer trainierte 2000/01 den türkischen Erstligisten Bursaspor?**
- A Joachim Löw
- B Jörg Berger
- C Karl Heinz Feldkamp
- D Christoph Daum

697. **Welcher Spieler verlor mehr Bundesligaspiele als jeder andere?**
- A Karl-Heinz Körbel
- B Bernhard Dietz
- C Michael Lameck
- D Klaus Fichtel

698. **Welcher Verein gewann 2000 die Club-WM?**
- A Al Ahly Kairo
- B Jubilo Iwata
- C Corinthians
- D Palmeiras

699. **Wie wird die DFB-Meisterschale salopp genannt?**
- A Fliegende Untertasse
- B Tellerchen
- C Salatschüssel
- D Ersatzrad

700. **Welchen deutschen Verein trainierte Nevio Scala in der Saison 1997/98?**
- A Borussia Dortmund
- B VfL Wolfsburg
- C Bayer 04 Leverkusen
- D VfL Bochum

701. **In welcher Saison wurden rote und gelbe Karten in der Bundesliga eingeführt?**
- A 1970/71
- B 1972/73
- C 1975/76
- D 1977/78

702. **Wer war in der Saison 1994/95 Trainer des FC Bayern München?**
- A Erich Ribbeck
- B Giovanni Trapattoni
- C Franz Beckenbauer
- D Ottmar Hitzfeld

703. **In welcher Stadt trägt der FC Chelsea seine Heimspiele aus?**
- A Sheffield
- B Birmingham
- C London
- D Edinburgh

704. **Seit wann gibt es eine Bundestags-Fußballelf?**
- A Seit 1954
- B Seit 1967
- C Seit 1974
- D Seit 1990

705. **Welcher dieser ehemaligen Bundesligaspieler wurde in Ägypten geboren?**
- A Rigobert Song
- B Karim Bagheri
- C Hany Ramzy
- D Youri Djorkaeff

706. **Welches Team nahm an der EM 1992 aufgrund politischer Unruhen nicht teil?**
- A Bulgarien
- B Jugoslawien
- C Tschechien
- D Rumänien

707. **Bei welchem Verein beendete Stefan Reuter 2004 seine Karriere als Spieler?**
- A 1. FC Köln
- B 1. FC Nürnberg
- C Bayern München
- D Borussia Dortmund

708. **Wann beendete Michael Preetz seine aktive Laufbahn und wechselte in das Management von Hertha BSC Berlin?**
- A 1999/2000
- B 2001/02
- C 2002/03
- D 2004/05

709. **Bei welchen deutschen Vereinen war Kurt Jara als Spieler aktiv?**
- A 1. FC Kaiserslauter, Hannover 96
- B Schalke 04, 1. FC Kaiserslautern
- C MSV Duisburg, 1. FC Kaiserslautern
- D MSV Duisburg, Schalke 04

710. **Wer wurde als Erster „Fußballer des Jahres“, obwohl er nicht in der Bundesliga spielte?**
- A Hans-Peter Briegel
- B Helmut Haller
- C Jürgen Klinsmann
- D Rudi Völler

711. **Wann machte Karl-Heinz Rummenigge sein erstes Länderspiel?**
- A 1976
- B 1977
- C 1978
- D 1979

712. **Welchem deutschen Spieler gelangen einmal sechs Tore in einem Europapokalspiel?**
- A Gerd Müller
- B Lothar Emmerich
- C Siggi Held
- D Rudi Völler

713. **Welcher Club spielt auf der „Alm“?**
- A Arminia Bielefeld
- B Arminia Hannover
- C Kickers Offenbach
- D Lüneburger SK

714. **Für welches Nationalteam spielt Tore Andre Flo?**
- A Norwegen
- B Dänemark
- C Schweden
- D Litauen

715. **Wer spielte nicht in der FIFA WM-Elf von 1954?**
- A Fritz Walter
- B Toni Turek
- C Ernst Lieblich
- D Jupp Posipal

716. **Wer trainierte Eintracht Braunschweig zwischen 1979 und 1983?**
- A Heinz Lucas
- B Heinz Patzig
- C Uli Maslo
- D Aleksandar Ristic

717. **Wer wurde in der Saison 2000/01 Dänischer Meister?**
A IK Silkeborg
B Bröndby Kopenhagen
C FC Kopenhagen
D Aarhus IF

718. **Welcher BVB-Spieler erzielte am letzten Spieltag der Saison 2001/02 das meisterschaftsentscheidende Tor?**
A Tomas Rosicky
B Marcio Amoroso
C Jan Koller
D Ewerthon

719. **Wann war Alemannia Aachen Mitglied der Ersten Bundesliga?**
A 1967 - 1970
B 1972
C 1973 - 1974
D nie

720. **Wie viele Mannschaften sind in einem Achtelfinale noch vertreten?**
A 8
B 16
C 32
D 64

721. **Welche Mannschaft verlor bei der EM 1988 alle drei Vorrundenspiele?**
A Irland
B Dänemark
C Sowjetunion
D Spanien

722. **Wann wurde die Vereinigung der Vertragsfußballspieler gegründet?**
A 1987
B 1990
C 1993
D 1996

723. **Welcher Verein gewann viermal das Hallen-Masters?**
A Werder Bremen
B Bayern München
C Borussia Dortmund
D 1860 München

724. **Für welchen Verein verpasste Peter Wibran in der Saison 1999/2000 nicht eine einzige Spielminute?**
A SC Freiburg
B Hamburger SV
C Arminia Bielefeld
D Hansa Rostock

725. **Bei welcher FIFA WM wurde die „La Ola"-Welle kreiert?**
A 1998
B 1990
C 1986
D 1994

726. **Welche deutsche Spielerfrau sorgte während der FIFA WM 1994 für Aufregung?**
A Martina Effenberg
B Claudia Strunz
C Angelika Völler
D Bianca Illgner

727. **Nach wie vielen Minuten endete am 8. November 1975 im Spiel Werder Bremen und Hannover 96 die erste Halbzeit?**
A Nach 30 Minuten
B Nach 35 Minuten
C Nach 55 Minuten
D Nach 59 Minuten

728. **In welchem dieser Länder wird die höchste Spielklasse „Premier Division" genannt?**
A Schottland
B Georgien
C England
D Russland

729. Wie heißt der Trainer, der die deutsche Frauennationalelf zwischen 1982 und 1996 zu drei Europameistertiteln führte?

A Franz Binder
B Sandor Biro
C Gero Bisanz
D Werner Biskup

730. Wer war der erfolgreichste Trainer von Borussia Mönchengladbach?

A Hennes Weisweiler
B Udo Lattek
C Otto Rehhagel
D Ottmar Hitzfeld

731. Seit welcher Saison spielt Erzgebirge Aue in der Zweiten Bundesliga?

A 2000/01
B 2001/02
C 2002/03
D 2003/04

732. Welcher Club ist Rekordlandesmeister in Spanien?

A FC Barcelona
B Atletico Madrid
C Real Madrid
D FC Valencia

733. Welche Trophäe schuf der Kölner Künstler Wilhelm Nagel?

A Goldener Ball
B UEFA-Pokal
C Meisterschale
D DFB-Pokal

734. Welchen spanischen Verein trainierte Bernd Krauss im Jahre 2000?

A Espanyol Barcelona
B RCD Mallorca
C CD Teneriffa
D UD Las Palmas

735. Welche Hymne wird bei Länderspielen Liechtensteins gespielt?

A Die österreichische
B Die englische
C Die schweizerische
D Die liechtensteinische

736. Welche dieser Mannschaften erreichte bei der FIFA WM 1962 in Chile nicht das Viertelfinale?

A Chile
B England
C Italien
D Mexiko

737. Welcher ehemalige Nationalspieler war vor seiner Fußballkarriere Zehnkämpfer?

A Horst Hrubesch
B Hans-Peter Briegel
C Bernd Cullmann
D Bernd Förster

738. Wer stand in der Bundesligasaison 1973/74 bei Fortuna Köln bei allen 34 Spielen im Tor?

A Helmut Roleder
B Wolfgang Fahrian
C Harald Schumacher
D Gerd Zimmermann

739. Welcher Bundeslia-Profi hatte den Spitznamen „Dr. Hammer"?

A Bernd Cullmann
B Bernd Nickel
C Dirk Hupe
D Norbert Nachtweih

740. Wer gab dem Verein Tottenham Hotspur seinen Namen?

A Der Gründer David Hotspur
B Der Lieblingskater der Queen
C Shakespeares Figur Harry Hotspur
D Der Sponsor Hotspur Waschmittel

741. **Warum musste das Spiel zwischen Bor. Mönchengladbach und Werder Bremen 1971 abgebrochen werden?**
A Wegen Nebels
B Ein Torpfosten brach
C Werder hatte nur noch 6 Spieler
D Der Schiedsrichter verletzte sich

742. **Wie viele ausländische Spieler standen beim Start der Bundesliga 1963/64 bei Erstligaclubs unter Vertrag?**
A 5
B 10
C 18
D keiner

743. **Wo wurde das Europapokalspiel der Landesmeister Bor. Mönchengladbach - Int. Mailand 1971 wiederholt?**
A Düsseldorf
B Hannover
C Köln
D Berlin

744. **Wie heißt das oberste Beschlussorgan des DFB?**
A Bundesmandat
B Bundestag
C Bundesrat
D Bundesversammlung

745. **Was ist ein „Double"?**
A Zwei Landesmeistertitel in Folge
B Zwei Pokalsiege in Folge
C In einer Saison Landesmeister und Pokalsieger
D Zwei Siege in Folge

746. **Welche Farbe hatten in der Regel die Trikots der Nationalelf der DDR?**
A Blau
B Gelb
C Orange
D Grün

747. **Wer konnte sich nicht für die EM-Endrunde 1984 qualifizieren?**
A Jugoslawien
B Dänemark
C Belgien
D England

748. **Wer ist Fan-Beauftragter des FC Bayern München?**
A Raimond Aumann
B Paul Breitner
C Sepp Maier
D Franz Beckenbauer

749. **Welcher Verein wurde in der Saison 1978/79 Herbstmeister, am Ende der Spielzeit jedoch nur Dritter?**
A Werder Bremen
B 1. FC Kaiserslautern
C Hertha BSC Berlin
D Eintracht Frankfurt

750. **Welcher ehemalige Bundesliga-Torwart wurde 2003 Co-Trainer beim Hamburger SV?**
A Ralf Zumdick
B Rudi Kargus
C Eike Immel
D Wolfgang de Beer

751. **Unter welchem Trainer gewann Italien die „FIFA Fussball-Weltmeisterschaft 1982™"?**
A Enzo Bearzot
B Cesare Maldini
C Antonio Lippi
D Dino Zoff

752. **Mit welchem Lied kamen die Kremers-Zwillinge in den 1970er-Jahren in die Charts?**
A „Die weißen Tauben sind müde"
B „Das Mädchen meiner Träume"
C „Cha, Cha, Cha"
D „Michaela"

753. Wer war bei der Bundesliga-Einführung dabei?

A Borussia Neunkirchen
B 1. FC Saarbrücken
C SpVgg Unterhaching
D Alemannia Aachen

754. Welches Team wurde in der Saison 1999/2000 Französischer Meister?

A AS Monaco
B Paris Saint Germain
C Olympique Lyon
D RC Lens

755. Welcher Stürmer war zweimal Torschützenkönig einer EM-Endrunde?

A Dennis Bergkamp
B Gerd Müller
C Alan Shearer
D Michel Platini

756. In welchem Jahr fusionierten der „Kicker“ und das „Sportmagazin“?

A 1968
B 1970
C 1976
D 1984

757. Mit welchem Ergebnis endete 1999 das EM-Qualifikations-Spiel zwischen Spanien und Österreich?

A 1:7
B 8:3
C 9:0
D 12:2

758. Mit wie vielen Punkten Vorsprung konnte sich Bayern München 1987 den Deutschen Meistertitel sichern?

A 6
B 8
C 12
D 14

759. Welche asiatische Mannschaft qualifizierte sich für die FIFA WM-Endrunde 1966?

A Südkorea
B Japan
C Nordkorea
D China

760. Welcher Schiedsrichter trat wegen Betrugsverdacht im Januar 2005 aus dem DFB aus?

A Edgar Steinborn
B Franz-Xaver Wack
C Robert Hoyzer
D Wolfgang Stark

761. Ein ehemaliger Spieler von Borussia Mönchengladbach heißt Jörg ...

A ... Sieben
B ... Acht
C ... Neun
D ... Zehn

762. In welchem Jahr fand die erste Asien-Meisterschaft statt?

A 1956
B 1966
C 1976
D 1986

763. Für welchen Verein spielten Toni Schumacher, Jay-Jay Okocha und Emil Kostadinov?

A Racing Straßburg
B Roter Stern Belgrad
C Real Mallorca
D Fenerbahce Istanbul

764. Für welchen Verein spielte Weltmeister Horst Eckel von 1946 bis 1961?

A Schalke 04
B Hannover 96
C 1. FC Nürnberg
D 1. FC Kaiserslautern

Torschütze Oliver Bierhoff: begeistert über seinen Torerfolg

765. **Wer war nie europäischer „Fußballer des Jahres"?**
- A Uwe Seeler
- B Franz Beckenbauer
- C Matthias Sammer
- D Lothar Matthäus

766. **Wer wählt den „Weltfußballer des Jahres"?**
- A FIFA-Funktionäre
- B Nationaltrainer
- C Sportjournalisten
- D Alle Nationalspieler

767. **Welcher deutsche Spieler wurde 1990 und 1991 „Weltfußballer des Jahres"?**
- A Lothar Matthäus
- B Rudi Völler
- C Matthias Sammer
- D Jürgen Klinsmann

768. **Wie lautet der Spitzname des Spielers Ulf Kirsten?**
- A Der Schwatte
- B Der Halbe
- C Der Toughe
- D Der Platte

769. **Für welchen ehemaligen Erstligisten spielte Jens Nowotny von 1990 bis 1996?**
- A 1.FC Saarbrücken
- B SSV Ulm
- C Karlsruher SC
- D Wuppertaler SV

770. **Welche Mannschaft unterlag Bayer 05 Uerdingen in der Saison 1985/86 in einem denkwürdigen Europapokalspiel mit 3:7?**
- A Real Madrid
- B 1. FC Magdeburg
- C Dynamo Dresden
- D FC Barcelona

771. **Wer sagte: „Schalke braucht keinen Trainer, sondern einen Verrückten, der Spaß an seiner eigenen Hinrichtung hat."?**
- A Huub Stevens
- B Udo Lattek
- C Max Merkel
- D Jupp Heynckes

772. **Wie lange war Reiner Calmund Manager von Bayer 04 Leverkusen?**
- A 4 Jahre
- B 19 Jahre
- C 27 Jahre
- D 36 Jahre

773. **Wer wurde Torschützenkönig der FIFA WM-Endrunde 1990?**
- A Lothar Matthäus
- B Tomas Skuhravy
- C Gary Lineker
- D Salvatore Schillaci

774. **Welches dieser Länder stand bereits zweimal in einem Weltmeisterschafts-Finale, konnte jedoch keines gewinnen?**
- A Schweden
- B Ungarn
- C Spanien
- D England

775. **Bei welchem dieser Vereine stand Thomas Helmer nie unter Vertrag?**
- A Bayern München
- B Hertha BSC Berlin
- C VfB Stuttgart
- D Borussia Dortmund

776. **Bei welchem italienischen Verein war Trainer Erik Gerets als Spieler aktiv?**
- A Juventus Turin
- B Sampdoria Genua
- C Inter Mailand
- D AC Mailand

777. **Welche Bundesliga-Elf schoss in der Saison 1971/72 101 Tore?**
- A Eintracht Frankfurt
- B Hamburger SV
- C FC Bayern München
- D Bor. Mönchengladbach

778. **Zu welchem Verein wechselte Nationalspieler Fabian Ernst zur Saison 2005/06?**
- A Bayern München
- B Bayer 04 Leverkusen
- C VfB Stuttgart
- D Schalke 04

779. **Wie viele Länderspiele verantwortete Sepp Herberger von 1936 bis 1964?**
- A 131
- B 149
- C 154
- D 162

780. **Welcher Nationalspieler war HSV-Manager?**
- A Willi Schulz
- B Kevin Keegan
- C Uwe Seeler
- D Günter Netzer

781. **In welcher Saison spielte der 1. FC Nürnberg zum ersten Mal um den Europapokal der Landesmeister?**
- A 1961/62
- B 1968/69
- C 1974/75
- D 1998/99

782. **Welcher Abwehrspieler war nicht im FIFA WM-Kader 2002?**
- A Marko Rehmer
- B Christian Wörns
- C Thomas Linke
- D Sebastian Kehl

783. **Wer sagte: „Ein Torhüter muss Ruhe ausstrahlen. Er muss aber aufpassen, dass er dabei nicht einschläft.“?**
- A Wolfgang Kleff
- B Uli Stein
- C Wolfgang de Beer
- D Sepp Maier

784. **Wie viele Vereine bewarben sich 1963 um die Lizenz für die Bundesliga?**
- A 29
- B 37
- C 46
- D 58

785. **Wie wurde Reinhard Libuda genannt?**
- A Schorsch
- B Bert
- C Stan
- D James

786. **Welcher Verein ist griechischer Rekord-Pokalsieger?**
- A Panathinaikos Athen
- B AEK Athen
- C Olympiakos Piräus
- D OFI Kreta

787. **Wo spielte der finnische Nationalspieler Sami Hyypiä ab 1999?**
- A FC Liverpool
- B Manchester United
- C Chelsea London
- D Arsenal London

788. **In welchem Jahr gewann der Hamburger SV den Europapokal der Landesmeister?**
- A 1963
- B 1973
- C 1983
- D 1993

789. Welches Tier ist das Maskottchen des 1. FC Köln?
- A Fledermaus
- B Dompfaff
- C Geißbock
- D Maulwurf

790. Wie viele Auswärtspunkte holte Tasmania Berlin in der Saison 1965/66?
- A 1
- B 3
- C 5
- D Keinen

791. Für welchen Abwehrspieler zahlte der Hamburger SV 2004 eine Ablösesumme von 3,8 Mio. Euro an Manchester City?
- A Daniel Jensen
- B Daniel van Buyten
- C Bernd Thijs
- D Kim Madsen

792. Für welchen Bundesligaclub spielt Dariusz Wosz seit 2002?
- A 1. FC Kaiserslautern
- B Hertha BSC Berlin
- C VfL Bochum
- D Werder Bremen

793. In welcher Saison gab es erstmals ein deutsch-deutsches Duell im Europacup der Landesmeister?
- A 1973/74
- B 1977/78
- C 1981/82
- D 1988/89

794. Wie hieß der Vorgänger des UEFA-Pokals?
- A IFC-Cup
- B Cup der Besten
- C UI-Cup
- D Messepokal

795. Für welche Firma machte Jürgen Klinsmann unfreiwillig Werbung, als er 1997 eine Werbetonne eintrat?
- A Grundig
- B Duracell
- C Sanyo
- D Sony

796. Zu welchem Verein wechselte Jupp Heynckes vor der Saison 1967/68?
- A Eintracht Braunschweig
- B Eintracht Frankfurt
- C Hannover 96
- D Bayern München

797. Welcher dieser Fußballstars stammt nicht aus Brasilien?
- A Christiano Ronaldo
- B Cafu
- C Evanilson
- D Roque Junior

798. Wer folgte Günter Netzer 1986 als HSV-Manager?
- A Horst Hrubesch
- B Felix Magath
- C Holger Hieronymus
- D Uwe Seeler

799. Welcher Fußballstar spielte 50-mal für die DDR und wurde viermal Oberliga-Torschützenkönig?
- A Joachim Streich
- B Klaus Sammer
- C Jürgen Sparwasser
- D Hans-Jürgen Kreische

800. Welche Mannschaft besiegte der Hamburger SV im Finale des Europapokals der Pokalsieger 1977?
- A Dynamo Zagreb
- B RSC Anderlecht
- C Juventus Turin
- D FC Antwerpen

801. **Wer ist der erfolgreichste Meistertrainer der Bundesliga?**
A Hennes Weisweiler
B Ottmar Hitzfeld
C Udo Lattek
D Otto Rehhagel

802. **Welchen Verein trainierte Falko Götz von März 2003 bis April 2004?**
A 1860 München
B 1. FC Saarbrücken
C Hertha BSC Berlin
D Hannover 96

803. **Von wann bis wann gab es eine zweigleisige 2. Bundesliga?**
A Von 1970 bis 1980
B Von 1971 bis 1990
C Von 1974 bis 1981
D Von 1975 bis 1982

804. **Bei welchem dieser Vereine stand Toni Schumacher nie im Tor?**
A FC Schalke 04
B Bayern München
C Borussia Dortmund
D Bayer 04 Leverkusen

805. **Welcher Torwart wechselte 2001 für ca. 75 Millionen DM zu Juventus Turin?**
A Gianluigi Buffon
B Bodo Illgner
C Francesco Toldo
D Fabien Barthez

806. **In welchen Jahren wurde Karl-Heinz Rummenigge Europas „Fußballer des Jahres“?**
A 1980 und 1981
B 1982 und 1983
C 1985 und 1986
D 1988 und 1989

807. **Der erste Geißbock, das Maskottchen des 1. FC Köln, hieß...**
A ...Böckle
B ...Hennes
C ...Nase
D ...Jocki

808. **In welchem Land wurde Nationalstürmer Gerald Asamoah geboren?**
A Togo
B Ghana
C Nigeria
D Namibia

809. **Welchen Platz belegte das deutsche Team in seiner Vorrundengruppe bei der FIFA WM 1962?**
A Den ersten
B Den zweiten
C Den dritten
D Den vierten

810. **Wer ist Rekord-Bundesliga-Torschütze des 1. FC Kaiserslautern?**
A Stefan Kuntz
B Thomas Allofs
C Klaus Toppmöller
D Harald Kohr

811. **Wann machte Sepp Maier sein erstes Länderspiel?**
A 1966
B 1967
C 1968
D 1969

812. **Gegen wen gewann Bayern München 2001 das Champions League-Finale nach Elfmeterschießen?**
A AS Rom
B Juventus Turin
C FC Valencia
D Real Madrid

813. **Wann wurde erstmals eine EM-Endrunde mit 8 Teams ausgetragen?**
- A 1968
- B 1972
- C 1976
- D 1980

814. **Bei welchem Bundesligisten war Ottmar Hitzfeld als Spieler aktiv?**
- A Borussia Dortmund
- B Bayern München
- C VfB Stuttgart
- D SC Freiburg

815. **Welcher Club stieg in der Saison 1968/69 als amtierender Deutscher Meister in die 2. Liga ab?**
- A FC Schalke 04
- B Eintracht Braunschweig
- C Rot-Weiss Essen
- D 1. FC Nürnberg

816. **Für welchen Club erzielt Francesco Totti seit 1989 seine Tore?**
- A Hellas Verona
- B US Lecce
- C Lazio Rom
- D AS Rom

817. **Welcher Spieler verlor bei der FIFA WM 1982 bei einem Zusammenprall mit Toni Schumacher zwei Zähne?**
- A Maxim Bossis
- B Didier Six
- C Michel Platini
- D Patrick Battiston

818. **Wer spielte nicht in der FIFA WM-Elf von 1954?**
- A Jupp Posipal
- B Max Morlock
- C Horst Eckel
- D Horst Szymaniak

819. **Für welchen Verein spielte Robson Ponte von 2001 bis 2003?**
- A Hansa Rostock
- B VfL Wolfsburg
- C Hamburger SV
- D VfL Bochum

820. **Wer wurde 2003 DFB-Schiedsrichter des Jahres?**
- A Markus Merk
- B Hellmut Krug
- C Herbert Fandel
- D Bernd Heynemann

821. **Für welchen Verein spielte Hans-Georg Schwarzenbeck 416-mal in der Bundesliga?**
- A Borussia Mönchengladbach
- B FC Bayern München
- C FC Schalke 04
- D Werder Bremen

822. **Welche Mannschaft beendete die erste Bundesligasaison auf dem 18. Platz?**
- A 1. FC Saarbrücken
- B 1. FC Nürnberg
- C Eintracht Braunschweig
- D Preußen Münster

823. **Mit wie vielen Punkten Vorsprung wurde der 1. FC Kaiserslautern 1998 Deutscher Meister?**
- A 1
- B 2
- C 4
- D 8

824. **Wer pfiff die meisten Bundesligaspiele (bis Ende 2000)?**
- A Hellmut Krug
- B Bernd Heynemann
- C Markus Merk
- D Hans Kindermann

825. Welcher Fußballer verbirgt sich hinter dem Namen Edson Arantes do Nascimento?
- A Ronaldo
- B Rivaldo
- C Zico
- D Pelé

826. An wie vielen FIFA WM-Turnieren nahm Rudi Völler als Spieler teil ?
- A 1
- B 2
- C 3
- D 4

827. Aus welchem Land stammt der ehemalige Bundesligaspieler Claudio Reyna?
- A Schweiz
- B USA
- C Italien
- D Frankreich

828. Welche Mannschaft ließ in der Bundesliga-Saison 1987/88 nur 22 Gegentreffer zu?
- A Borussia Dortmund
- B Werder Bremen
- C 1. FC Köln
- D Bayern München

829. Wann wurde Thomas Häßler Dritter bei der Wahl zum „Weltfußballer des Jahres“?
- A 1990
- B 1991
- C 1992
- D 1993

830. Wer machte die meisten Spiele für den 1. FC Nürnberg?
- A Dieter Eckstein
- B Georg Volkert
- C Thomas Brunner
- D Andreas Köpke

831. Welche Nation wurde erster Europameister der Frauen?
- A Deutschland
- B Schweden
- C Russland
- D Norwegen

832. Mit welchem Verein verbindet man Ernst Kuzorra?
- A Borussia Dortmund
- B FC Schalke 04
- C Borussia Mönchengladbach
- D Hamburger SV

833. Für welchen italienischen Club ging Ivan Zamorano von 1996 bis 2000 auf Torejagd?
- A AC Mailand
- B Inter Mailand
- C SSC Neapel
- D AC Florenz

834. Wer verwandelte den ersten FIFA WM-Endrunden-Elfmeter für die deutsche Nationalelf?
- A Helmut Rahn
- B Otto Siffling
- C Fritz Walter
- D Max Morlock

835. Welcher FC Bayern-Spieler erhielt die meisten roten Karten?
- A Samuel Kuffour
- B Jens Jeremies
- C Oliver Kahn
- D Carsten Jancker

836. Wie groß ist der Umfang des „FIFA-Fussballes“?
- A Genau 60 cm
- B Zwischen 55 und 60 cm
- C Zwischen 59 und 63 cm
- D Zwischen 68 und 70 cm

837. **Bei welchem belgischen Club spielte Emile Mpenza vor und nach seiner Zeit bei Schalke 04?**
- A Standard Lüttich
- B KV Oostende
- C RSC Anderlecht
- D Cercle Brügge

838. **Welche Mannschaft musste bis 2004 fünf Finalniederlagen in europäischen Wettbewerben hinnehmen?**
- A Dynamo Kiew
- B Benfica Lissabon
- C Arsenal London
- D Ipswich Town

839. **Das DFB-Pokalendspiel findet traditionell statt im...**
- A ...Berliner Olympiastadion
- B ...Frankfurter Waldstadion
- C ...Münchner Olympiastadion
- D ...Bremer Weserstadion

840. **Wer wurde Nachfolger von Toni Schumacher als Torwart des 1. FC Köln?**
- A Bodo Illgner
- B Rudi Kargus
- C Andreas Menger
- D Andreas Köpke

841. **Welcher Verein nannte sich 1966 in MSV Duisburg um?**
- A Duisburger SC
- B Meidericher SV
- C Sportfreunde Essen
- D Preußen Münster

842. **Wer nahm 1996 die deutsche Staatsbürgerschaft an, kam aber nie in der Nationalmannschaft zum Einsatz?**
- A Paolo Rink
- B Sean Dundee
- C Zoltan Sebescen
- D Gerald Asamoah

843. **Wie groß muss in Großbritannien der Abstand der Mauer zum Freistoß-Punkt sein?**
- A 6 Yards
- B 8 Yards
- C 10 Yards
- D 12 Yards

844. **Welches Nationalteam wurde von 2000 bis 2003 vom ehemaligen Bundesligaspieler Wolfgang Sidka trainiert?**
- A Bahrain
- B Kuweit
- C Jamaica
- D Honduras

845. **Wie endete 1930 das erste FIFA WM-Finale zwischen Uruguay und Argentinien?**
- A 0:1
- B 1:3
- C 2:1
- D 4:2

846. **In welchem Jahr wurde Ebbe Sand Bundesliga-Torschützenkönig?**
- A 1998
- B 1999
- C 2000
- D 2001

847. **In welcher Saison wurde Jürgen Klinsmann Bundesliga-Torschützenkönig mit 19 Toren?**
- A 1984/85
- B 1987/88
- C 1990/91
- D 1997/98

848. **Wie lautet der Spitzname des Spielers Reinhard Libuda?**
- A Dick
- B Doof
- C Stan
- D Ollie

849. **Wie lang dauert eine Halbzeit bei einem A-Jugend-Spiel ?**

A 30 min.
B 35 min.
C 40 min.
D 45 min.

850. **Was bedeutet die niederländische Bezeichnung Bondscoach?**

A Torwarttrainer
B Schiedsrichter
C Nationaltrainer
D Co-Trainer

851. **In welchen Jahren spielte Borussia Dortmund nicht in der Ersten Bundesliga?**

A 1973-75
B 1980-81
C 1982-85
D 1989-90

852. **Welches Monatsgehalt bekam Max Merkel in der Saison 1967/68 als Trainer des 1. FC Nürnberg?**

A 5.000 DM
B 7.500 DM
C 10.000 DM
D 20.000 DM

853. **Wer gilt als der „Vater" der Bundesliga?**

A Sepp Herberger
B Franz Kremer
C Georg Knöpfle
D Fritz Walter

854. **An welcher FIFA WM nahm Reinhard Libuda als Spieler der deutschen Nationalmannschaft teil?**

A 1962
B 1966
C 1970
D 1974

855. **In welcher Trikotfarbe spielt in der Regel der FC Nantes?**

A Weiß/schwarz
B Rot/schwarz
C Blau/weiß
D Grün/gelb

856. **In welcher dieser Städte findet 2006 kein FIFA WM-Spiel statt?**

A Fankfurt am Main
B Hannover
C Nürnberg
D Düsseldorf

857. **Wann trat Helmut Schön sein Amt als Bundestrainer an?**

A Am 4. November 1964
B Am 1. Januar 1965
C Am 1. Juli 1966
D Am 4. Mai 1967

858. **In welchem Jahr erschien die erste Ausgabe der Fußballzeitschrift „Kicker"?**

A 1968
B 1978
C 1988
D 1998

859. **Wer wechselte 1953 für umgerechnet 700.000 DM zu Real Madrid?**

A Raymond Kopa
B Alfredo di Stefano
C Ferenc Puskas
D Francisco Gento

860. **Wie groß ist die Innenhöhe des Fußballtores?**

A 2,44 m
B 2,77 m
C 3,03 m
D 3,14 m

861. Wer bin ich?

Hier erzählt ein bekannter Fußballstar über sich selbst. Wissen Sie, um wen es sich dabei handelt?

Ich wurde 1953 geboren und bin ein echter Pfälzer Bub, denn meine ersten Schritte in Fußballschuhen absolvierte ich beim VfL Neuhofen und beim TuS Altrip. Meine große Zeit hatte ich allerdings im Norden der Republik – beim Hamburger SV, für den ich in den 20 Jahren zwischen 1971 und 1991 sage und schreibe 581 Bundesliga-Begegnungen absolvierte und dabei 76 Tore schoss – und das, obwohl ich eigentlich Abwehrspieler war. Allerdings ein sehr offensiver. Dafür spricht, dass von mir vor allem sensationell angeschnittene Flanken in Erinnerung geblieben sind, die einer Südfrucht ähnelten. Über die freute sich damals besonders Horst Hrubesch.

Zeit meiner aktiven Laufbahn war ich der Meinung, dass Elfmeter versenkt gehören und habe fast alle meiner vielen verwandelt. Mit dem HSV wurde ich dreimal Deutscher Meister und zweimal Deutscher Pokalsieger. 1977 gewann ich im Dress der Rothosen den Europapokal der Pokalsieger und 1983 den Europapokal der Landesmeister. Ich war einer der „Garanten" in der erfolgreichsten Zeit des HSV, damals Anfang der 80er unter Branko Zebec und Ernst Happel.

Ach ja, für die Nationalmannschaft war ich natürlich auch noch tätig: In 69 Länderspielen schoss ich zwischen 1975 und 1983 neun Tore. Ich wurde 1980 Europameister und 1982 FIFA Vizeweltmeister mit der deutschen Elf. Meine Karriere ließ ich in den 1990er Jahren in Frankreich ausklingen. Heute arbeite ich als Geschäftsmann in der Hansestadt und bin immer wieder gern als Gast in der AOL-Arena, wenn „mein HSV" spielt.

Wer bin ich?

862. Wahrheit oder Lüge?

A Der polnische Stürmer Grzegorz Lato erregte durch seinen Afrolook Aufsehen.

B England wurde noch nie Europameister.

C Flache Pässe kann man am besten annehmen.

D Über den Titel „Fußballer des Jahres" lässt die Zeitung „Sport-Bild" seit 1960 die deutschen Sportjournalisten abstimmen.

E Bobby Moore war fast 20 Jahre lang einer der überragenden Rechtsaußen Englands.

F Der erste belgische Fußballclub wurde in Antwerpen gegründet.

G Fußballtore haben erst seit 1875 eine Latte, die damals aus Holz bestand.

H 1986 holte Trainer Terry Venables Gary Lineker zum FC Barcelona.

I Amateurvereine haben in der ersten Runde des DFB-Pokals immer Heimrecht.

J Real Madrid ist der einzige Club, der zweimal in Folge den UEFA-Pokal gewinnen konnte.

863. Wer hat's gesagt?

A „Fußball ist ein Spiel, bei dem 22 Mann einem Ball hinterherlaufen, und am Ende gewinnt immer Deutschland."

Gary Lineker
Ruud van Nistelrooy
Michel Platini

B „Berti Vogts hatte vor jedem Spiel gegen mich Dünnschiss."

Georg Schwarzenbeck
Willi Lippens
Günter Netzer

C „Der Ball ist rund. Wäre er eckig, wäre er ja ein Würfel."

Gyula Lorant
Jupp Heyneckes
Otto Rehhagel

D „Das Spiel gegen Argentinien war so schlecht: Das Gottfried-Daimler-Stadion wird jetzt umbenannt in Chrysler-Stadion!"

Dieter Nuhr
Georg Schramm
Harald Schmidt

E „Spieler haben vielleicht ein Problem mit mir, aber ich nicht mit ihnen."

Werner Lorant
Max Merkel
Ernst Happel

864. Wahrheit oder Lüge?

A Deutschland wurde 1945 nach Ende des Zweiten Weltkriegs aus der FIFA ausgeschlossen.

B Beim englischen Cup-Final 1933 trugen die Spieler erstmals Rückennummern.

C Der UEFA-Cup wird von Spöttern auch als Cup der Verlierer bezeichnet.

D Die Trillerpfeife wurde 1878 von einem englischen Bäcker eingeführt.

E Im ersten inoffiziellen Länderspiel verlor Deutschland in Berlin gegen England mit 2:13 Toren.

F 1902 wurde Frauen in England das Fußballspielen verboten.

865. Welchen Spieler nannte man die „schwarze Spinne"?

Ruud Gullit
Anthony Yeboah
Lew Jaschin
Didi

866. **Wie lange dauert der „Cooper-Test“, mit dem Schiedsrichter auf ihre läuferische Kondition getestet werden?**
- A 12 Minuten
- B 45 Minuten
- C 1 Stunde
- D 2 Stunden

867. **Welcher italienische Club hat die Vereinsfarben Himmelblau und Weiß?**
- A Lazio Rom
- B AS Rom
- C US Cagliari
- D FC Bologna

868. **In welcher Saison waren deutsche Clubs im Halbfinale des UEFA-Pokals unter sich?**
- A 1963/64
- B 1979/80
- C 1985/86
- D 1991/92

869. **Innerhalb welcher Zeit muss der Torwart den Ball freigeben, ohne dass es einen indirekten Freistoß gibt?**
- A 3 Sekunden
- B 6 Sekunden
- C 12 Sekunden
- D Keine Begrenzung

870. **Welcher schottische Club gewann 1983 den Europapokal der Pokalsieger?**
- A Celtic Glasgow
- B FC Motherwell
- C FC Aberdeen
- D Glasgow Rangers

871. **Wann wurde Winfried Schäfer als Spieler von Borussia Mönchengladbach Deutscher Meister?**
- A 1968
- B 1970
- C 1976
- D 1978

872. **Für welches Nationalteam spielte Eusébio 67-mal?**
- A Brasilien
- B Spanien
- C Portugal
- D Equador

873. **Wann standen Eintracht Frankfurt und Sachsenring Zwickau im Halbfinale des Europapokals der Pokalsieger?**
- A 1975/76
- B 1978/79
- C 1982/83
- D 1989/90

874. **Weshalb musste der kolumbianische Torhüter Rene Higuita 1993 kurzzeitig ins Gefängnis? Wegen ...**
- A ...Trunkenheit am Steuer
- B ...wiederholten Schwarzfahrens
- C ...Entführung
- D ...eines Falschgeld-Deliktes

875. **Bei welchem niederländischen Verein spielte Romario?**
- A Ajax Amsterdam
- B Vitesse Arnheim
- C Feyenoord Rotterdam
- D PSV Eindhoven

876. **Wann wurde Franz Beckenbauer Nachfolger von Jupp Derwall?**
- A 1980
- B 1982
- C 1984
- D 1986

877. **Aus welchem Land kamen alle Sieger des UEFA-Pokals zwischen 1968 und 1973?**
- A Italien
- B Großbritannien
- C Spanien
- D Frankreich

878. **Welcher Nationalspieler wurde in Zaïre (heute Dem. Rep. Kongo) geboren und wechselte 2003 zum FC Chelsea?**
- A Thierry Henry
- B Lilian Thuram
- C Claude Makelele
- D Patrick Vieira

879. **Das separat abgeteilte Feld innerhalb des Strafraums heißt ...**
- A ... Abseitsfalle
- B ... freier Raum
- C ... Eckraum
- D ...Torraum

880. **Welcher Club verlor viermal in Folge das Finale um die Deutsche Meisterschaft?**
- A Hannover 96
- B 1. FC Kaiserslautern
- C Hertha BSC Berlin
- D Eintracht Frankfurt

881. **Welcher Verein wurde erster DDR-Meister?**
- A Dynamo Dresden
- B Aktivist Eisenhüttenstadt
- C Chemie Gera
- D ZSG Horch Zwickau

882. **Aus welchem Land kamen in der Saison 2004/05 alle Nicht-UEFA-Ausländer im Kader des VfL Wolfsburg?**
- A Brasilien
- B Ghana
- C Peru
- D Argentinien

883. **Von welchem Verein wechselte Carsten Ramelow 1996 zu Bayer Leverkusen?**
- A Union Berlin
- B Hertha BSC Berlin
- C Tennis-Borussia Berlin
- D Tasmania Berlin

884. **Welcher Feldspieler der Nationalelf schoss die meisten Eigentore?**
- A Berti Vogts
- B Norbert Mai
- C Horst Szymaniak
- D Thomas Helmer

885. **Welche Prämie kassierten die Spieler des 1. FC Kaiserslautern für den Gewinn der Deutschen Meisterschaft 1998?**
- A 70.000 DM
- B 150.000 DM
- C 300.000 DM
- D Keine Extraprämie

886. **Wie viele Liter Sekt passen in den DFB-Pokal?**
- A 4
- B 6
- C 8
- D 10

887. **Für welchen Bundesligaclub neben Bayern München spielte Paul Breitner?**
- A Borussia Mönchengladbach
- B Eintracht Frankfurt
- C Eintracht Braunschweig
- D Hamburger SV

888. **Unter welchem Trainer wurde der 1. FC Köln letztmals Deutscher Meister?**
- A Christoph Daum
- B Rinus Michels
- C Hennes Weisweiler
- D Jörg Berger

889. **Wer war von 1999 bis 2000 Trainer von Arminia Bielefeld?**
- A Hermann Gerland
- B Ernst Middendorp
- C Gerd Roggensack
- D Karl-Heinz Feldkamp

890. **In welchem Jahr bestritt Matthias Sammer sein letztes Länderspiel?**
- A 1996
- B 1997
- C 1998
- D 1999

891. **Welche Nationalmannschaft führte Guus Hiddink 2002 bis ins Halbfinale der FIFA WM?**
- A Türkei
- B Brasilien
- C Senegal
- D Südkorea

892. **Wie werden die Spieler des englischen Vereins aus Bolton genannt?**
- A Titans
- B Eagles
- C Wanderers
- D Outsiders

893. **Wer spielte einst für die A-Jugend des 1. FC Kaiserslautern?**
- A Rolf Töpperwien
- B Heribert Fassbender
- C Marcel Reif
- D Günther Jauch

894. **Wie weit kam Titelverteidiger Frankreich bei der EM 1988?**
- A Qualifikation
- B Vorrunde
- C Viertelfinale
- D Halbfinale

895. **Wo ließ Nationalspieler Jörg Albertz in der Saison 2003/04 seine Karriere ausklingen?**
- A In China
- B In Dubai
- C In Japan
- D In den USA

896. **Welcher Spieler von Bor. Dortmund stieg 2001/02 zum Nationalspieler auf und spielte alle FIFA WM-Endrunden-Spiele 2002?**
- A Christoph Metzelder
- B Sebastian Kehl
- C Lars Ricken
- D Roman Weidenfeller

897. **Ein Spieler schießt hintereinander 3 Tore in einer Halbzeit. Das ist ein...**
- A ...Triple
- B ...Hattrick
- C ...Dreisatz
- D ...flotter Dreier

898. **Welcher Nationalspieler feierte am 22. April 1992 sein Länderspieldebüt?**
- A Carsten Ramelow
- B Christian Wörns
- C Jens Lehmann
- D Oliver Kahn

899. **Woher stammt der ehemalige Stürmer des FC Liverpool, Graeme Souness?**
- A Aus Schottland
- B Aus Irland
- C Aus Wales
- D Aus England

900. **Für welche Bundesligamannschaft spielte Ned Zelic von 1992 bis 1995?**
- A VfB Stuttgart
- B Borussia Dortmund
- C Borussia Mönchengladbach
- D Energie Cottbus

901. **Welcher Zweitligist qualifizierte sich 2004/05 für den UEFA-Pokal?**
- A Rot-Weiß Oberhausen
- B Energie Cottbus
- C Alemannia Aachen
- D Karlsruher SC

902. Wer hat's gesagt?

A „Die Wahrheit liegt auf dem Platz."

Otto Rehhagel
Berti Vogts
Franz Beckenbauer

B „Und wenn dein Reden auch stockfalsch und blödsinnig ist: Hauptsache, du tust wieder den Mund auf."

Andreas Brehme
Mario Basler
Lothar Matthäus

C „Die Breite an der Spitze ist dichter geworden."

Christoph Daum
Oliver Kahn
Berti Vogts

D „Man hetzt die Leute auf mit Tatsachen, die nicht der Wahrheit entsprechen."

Andreas Möller
Mehmet Scholl
Toni Polster

E „Wenn wir alle schlagen, können wir es schaffen."

Horst Hrubesch
Rudi Völler
Thomas Helmer

F „Wie soll das denn dann heißen? Ernst-Kuzorra-seine-Frau-ihr-Stadion? (auf den Vorschlag, Fußballstadien nach Frauen zu benennen)

Günther Jauch
Horst Köhler
Johannes Rau

G „Saarbrücken bezwang Freiburg mit 1:1."

Monika Lierhaus
Petra Gerster
Klaus Schwarze

903. Wahrheit oder Lüge?

A Im Jahr 2000 waren beim DFB sechs Millionen Mitglieder gemeldet.

B Forum Romanum wird das Heimatstadion des AS Rom genannt.

C Der Titel „Fußballer Europas" wird von einer französischen Sportzeitschrift vergeben.

D Als sog. brasilianisches System wird die Aufstellung einer Mannschaft im 4-2-4-System bezeichnet.

E 1959 wechselte Helmut Rahn zu Fortuna Düsseldorf.

F Im Alter von 48 Jahren wurde Stanley Matthews noch einmal zu Englands „Fußballer des Jahres" gewählt.

G In Frankreich fand bereits zweimal eine Fußball-Europameisterschaft statt.

H Deutschland spielte in seinen ersten drei Länderspielen nur gegen England.

I Ende der 1950er Jahre gewann Ferenc Puskás dreimal in Folge den Europapokal der Landesmeister mit dem FC Barcelona.

J Das Finale der FIFA WM 2002 war das erste FIFA WM-Spiel zwischen Deutschland und Brasilien.

Auch Jürgen Klinsmanns enormer Einsatz konnte das Ausscheiden der deutschen Elf im Viertelfinale der FIFA WM 1998 gegen Kroatien nicht verhindern.

904. **Welcher Club stieg in nur zwei Jahren aus der dritten in die Bundesliga auf?**
- A Bayer 04 Leverkusen
- B 1. FC Saarbrücken
- C Bayer 05 Uerdingen
- D 1860 München

905. **Wer wurde 1991 erster Deutscher Meister der Frauenfußball-Bundesliga?**
- A Turbine Potsdam
- B TSV Siegen
- C FSV Frankfurt
- D Bayern München

906. **Aus welchem Land kommt der Spieler Mehdi Mahdavikia?**
- A Syrien
- B Tunesien
- C Iran
- D Ägypten

907. **Der beste deutsche Schiedsrichter wird ausgezeichnet mit...**
- A ...der Goldenen Pfeife
- B ...der Eulalia
- C ...der Rotgoldenen Karte
- D ...dem Goldenen Ball

908. **Wie oft wurde Diego Maradona des Dopings überführt?**
- A Einmal
- B Zweimal
- C Dreimal
- D Viermal

909. **Wer war Trainer der deutschen Europameister-Mannschaft 1980?**
- A Franz Beckenbauer
- B Helmut Schön
- C Berti Vogts
- D Jupp Derwall

910. **Wie viele Spiele in Serie stand Sepp Maier im Tor des FC Bayern München?**
- A 199
- B 255
- C 331
- D 442

911. **Was tauschen die Kapitäne der Nationalmannschaften vor einem Länderspiel gewöhnlich aus?**
- A Trikots
- B Telefonnummern
- C Fußballschuhe
- D Wimpel

912. **Wie viele Sekunden hat ein reguläres Fußballspiel?**
- A 2900
- B 3800
- C 5400
- D 6400

913. **Welches Kunststück gelang Johan Cruyff und seiner Mannschaft Anfang der 1970er-Jahre?**
- A 57 Spiele ohne Niederlage
- B 34 Spiele mit gleicher Anfangself
- C 48 Siege in Folge
- D 3 Europacup-Siege in Folge

914. **Für welche Nationalmannschaft ging George Weah bis 1999 auf Torjagd?**
- A Ghana
- B Nigeria
- C Liberia
- D Gabun

915. **In welcher Saison wurde mit 1097 erzielten Toren der Bundesligarekord aufgestellt?**
- A 1983/84
- B 1987/88
- C 1991/92
- D 2002/03

916. Versteckter Fußballer

Aus einem Immobilienprospekt:
Wer bei uns im Vierheimer Ried lebt, hat alle Vorteile der Natur auf seiner Seite: Gute Luft, Ruhe und Lebensqualität. Wann kommen Sie?

Können Sie den darin versteckten deutschen Fußballspieler entdecken?

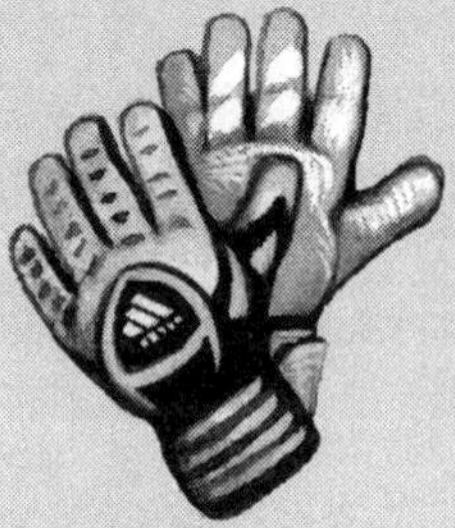

917. Zum Schmunzeln

Trefferproblem
Das Fußballspiel war der totale Reinfall. Schimpft der Mittelstürmer hinterher: „Daran ist nur der Schiedsrichter schuld! Dem trete ich in den Hintern!“ Winkt der Trainer ab: „Lass das lieber, ich denke, selbst den triffst du heute nicht!“

Dribbelkönig
Beim Warten auf den Bus vertreibt sich ein Fußballer die Zeit damit, Dribbelschritte zu üben. Sagt eine alte Dame: „Kommen Sie, ich zeig Ihnen, wo die Toilette ist!“

918. Wer hat's gesagt?

A „Ich bin Optimist. Sogar meine Blutgruppe ist positiv.“

Toni Polster
Felix Magath
Thomas von Heesen

B „Wir lassen uns nicht nervös machen, und das geben wir auch nicht zu."

Olaf Thon
Thomas Helmer
Dieter Hoeneß

C „Es ist wichtig, dass man neunzig Minuten mit voller Konzentration an das nächste Spiel denkt."

Olaf Marshall
Sören Lerby
Lothar Matthäus

D „Wenn es einmal hart auf hart kommt, kommt es meistens ganz hart.“

Christian Ziege
Jens Jeremies
Jörg Albertz

919. Besuchskarte

Welcher bekannte Fußballstar will sich hier bei Ihnen vorstellen?

ALDO MAGERHAAS

920. Für welche Nationalmannschaft ging George Weah bis 1999 auf Torejagd?

A Ghana
B Nigeria
C Liberia
D Gabun

921. Welche Elf spielt im Stadion am Bökelberg?

A KFC Uerdingen
B Bor. Dortmund
C Bor. Mönchengladbach
D Hertha BSC

922. Wo beendete Franz Beckenbauer seine aktive Karriere?

A Beim FC Bayern München
B Bei Sporting Lissabon
C Bei Cosmos New York
D Beim HSV

923. Welche Form hat der „Coupe Jules Rimet“?

A Die eines Pferdes
B Die einer Siegesgöttin
C Die von zwei Engeln
D Die eines Fußballs

924. Wo wurde 1962 über die Einführung der Bundesliga abgestimmt?

A Römer Frankfurt / Main
B Königskeller Düsseldorf
C Goldsaal Dortmund
D Theresienbrunnen München

925. Für welchen Club ging der russische Stürmer Sergej Kirjakow nach dem KSC auf Torejagd?

A Werder Bremen
B Borussia Dortmund
C Hansa Rostock
D Hamburger SV

926. Wann gewann Bayer 04 Leverkusen den UEFA-Pokal?

A 1968
B 1978
C 1988
D 1998

927. Für welchen Club schoss Gert Trinklein zwischen 1968 und 1978 zehn Tore in 230 Bundesliga-Spielen?

A VfL Bochum
B Eintracht Braunschweig
C Eintracht Frankfurt
D 1. FC Nürnberg

928. Wer wurde im Jahr 2004 Deutscher B-Jugend Meister?

A Borussia Mönchengladbach
B 1. FC Kaiserslautern
C Energie Cottbus
D VfB Stuttgart

929. Wie hieß der Gegner der deutschen Auswahl im Achtelfinale der FIFA WM-Endrunde 1994?

A Mexiko
B Norwegen
C Niederlande
D Belgien

930. Wer sagte: „Ob ich spiele, wissen nur Beckenbauer und der liebe Gott – mit beiden habe ich noch nicht gesprochen.“?

A Sepp Maier
B Wolfram Wuttke
C Jürgen Wegmann
D Mario Basler

931. In welchem dieser Länder wird die nationale Meisterschaft parallel zu einem Kalenderjahr ausgespielt?

A Ukraine
B Wales
C Tschechien
D Norwegen

932. **Welcher Stürmer wurde 1999 Bundesligatorschützenkönig mit 23 Treffern?**
A Alex Alves
B Axel Kruse
C Michael Preetz
D Luizao

933. **Welches Team scheiterte 1987 erst im Elfmeterschießen am Aufstieg in die Bundesliga?**
A Waldhof Mannheim
B RW Essen
C Darmstadt 98
D RW Oberhausen

934. **Welcher Verein verhinderte in der Saison 1998/99 das Double des FC Bayern München?**
A Werder Bremen
B Hamburger SV
C Schalke 04
D Borussia Dortmund

935. **Wie viele torlose Unentschieden gab es bei der EM 2000?**
A 3
B 4
C 6
D 9

936. **Wie hieß der erste Deutsche Fußballmeister im Jahre 1903?**
A BFC Prag
B Viktoria Berlin
C 1. FC Nürnberg
D VfB Leipzig

937. **Welcher dieser Bundesliga-Torhüter wurde bis 2004 zweimal vom Platz gestellt?**
A Oliver Kahn
B Franz Wohlfarth
C Martin Pieckenhagen
D Bodo Illgner

938. **Welche Mannschaft unterlag im Finale der Europameisterschaft 1972 der deutschen Elf?**
A Rumänien
B Sowjetunion
C England
D Spanien

939. **Für welchen Club erzielte Jan Wouters in 66 Bundesligaspielen 6 Tore?**
A Bayern München
B Borussia Dortmund
C Werder Bremen
D VfB Stuttgart

940. **Welcher Verein ist deutscher Rekordmeister im Frauenfußball?**
A SSG Bergisch-Gladbach
B FCR Duisburg
C TSV Siegen
D 1. FFC Frankfurt

941. **Bis zu welcher FIFA WM wurde um den „Coupe Jules Rimet“ gespielt?**
A 1970
B 1974
C 1978
D 1982

942. **Welcher 19-jährige Spieler war eine der Entdeckungen der Bundesligasaison 1963/64?**
A Gerd Backhaus
B Wolfgang Overath
C Berti Vogts
D Willi Huberts

943. **Welche Mannschaft trainiert Jürgen Klopp seit 2001?**
A SC Freiburg
B FSV Mainz 05
C 1. FC Köln
D VfB Lübeck

944. Wer bin ich?

Hier erzählt ein bekannter Fußballstar über sich selbst. Wissen Sie, um wen es sich dabei handelt?

Wenn es um Bescheidenheit geht, war ich der Muhammad Ali unter den Fußballspielern: Der Größte nämlich! Niemals habe ich um meine Leistungen große Worte gemacht, stets bin ich im Hintergrund geblieben. Dabei war ich der Chef des Chefs, genau gesagt sein verlängerter Arm. Wenn Sepp Herberger seine Ideen auf dem Platz nicht richtig umgesetzt sah, musste ich ran, denn ich war 30-mal Kapitän und später Ehrenspielführer der deutschen Elf. Ach ja, ein nicht unwichtiger Bestandteil des viel zitierten „Wunders von Bern" war ich auch noch. Deshalb war der 4. Juli 1954 ganz sicher einer der schönsten Tage meines Lebens.

Mein erstes Länderspiel machte ich übrigens schon im Jahre 1940 und nach der FIFA Weltmeisterschaft 1958 zog ich die Fußballschuhe nur noch bei Prominenten- oder Benefizspielen an. Da hatte ich 61 Länderspiele absolviert.

Mein ganzes Fußballleben habe ich nur für einen Verein gespielt, für „meinen Verein", den 1. FC Kaiserslautern. Im Dress der „Roten Teufel" machte ich 320 Oberligaspiele, in denen ich 273-mal traf und wurde 1951 und 1953 Deutscher Meister. Auf dem „Betze", bei meinen Buben, war ich zeitlebens gerne. Deshalb haben sie das Stadion auch nach mir benannt.

Wer bin ich?

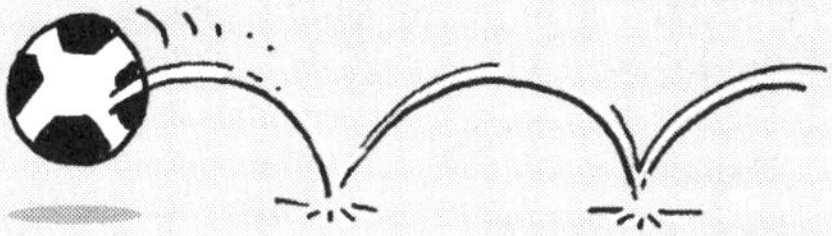

945. Besuchskarte

Welcher bekannte Fußballstar will sich hier bei Ihnen vorstellen?

STEFFEN F.
ANGEBER

© QUIZZEL HH / ISBK-F004

946. **In welchem Jahr fand zum ersten Mal das „Hallen-Masters“ statt?**
- A 1988
- B 1990
- C 1992
- D 1994

947. **Meisterschaft und DFB-Pokalgewinn im selben Jahr nennt man...**
- A ...Flotter Zweier
- B ...Doppeldecker
- C ...Double
- D ...Doppelpack

948. **Wer stand nicht im Aufgebot Deutschlands für die EM 1988?**
- A Paul Steiner
- B Dieter Eckstein
- C Wolfram Wuttke
- D Frank Mill

949. **Wer wurde 1996 zum „Welt-Nationaltrainer des Jahres“ gewählt?**
- A Berti Vogts
- B Roger Lemerre
- C Aimé Jacquet
- D Mario Zagallo

950. **Wann spielte Oliver Bierhoff erstmals in der Nationalelf?**
- A 1991
- B 1993
- C 1996
- D 1998

951. **Wie oft wurde Eintracht Frankfurt Deutscher Meister?**
- A Einmal
- B Zweimal
- C Dreimal
- D Viermal

952. **Wann wechselte Jacek Krzynowek vom 1. FC Nürnberg zu Bayer 04 Leverkusen?**
- A 2001
- B 2002
- C 2003
- D 2004

953. **In welcher Saison spielte der 1. FC Saarbrücken letztmals in der Ersten Bundesliga?**
- A 1992/93
- B 1995/96
- C 1998/99
- D 2001/02

954. **Wie hoch war in der Saison 2004/05 das Antrittsgeld für die Champions League?**
- A 1,5 Mio. Euro
- B 2,0 Mio. Euro
- C 2,5 Mio. Euro
- D 3,0 Mio. Euro

955. **In welchem Club spielten Beckenbauer und Pelé zusammen?**
- A Bei Juventus Turin
- B Beim AC Mailand
- C Beim FC Santos
- D Bei Cosmos New York

956. **Welcher ehemalige Spieler war Co-Trainer des VfB Stuttgart?**
- A Guido Buchwald
- B Karl Allgöwer
- C Günther Schäfer
- D Eike Immel

957. **Bei welcher FIFA WM-Endrunde stand Michael Tarnat im Aufgebot der deutschen Auswahl?**
- A 1990
- B 1994
- C 1998
- D 2002

958. **Von der FIFA lizenzierte Spielervermittler gibt es in Deutschland...**
A ...über 40
B ...über 50
C ...über 60
D ...über 75

959. **Welcher Torwart stand bei der FIFA WM 2002 im Tor der italienischen Nationalelf?**
A Dino Zoff
B Luigi Buffon
C Gianluca Zambrotta
D Petro Petrone

960. **Für wen war die FIFA WM-Endrunde 1962 wegen einer Verletzung bereits nach dem zweiten Spiel beendet?**
A Zagalo
B Vava
C Garrincha
D Pelé

961. **Welcher Mittelfeldspieler von Werder Bremen ist seit 2002 Nationalspieler?**
A Torsten Frings
B Dieter Eilts
C Marco Bode
D Fabian Ernst

962. **In welcher brasilianischen Stadt ist der Club Flamengo beheimatet?**
A Rio de Janeiro
B Mineiro
C São Paulo
D Brasilia

963. **Wo startete Stefan Effenberg seine Fußball-Karriere?**
A Beim Bramfelder SV
B Beim Bremer SV
C Beim SV Concordia Hamburg
D Beim Hamburger SV

964. **Welcher Spieler schoss die meisten Bundesliga-Tore für Arminia Bielefeld?**
A Siggi Reich
B Delron Buckley
C Frank Pagelsdorf
D Stefan Kuntz

965. **Wie heißt der deutsche Rekord-Pokalsieger?**
A 1. FC Köln
B 1. FC Nürnberg
C Borussia Mönchengladbach
D FC Bayern München

966. **Für welche deutschen Vereine spielte der ehemalige jugoslawische Nationalspieler Branco Oblak?**
A VfB Stuttgart, Eintr. Frankfurt
B Hamburger SV, 1860 München
C Werder Bremen, Bor. Dortmund
D Schalke 04, Bayern München

967. **Welcher Spieler von Werder Bremen musste in der Saison 1985/86 über ein halbes Jahr aussetzen?**
A Rudi Völler
B Frank Neubarth
C Michael Kutzop
D Günter Hermann

968. **Welcher europäische Verein spielt in einem Stadion, unter dem sich eine Schwimmhalle befindet?**
A AS Monaco
B FC Barcelona
C AS Rom
D FC Porto

969. **Welche afrikanische Mannschaft konnte sich überraschend für die FIFA WM 1974 qualifizieren?**
A Namibia
B Ägypten
C Zaïre
D Kamerun

970. Wahrheit oder Lüge?

A Der Spanier Alfredo di Stefano führte Real Madrid fünfmal in Folge zum Gewinn des Europapokals der Landesmeister.

B Rudi Völler erzielte in 90 Länderspielen 65 Tore für die deutsche Nationalelf.

C Jupp Heynckes wurde mit Bayern München zweimal Deutscher Meister.

D Seine erste Saison im bezahlten Fußball absolvierte Lothar Matthäus bei Borussia Mönchengladbach.

E Rudolf Hiden war Torhüter der österreichischen Wunderelf zu Beginn der 1930er Jahre.

F Bei einer Regelwidrigkeit im Strafraum gibt es direkten Freistoß.

G Der Elfmeter wurde 1891 in Irland erfunden.

H Der DFB ist der größte Fußballverband der Welt.

I Der Freiburger FC war 1907 Deutscher Fußball-Meister.

J Der ehemalige Reichstrainer Otto Nerz starb in einem russischen Internierungslager.

971. Besuchskarte

Welcher bekannte Fußballstar möchte sich hier bei Ihnen vorstellen?

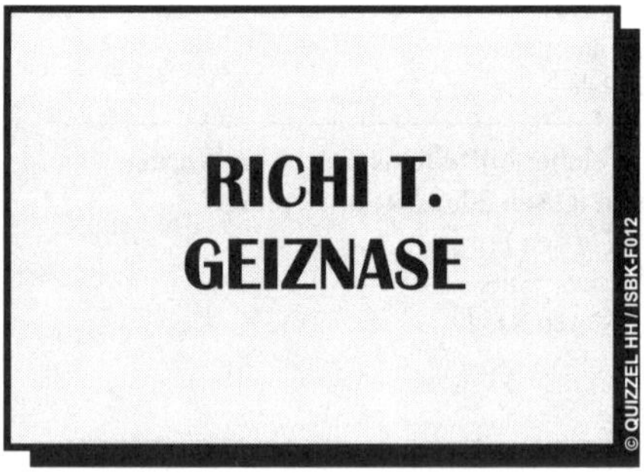

972. Zum Schmunzeln

Wie noch nie

Der Trainer nach einer verheerenden Niederlage: „Ich habe vor dem Spiel gesagt, 'Spielt, wie Ihr noch nie gespielt habt' und nicht 'Spielt, als ob Ihr noch nie gespielt habt'!"

Die richtige Größe

Wie groß ist der perfekte Schiedsrichter? - 25 cm. Immer auf Ballhöhe.

Der portugiesische Mittelfeldstar und Kapitän Luis Figo (r.) wird für den jungen Stürmer Christiano Ronaldo ausgewechselt.

973. **Welches dieser Teams spielte nur eine Saison in der Bundesliga?**
A Wuppertaler SV
B SV Darmstadt 98
C VfB Leipzig
D Rot-Weiss Oberhausen

974. **Welcher „Vogel, der noch keinen Sommer macht", wird manchmal mit einem Strafstoß „belohnt"?**
A Zaunkönig
B Fink
C Schwalbe
D Drossel

975. **Welchen Verein trainierte Eduard Geyer zehn Jahre lang?**
A Energie Cottbus
B Erzgebirge Aue
C RW Erfurt
D Wattenscheid 09

976. **Wie viele Jahre spielte Thomas Linke für den FC Schalke 04?**
A 6
B 8
C 10
D 12

977. **Welche Farbe hat die italienische Sportzeitung „La Gazzetta dello Sport"?**
A Lila
B Rosa
C Blau
D Grün

978. **Wer war der letzte deutsche Torwart, der einen FIFA WM-Elfmeter parierte?**
A Andreas Köpke
B Eike Immel
C Bodo Illgner
D Oliver Kahn

979. **Wie endete das Bundesliga-Spiel zwischen Schalke 04 und Bayern München in der Saison 1973/74?**
A 3:8
B 4:4
C 5:5
D 6:6

980. **Wie oft wurde Josef „Jupp" Heynckes Bundesliga-Torschützenkönig?**
A Einmal
B Zweimal
C Dreimal
D Nie

981. **Wann wurde Ajax Amsterdam gegründet?**
A 1900
B 1910
C 1920
D 1960

982. **Wer ist seit 1990 Ehrenpräsident des FC Halle?**
A Lothar Späth
B Hans-Dietrich Genscher
C Lothar de Maizière
D Helmut Kohl

983. **Welche deutsche Mannschaft stand zuerst in einem Europapokalfinale der Pokalsieger?**
A 1860 München
B Eintracht Frankfurt
C Borussia Dortmund
D Bayern München

984. **Wer ist seit 2004 Rekordspieler der 2. Fußball-Bundesliga?**
A Sascha Rößler
B Willi Landgraf
C Markus Feinbier
D Mathias Hagner

985. **Wer ist 2004/05 in die 2. Bundesliga abgestiegen?**
- A Bochum, Freiburg, Rostock
- B Bochum, Rostock, Kaiserslautern
- C Bochum, Freiburg, Bor. M'gladbach
- D Rostock, Bor. M'gladbach, Nürnberg

986. **In welcher Stadt wurde der Fußballspieler Philipp Lahm geboren?**
- A Bremen
- B Hannover
- C München
- D Stuttgart

987. **Welcher dieser Torwärte hatte die meisten Einsätze bei Spielen in der Bundesliga?**
- A Uli Stein
- B Sepp Maier
- C Eike Immel
- D Toni Schumacher

988. **Wer sah am 4. 6. 2005 im Länderspiel Deutschland – Nordirland bereits nach 15 Minuten wegen Handspiels die rote Karte?**
- A Gerald Asamoah
- B Robert Huth
- C Lukas Podolski
- D Michael Ballack

989. **Welches Land trägt die „FIFA Fussball-Weltmeisterschaft“ im Jahr 2010 aus?**
- A Frankreich
- B Südafrika
- C Brasilien
- D Griechenland

990. **Wann wurde Berti Vogts Bundestrainer?**
- A Am 9. Juli 1990
- B Am 1. August 1990
- C Am 5. Oktober 1991
- D Am 1. Dezember 1991

991. **Wie oft wurde der 1. FC Nürnberg bis 1945 Deutscher Fußballmeister?**
- A Einmal
- B Zweimal
- C Viermal
- D Sechsmal

992. **Stefan Effenbergs Ehefrau Claudia war zuvor verheiratet mit...**
- A ... Thomas Helmer
- B ... Mario Basler
- C ... Thomas Strunz
- D ... Lothar Matthäus

993. **Welcher Verein wurde 1966 Deutscher Meister?**
- A 1860 München
- B Borussia Dortmund
- C Hamburger SV
- D MSV Duisburg

994. **Wie ging das Eröffnungsspiel der Allianz-Arena zw. Bay. München und der Deutschen Nationalmannschaft aus?**
- A 4:2
- B 2:4
- C 3:3
- D 0:0

995. **Bei welchem Club spielte Linksaußen Oleg Blochin von 1962 bis 1988?**
- A Dynamo Moskau
- B Dynamo Kiew
- C Spartak Moskau
- D Dynamo Minsk

996. **Wann wurde Borussia Dortmund gegründet?**
- A 19.12.1899
- B 19.12.1905
- C 19.12.1907
- D 19.12.1909

997. Wahrheit oder Lüge?

A Roberto Carlos spielte außerhalb seines Heimatlandes zunächst bei Inter Mailand.

B Bundestrainer Jupp Derwall war aktiver Spieler, u. a. bei Alemannia Aachen.

C Trotz schwerer Schädelverletzungen nach einem Motorradunfall erzielte die englische Torjäger-Legende „Dixie" Dean die meisten Treffer per Kopf.

D Ein Fußballfeld muss mindestens 100 Meter lang sein.

E Die deutsche Nationalmannschaft konnte erst im 10. Länderspiel ihren ersten Sieg feiern.

F Bei der EM 2000 in Belgien und den Niederlanden saß Erich Ribbeck als Teamchef der deutschen Elf auf der Bank.

G Bis 1970 hieß der FIFA WM-Pokal „Cup Jules Rimet".

H Paul Breitner wechselte zur Saison 1974/75 zum FC Barcelona.

I Nach der Saison 1992/93 stief Stefan Effenberg mit seinem Verein AC Florenz aus der Serie A in die Serie B, also in die zweite italienische Liga, ab.

J Gegen die Nationalelf Algeriens hat Deutschland noch nie gewonnen.

998. Wer hat's gesagt?

A „Wenn man ein 0:2 kassiert, dann ist ein 1:1 nicht mehr möglich."

Zlatko „Tschik" Cajkovski
Christoph Daum
Aleksandar Ristic

B „Dass die Trainer manchmal ihrer Anspannung freien Lauf lassen, ist doch ganz normal. Die können ja keinen umhauen wie wir."

Stefan Effenberg
Michael Ballack
Thomas Strunz

C „Diese Siegermentalität wollen wir auch mental rüberbringen."

Thomas Doll
Berti Vogts
Kurt Jara

D „ Ich, was meine Person betrifft, entscheide für mich alleine."

Andreas Möller
Christian Worms
Lothar Matthäus

999. **Gegen wen siegte Borussia Mönchengladbach im UEFA-Pokal-Finale 1979?**
A Roter Stern Belgrad
B Austria Salzburg
C Eintracht Frankfurt
D FC Bologna

1000. **Wie lautet der richtige Vorname von „Jay-Jay" Okocha?**
A Augustine
B Marchil
C Julien
D Mayham

1001. **Für welchen brasilianischen Verein spielten die Bundesligaprofis Franca und Marcelinho?**
A FC Santos
B Corinthians São Paulo
C FC São Paulo
D Cruzeiro Belo Horizonte

1002. **Wer absolvierte die meisten DDR-Länderspiele?**
A Hans-Jürgen Dörner
B Jürgen Sparwasser
C Jürgen Croy
D Joachim Streich

1003. **Wie lang dauert ein Fußballspiel regulär?**
A 45 Minuten
B 60 Minuten
C 90 Minuten
D 105 Minuten

1004. **Für welche Nation absolvierte Walter Schachner 61 Länderspiele?**
A Italien
B Schweiz
C Deutschland
D Österreich

1005. **In welchem Jahr wurde der AC Mailand gegründet?**
A 1899
B 1919
C 1949
D 1959

1006. **Wie oft standen sich Deutschland und Frankreich in einem FIFA WM-Halbfinale gegenüber?**
A Einmal
B Zweimal
C Viermal
D Noch nie

1007. **Wo bereitete sich die Nationalelf auf die FIFA WM 1974 vor?**
A In Malente
B Im Schwarzwald
C Auf Mallorca
D Auf Helgoland

1008. **In welcher Saison nahm Fortuna Düsseldorf zum ersten Mal am Europapokal teil?**
A 1971/72
B 1973/74
C 1980/81
D 1985/86

1009. **In welcher Saison erzielte Klaus Fischer 19 Tore für 1860 München?**
A 1969/70
B 1971/72
C 1974/75
D 1982/83

1010. **Wie lautet der Spitzname des Trainers Karl-Heinz Feldkamp?**
A Kalli
B Willy
C Felli
D Heinzi

1011. **Wie lautet der Spitzname des ehemaligen britischen Stürmers Kevin Keegan?**
- A Mighty Cat
- B Mighty Rat
- C Mighty Mouse
- D Mighty Tiger

1012. **Wann war Deutschland bisher „FIFA Fussball-Weltmeister"?**
- A 1954, 1974, 1990
- B 1954, 1972, 1988
- C 1958, 1972, 1994
- D 1958, 1974, 1990

1013. **Wie heißt das Offizielle Maskottchen der FIFA WM 2006 ™?**
- A GOLEO VI
- B GOLIATH VII
- C GOLION VI
- D GOLON VIII

1014. **Wie oft nahm Uwe Seeler als Spieler an Weltmeisterschaften teil?**
- A Viermal
- B Dreimal
- C Zweimal
- D Einmal

1015. **Wer ist der erfolgreichste Meistertrainer der Bundesliga?**
- A Hennes Weisweiler
- B Ottmar Hitzfeld
- C Udo Lattek
- D Otto Rehhagel

1016. **Wie oft wurde Berti Vogts mit Borussia Mönchengladbach Deutscher Meister?**
- A Einmal
- B Zweimal
- C Viermal
- D Fünfmal

1017. **Wer ist 2004/05 in die 1. Bundesliga aufgestiegen?**
- A Köln, Duisburg, Eintr. Frankfurt
- B Köln, Duisburg, 1860 München
- C Köln, 1860 München, Alemannia Aachen
- D Duisburg, Eintr. Frankfurt, Alemannia Aachen

1018. **Wie war der Titel des 1987 erschienenen Skandalbuchs von Toni Schumacher?**
- A Halbzeit
- B Anpfiff
- C Abpfiff
- D Ich pfeife drauf

1019. **Wie wurde der Fußballer „Berni" Klodt von Sepp Herberger genannt?**
- A Geheimwaffe
- B Mann mit Bums
- C Wertvollster Ersatzmann
- D Joker

1020. **Welches Tor schoss Ronaldo im FIFA WM-Endspiel 2002 Brasilien gegen Deutschland?**
- A 1:0
- B 2:0
- C Beide Tore
- D Keins der Tore

1021. **Welche Nationalelf trainierte Ernst Happel?**
- A Niederlande
- B England
- C Frankreich
- D Italien

1022. **Wann wurde der bosnische Fußballspieler Sergej Barbarez geboren?**
- A Am 17.9.1973
- B Am 17.9.1872
- C Am 17.9.1970
- D Am 17.9.1971

1023. Lügengeschichte

Im nachfolgenden Text befinden sich zwei sachliche Fehler.

Wenn die deutsche Nationalelf auf die der Niederlande trifft, sind die Emotionen auf beiden Seiten stets spürbar. Ein Sieg oder eine Niederlage gegen das jeweils andere Team ist zwischen diesen beiden Ländern spätestens seit dem Endspiel um die FIFA WM 1974, das die Holländer in München mit 1:2 verloren, immer etwas ganz Besonderes, denn bislang ist es unseren Nachbarn nicht gelungen, den Titel zu holen. Auch gelang es seit 1974 keiner Seite, mehr als drei Tore gegen den anderen zu erzielen.

Das war am 21. Oktober 1959 noch ganz anders gewesen. Damals trafen Deutschland und die Niederlande in Köln aufeinander. Bereits nach 30 Minuten führte die deutsche Elf mit 2:0 – doch das war nichts im Vergleich zu dem, was die Holländer in der zweiten Spielhälfte über sich ergehen lassen mussten: fünf weitere Tore! Die deutsche Elf, zu der mit Rahn, Erhardt und Stollenwerk noch drei Spieler gehörten, die Ungarn im Endspiel 1954 mit 3:2 geschlagen hatten, spielte wie entfesselt. Uwe Seeler erzielte allein vier Tore, Alfred „Aki“ Schmidt traf zweimal.

Nach 90 Minuten verließ die holländische Elf um Graafland, Kuijs, Klaassens, van Wissen und Bouwmeester das Müngersdorfer Stadion mit hängenden Köpfen: 7:0 – das war der höchste Sieg einer deutschen Elf gegen die Mannschaft der Niederlande.

1024. Silbenspiel

Bilden Sie aus diesen Silben die Namen von sechs Bundesliga-Torhütern. Wenn Sie diese richtig ordnen, ergibt sich aus den Anfangsbuchstaben der Name eines weiteren Torhüters:

CAN – E – EHR – GUS – KA – KAR – KOIT – MANN – OEZ – PFAFF – WERT

1025. Was passt nicht?

Wer passt nicht zu den anderen? Eine der folgenden Personen passt nicht zu den anderen. Können Sie erkennen, welche?

RUDI VÖLLER – JÜRGEN KLINSMANN – SEPP HERBERGER – JUPP DERWALL

1026. Welche Mannschaft wurde „Meister der Herzen"?

SC Freiburg
Bayer Leverkusen
VfB Stuttgart
Schalke 04

1027. Wahrheit oder Lüge?

A Das Champions-League-Finale 1999 zwischen Bayern München und Manchester United fand in Madrid statt.

B Der französische Stürmer Just Fontaine wurde in Marokko geboren.

C Tasmania ist ein Verein aus Aachen.

D Der erste Tabellenführer der Bundesliga-Geschichte war der 1. FC Köln.

E Oliver Bierhoff war in 23 Länderspielen Kapitän der deutschen Nationalmannschaft.

F Beim Elfmeterschießen darf der Torwart nicht als Schütze antreten.

1028. Wer bin ich?

Hier erzählt ein bekannter Fußballstar über sich selbst. Wissen Sie, um wen es sich handelt?

Ich wurde im September 1976 im brasilianischen Bento Ribeiro bei Rio de Janeiro mit dem Familiennamen Nazario de Sousa geboren. Schon vor meinem 18. Geburtstag wurde ich vom Top-Club Cruzeiro Belo Horizonte unter Vertrag genommen und traf in sechzig Spielen 58-mal. Nicht schlecht, was?

Auch bei meinem ersten Länderspiel war ich noch keine 18. Man nennt mich bewundernd „Il Fenómeno“, weil ich Tore aus nahezu allen Lebenslagen schieße. Euer Torwart-Titan Olli Kahn weiß ein Lied davon zu singen, denn ich habe ihm bei der FIFA WM 2002 zwei Bälle ins Netz gelegt, die er sein ganzes Leben lang nicht vergessen wird.

Mein Geld, nicht ganz wenig übrigens, verdiene ich seit 1994 bei den besten Clubs Europas, beispielsweise beim PSV Eindhoven, Inter Mailand oder dem FC Barcelona. 1996 und 1997 wurde ich zum „FIFA-Fussballer“ des Jahres gewählt. Die Kritiker verglichen mich schon mit dem größten Fußballer aller Zeiten, meinem Vorbild Pelé. Das bewog Real Madrid nach der FIFA WM 2002, seine Portokasse um immerhin rund 45 Millionen Euro zu erleichtern, um mich in das Team der „Galaktischen“ zu holen.

In meinem Privatleben spielen Models eine wichtige Rolle. Mit einem war und mit einem anderen bin ich verheiratet. Ach ja: Mein unverkennbares Markenzeichen ist eine kleine Lücke zwischen beiden Vorderzähnen.

Wer bin ich?

1029. **Aus wie vielen Spielern besteht eine Fußballmannschaft?**
A 7
B 8
C 10
D 11

1030. **In welcher europäischen Liga steht Stefan Klos seit 1998 zwischen den Pfosten?**
A Schweden
B Spanien
C Schottland
D England

1031. **Wer schoss im Finale des DFB-Pokals 1983 den Siegtreffer für den 1. FC Köln gegen Fortuna Köln?**
A Pierre Littbarski
B Dieter Brei
C Rico Steinmann
D Thomas Allofs

1032. **Welcher Spieler erzielte im Finale der EM 1996 den Führungstreffer für das tschechische Team?**
A Patrick Berger
B Pavel Nedved
C Pavel Kuka
D Petr Rada

1033. **Wer war Erster Torwart Deutschlands bei der FIFA WM 1958?**
A Toni Turek
B Fritz Herkenrath
C Hermann Nuber
D Hans Kwiatkowski

1034. **Wo spielt der SV Waldhof Mannheim?**
A Im Odenwald-Stadion
B Im Carl-Benz-Stadion
C Im Neckarstadion
D In der BASF-Arena

1035. **Welche Elf zog 1990 als erste afrikanische Mannschaft in das Viertelfinale einer FIFA WM ein?**
A Kamerun
B Tunesien
C Senegal
D Ägypten

1036. **Wo wurde 1857 der erste Fußballverein der Welt gegründet?**
A Manchester
B Sheffield
C Liverpool
D Newcastle

1037. **Welcher Bundesligamanager ist Besitzer einer Fleischwarenfabrik?**
A Rudi Assauer
B Thomas von Heesen
C Uli Hoeneß
D Klaus Allofs

1038. **Zu welchem italienischen Verein wechselte der dänische Stürmer Jon Dahl Tomasson 2002?**
A Juventus Turin
B Chievo Verona
C AC Mailand
D AC Bologna

1039. **Der Losentscheid bei Gleichstand in Turnierspielen wurde ersetzt durch...**
A ...Elfmeterschießen
B ...Schiedsrichterentscheidung
C ...Geldzahlung
D ...Zuschauerabstimmung

1040. **Wer war erster chinesischer Spieler in der Bundesliga?**
A Kim Yoo-Sung
B Chen Yang
C Bum Kun Cha
D Fu Chi Kato

1041. Versteckter Fußballer

Berufsspieler Siegfried hatte es geschafft: Nach erfolgreicher Prüfung war er nun Profi-Golfer.

Können Sie den darin versteckten portugiesischen Fußballspieler entdecken?

1042. Zum Schmunzeln

Im Radio

Am Montag fragt Horst seinen Arbeitskollegen: „Hast du mich gestern im Radio gehört?" Der ist ganz überrascht: „Was denn? Du warst im Radio? In welcher Sendung denn?" – „Bei der Fußballübertragung. Ich habe Tor gerufen!"

Anstrengend

Mault der millionenschwere Fußballstar: „Immer dieses lästige Training. Man kommt gar nicht mehr zu den Autogrammstunden!"

1043. Wahrheit oder Lüge?

A Franz Beckenbauer feierte seine Premiere in der Nationalmannschaft in einem Spiel gegen Schweden.

B Nach dem Ungarn-Aufstand 1956 kehrte Ferenc Puskás aus dem Ausland nicht in seine Heimat zurück.

C Rudi Völler wurde in den Jahren 1982 und 1983 Torschützenkönig in der Zweiten Bundesliga.

D Das Rudolf-Harbig-Stadion befindet sich in Dresden.

E Oleg Blochin wurde in der Ukraine geboren.

F Rapid Wien gewann 1938 den DFB-Pokal.

G Luxemburg ist so klein, dass dort keine eigene Meisterschaft ausgespielt wird.

H Der Fußball-Verband der DDR (DFV) wurde 1958 gegründet.

1044. Besuchskarte

Welcher bekannte Fußballstar möchte sich hier bei Ihnen vorstellen?

TINO
TOPVATA-GRANINI

1045. **Wie endete das Finale der FIFA WM 1978 zwischen Argentinien und den Niederlanden?**
A 1:0
B 3:1
C 3:2
D 4:3

1046. **Wie hieß der legendäre Masseur der DFB-Auswahl bis 1982?**
A Ernst Häuser
B Edwin Schleuser
C Erwin Mäuser
D Erich Däuser

1047. **In welchem Jahr wurde der SV Werder Bremen gegründet?**
A 1899
B 1910
C 1920
D 1929

1048. **Welchen Tabellenplatz belegte der FC Bayern München in seiner ersten Bundesligasaison?**
A Den 3. Platz
B Den 9. Platz
C Den 6. Platz
D Den 12. Platz

1049. **Wie endete 2001 das EM-Finale der Damen zwischen Deutschland und Schweden?**
A 1:0
B 2:0
C 2:1
D 3:0

1050. **Wo spielte Sebastian Deisler, bevor er 2002 zu Bayern München wechselte?**
A SC Freiburg
B Hertha BSC Berlin
C FSV Mainz 05
D Borussia Mönchengladbach

1051. **Von welchem Club wechselte Mittelfeldspieler Zé Roberto 2002 zu Bayern München?**
A Bayer 04 Leverkusen
B Borussia Dortmund
C Celtic Glasgow
D Real Madrid

1052. **Gegen welches Team kassierte der Karlsruher SC mit 0:9 seine höchste Bundesliga-Niederlage?**
A 1860 München
B Hamburger SV
C 1. FC Nürnberg
D VfL Bochum

1053. **Welches dieser südamerikanischen Länder konnte sich nicht für die FIFA WM 2002 qualifizieren?**
A Brasilien
B Kolumbien
C Argentinien
D Uruguay

1054. **Welches war die beste Bundesliga-Platzierung des FC St. Pauli?**
A Der 10. Platz
B Der 12. Platz
C Der 14.Platz
D Der 16. Platz

1055. **Wie lautet der Spitzname des HSV-Nationalspielers Gert Dörfel?**
A Billy
B Charly
C Hully Gully
D Gerdi

1056. **Gegen welchen Verein verlor der FC Bayern München 1974 nach einer 4:1 Führung noch mit 4:7 Toren?**
A 1.FC Kaiserslautern
B Borussia Mönchengladbach
C Borussia Dortmund
D VfB Stuttgart

1057. **Wie oft wurden die Niederlande Europameister?**
A Einmal
B Zweimal
C Dreimal
D Noch nie

1058. **Wann wurde die deutsche Frauennationalelf erstmals Europameister?**
A 1989
B 1991
C 1993
D 1996

1059. **Wie werden die Spieler der schottischen Nationalmannschaft genannt?**
A Lions
B Bravehearts
C Claymores
D Super Eagles

1060. **Wer erzielte im Finale der „FIFA Frauenfussball-Weltmeisterschaft" 2003 das Golden Goal?**
A Birgit Prinz
B Renate Lingor
C Nia Künzer
D Ariane Hingst

1061. **Wie signalisiert der Schiedsrichter einen indirekten Freistoß ?**
A Er ruft „Indirekt!"
B Er hebt beide Arme
C Er hebt einen Arm
D Er pfeift zweimal

1062. **Vor welchem Spiel kamen 1985 im Brüsseler Heysel-Stadion 39 Menschen zu Tode?**
A FC Liverpool - AC Mailand
B FC Liverpool - Juventus Turin
C FC Liverpool - Glasgow Rangers
D FC Liverpool - FC Barcelona

1063. **Welcher Verein verlor 1971 und 1973 das DFB-Pokal-Finale jeweils mit 1:2 nach Verlängerung?**
A Eintracht Braunschweig
B VfB Stuttgart
C Hamburger SV
D 1. FC Köln

1064. **Gegen welches Team sah Thomas Berthold bei der FIFA WM 1986 die rote Karte?**
A Schottland
B Argentinien
C Marokko
D Mexiko

1065. **Wer war 1956 erster europäischer „Fußballer des Jahres"?**
A Stanley Matthews
B Helmut Rahn
C Ferenc Puskas
D Fritz Walter

1066. **Welche Bundesligamannschaft erhielt in einem Spiel vier rote Karten?**
A Eintracht Braunschweig
B SSV Ulm
C Dynamo Dresden
D 1. FC Saarbrücken

1067. **Wer verwandelte für den Hamburger SV insgesamt 53 Bundesliga-Elfmeter?**
A Manfred Kaltz
B Hans Jörg Butt
C Jörg Albertz
D Georg Volkert

1068. **In welchem Land fanden bereits zwei FIFA WM-Endrunden statt?**
A Frankreich
B Spanien
C Chile
D England

1069. **Wann wurde der brasilianische Fußballstar Ronaldo geboren?**
- A Am 22.9.1976
- B Am 22.9.1977
- C Am 22.9.1978
- D Am 22.9.1979

1070. **Wo fand die Frauenfußball-EM 2005 statt?**
- A Frankreich
- B USA
- C England
- D Japan

1071. **Welcher prominente Fernsehstar saß in den 90er Jahren im Aufsichtsrat des Hamburger Sportvereins?**
- A Thomas Gottschalk
- B Dagmar Berghoff
- C Ulrich Wickert
- D Witta Pohl

1072. **Wann übernahm Deutschland die vom Weltverband FIFA 1906 entwickelten internationalen Standardregeln?**
- A 1910
- B 1920
- C 1930
- D 1940

1073. **Wer gewann den „FIFA Konföderationen-Pokal" im Jahr 1995?**
- A Dänemark
- B Argentinien
- C Brasilien
- D Mexiko

1074. **Wo spielte Jörg Berger als Aktiver?**
- A Dynamo Dresden
- B Chemie Halle
- C FC Magdeburg
- D 1. FC Lokomotive Leipzig

1075. **Wann wurde der 1. FC Nürnberg gegründet?**
- A 1900
- B 1905
- C 1910
- D 1915

1076. **Wann schlug die deutsche Elf letztmalig einen Gegner zweistellig und wer war das?**
- A 1969 (12:0 gegen Zypern)
- B 1972 (11:1 gegen Zypern)
- C 1978 (11:2 gegen Malta)
- D 1981 (10:1 gegen Malta)

1077. **Welche Rückennummer hat Roy Makaay bei Bayern München?**
- A 10
- B 13
- C 11
- D 14

1078. **Welcher Verein gewann 1980 den UEFA-Pokal?**
- A Eintracht Frankfurt
- B Juventus Turin
- C FC Liverpool
- D PSV Eindhoven

1079. **Welcher Spieler erzielte in der Bundesligasaison 2004/05 die meisten Kopfballtore?**
- A Dimitar Berbatiov
- B Michael Ballack
- C Jan Koller
- D Marek Mintal

1080. **Wann wurde der Schiedsrichter Markus Merk geboren?**
- A 15.3.1961
- B 15.3.1962
- C 15.3.1963
- D 15.3.1964

1081. **Welches sind die Vereinsfarben von Atlético River Plate Buenos Aires?**
- A Grün-Weiß
- B Blau-Weiß
- C Rot-Weiß
- D Schwarz-Weiß

1082. **In welcher Saison spielte der 1. FC Kaiserslautern in der 2. Bundesliga?**
- A 1999/2000
- B 1998/99
- C 1997/98
- D 1996/97

1083. **Wie wurde in den 1970er Jahren die Mannschaft von Borussia Mönchengladbach genannt?**
- A Rheinborussen
- B Haie
- C Fohlenelf
- D Zebras

1084. **Wer wurde erst kurz vor der FIFA WM-Endrunde 1986 aus dem deutschen Kader gestrichen?**
- A Klaus Augenthaler
- B Olaf Thon
- C Guido Buchwald
- D Andreas Brehme

1085. **Wie hoch gewann Borussia Mönchengladbach das zweite UEFA-Pokal-Finale 1975 gegen Twente Enschede?**
- A 2:1
- B 3:1
- C 4:0
- D 5:1

1086. **Wie viele Trainer wurden bereits in der ersten Bundesligasaison entlassen?**
- A 2
- B 3
- C 5
- D 8

1087. **Wann stand Michael Frontzeck im EM-Aufgebot der deutschen Nationalelf?**
- A 1992
- B 1996
- C 1988
- D 2000

1088. **Welcher deutsche Torhüter absolvierte die meisten FIFA WM-Spiele?**
- A Uli Stein
- B Sepp Maier
- C Rudi Kargus
- D Bodo Illgner

1089. **Welches Team war Vorrundengegner der deutschen Elf bei der FIFA WM 1994?**
- A Peru
- B Chile
- C Bolivien
- D Argentinien

1090. **Welche Berliner Mannschaft verzichtete nach der Saison 1964/65 freiwillig auf einen Platz in der Ersten Bundesliga?**
- A Köpenick
- B Zehlendorf
- C Spandau
- D Charlottenburg

1091. **In welcher Saison spielte Gerald Asamoah erstmals für den FC Schalke 04?**
- A 1997/98
- B 1998/99
- C 1999/2000
- D 2002/03

1092. **Welcher deutsche Stürmer erzielte bei der FIFA WM-Endrunde 1982 fünf Tore?**
- A Horst Hrubesch
- B Karl-Heinz Rummenigge
- C Klaus Fischer
- D Uwe Reinders

1093. **Gegen wen setzten sich Deutschland und Tschechien in der Vorrunde der EM 1996 durch?**
- A Schottland und die Schweiz
- B Bulgarien und Rumänien
- C Russland und Italien
- D Dänemark und die Türkei

1094. **Das schnellste Tor der Bundesliga erzielte...**
- A ...Oliver Bierhoff
- B ...Uwe Seeler
- C ...Jürgen Klinsmann
- D ...Giovane Elber

1095. **Welche Bedeutung hat die Abkürzung VfB beim VfB Stuttgart?**
- A Verein für Bewegungsspiele
- B Verein für Ballspiele
- C Verein für Bewegungstalente
- D Verein für Bundesligasport

1096. **Für welche Nationalelf erzielte Gabriel Batistuta 56 Tore in 78 Spielen?**
- A Italien
- B Spanien
- C Argentinien
- D Brasilien

1097. **Wie hieß das niederländische Zwillingspaar, das bei der FIFA WM 1974 und 1978 spielte?**
- A van de Kerkhof
- B van der Elst
- C van Himst
- D van Breukelen

1098. **Für welchen Club absolvierte Karl-Heinz Körbel 602 Bundesligaspiele?**
- A Hamburger SV
- B Fortuna Düsseldorf
- C Eintracht Frankfurt
- D Borussia Dortmund

1099. **Gegen welche Mannschaft gewann die deutsche Auswahl in der Qualifikation für die FIFA WM 1966 beide Spiele?**
- A Albanien
- B Schottland
- C Malta
- D Zypern

1100. **Wer stand zwischen 1988 und 2000 im Tor der englischen Nationalmannschaft?**
- A Stuart Pearce
- B David Seaman
- C Peter Shilton
- D David James

1101. **Welcher Club spielt auf dem Betzenberg?**
- A SpVgg Unterhaching
- B 1. FC Kaiserslautern
- C Kickers Offenbach
- D SC Freiburg

1102. **In welchem Jahr wurde der VfL Bochum gegründet?**
- A 1848
- B 1903
- C 1920
- D 1956

1103. **Bei welchem Verein stand Gerhard Poschner 2004 unter Vertrag?**
- A Eintracht Frankfurt
- B SC Freiburg
- C 1860 München
- D Hannover 96

1104. **Wer ist Rekord-Bundesliga-Spieler des VfL Wolfsburg?**
- A Robson Ponte
- B Claus Reitmaier
- C Diego Klimowicz
- D Roy Präger

1105. Wer bin ich?

Hier erzählt ein bekannter Fußballstar über sich selbst. Wissen Sie, um wen es sich dabei handelt?

Kennen Sie Waldemar de Brito? Wenn nicht: Macht nichts. Senhor Brito war in den 1930er Jahren ein bekannter Fußballspieler meines Heimatlandes und von mir, Edson Arantes dos Nascimento, als jugendlichem Talent so überzeugt, dass er 1956 den Fußballbossen im wichtigsten Kaffee-Exporthafen Südamerikas versprach: „Der Junge wird der größte Fußballspieler der Welt!" Da war ich gerade 16!

Ein Jahr später, bei der FIFA WM 1958 in Schweden, bezeichnete man mich schon als Star, weil meine Spielweise dem Auge des Zuschauers Leichtigkeit vorgaukelte. In Wirklichkeit war ich auf dem Spielfeld einfach genial! Meine Mannschaft fuhr damals als Weltmeister zurück. Bei der FIFA WM 1970 war ich dann mit 29 Jahren ein echter Weltstar. Und wurde zum dritten Mal Weltmeister. In 97 Länderspielen zwischen 1957 und 1971 schoss ich 111 Tore.

1974 beendete ich meine aktive Karriere in meinem Heimatland und stieg auf in den Kosmos, genau gesagt unterschrieb ich bei Cosmos New York. Dort spielte ich mit Franz Beckenbauer zusammen. Einer der schönsten Momente meines Lebens war am 1. Oktober 1977, bevor ich mein letztes aktives Spiel begann. Box-Legende Muhammad Ali umarmte mich und rief: „Nun gibt es zwei Größte!"

Ich betätigte mich nach Ende meiner Fußballkarriere u. a. als Botschafter für UNICEF und war von 1995 und 1998 Sportminister meines Heimatlandes. Ich bin „Weltfußballer des 20. Jahrhunderts" und wurde 2000 zum zweiten „Sportler des Jahrhunderts" gewählt. Erster wurde übrigens mein Freund Muhammad! Jetzt wissen Sie sicher, wer ich bin.

1106. Wahrheit oder Lüge?

A Der richtige Name des AC Mailand lautet Internazionale Mailand.

B Matthias Sammer wechselte als erster DDR-Spieler in die Bundesliga.

C Das Böllenfalltor ist das Heimstadion von Kickers Offenbach.

D Wenn der indirekte Freistoß direkt ins gegnerische Tor geschossen wird, ist auf Abstoß zu entscheiden.

E Manuel Francisco dos Santos war der richtige Name von Garrincha.

F George Best betrieb neben seiner Fußballerkarriere mehrere Boutiquen.

G Tottenham Hotspur lehnte 1990/91 eine Verpflichtung von David Beckham ab.

1107. Zum Schmunzeln

Deutschland - England

Fußball-Europameisterschaft in den 90er Jahren, unmittelbar vor dem Spiel England gegen Deutschland. Der Trainer und seine Spieler unterhalten sich vor dem Match in der Umkleidekabine. „Ich mache euch einen Vorschlag“, sagt Superstar Beckham. „Die Deutschen sind so schwach. Ihr geht jetzt alle in den Pub, und ich spiele allein gegen sie. Was meint ihr dazu?“ Alle sind begeistert und gehen sofort in den nächsten Pub, trinken Bier und spielen Billard. Nach gut einer Stunde erinnert sie der Trainer, dass ja das Match läuft und schaltet den Fernseher ein: Auf der Anzeigentafel steht: England 1 (Beckham, 10. Min.) Germany 0. Zufrieden widmen sie sich wieder Billard und Bier für eine weitere Stunde, bevor sie sich für das Endresultat interessieren. Die Anzeigetafel zeigt jetzt: England 1 (Beckham, 10. Min.) Germany 1 (Ballack, 90. Min.) Alle Spieler sind verzweifelt und rennen entsetzt ins Stadion zurück, wo sie Beckham in der Garderobe sitzen sehen, das Gesicht in den Händen vergraben. „Was, zum Teufel, ist passiert?" schreit der Trainer. „Sorry, Freunde“, antwortet Beckham, „aber dieser verdammte Schiedsrichter hat mich in der 11. Minute vom Platz gestellt.“

Fußball über alles!

Sitzen zwei Freunde im Stadion. Natürlich alles ausverkauft. In der Reihe vor ihnen ist ein Platz frei. Die zwei unterhalten sich, wie so etwas sein kann. Da dreht sich vor ihnen der Mann um und sagt: „Die Karte gehörte meiner Frau, aber die ist leider vor kurzem gestorben.“ Daraufhin die beiden: „Das tut uns aber leid. Aber hätten Sie die Karte nicht einem anderen Verwandten oder Bekannten geben können?“ Darauf wieder der Mann: „Nee, das ging nicht, die sind doch alle bei der Beerdigung!“

1108. Versteckter Fußballer

Zurück aus den USA

Soeben war der Geschäftsmann zurückgekehrt aus Milwaukee. Ganz detailliert erzählte er von seinen Abschlüssen.

Können Sie den darin versteckten englischen Fußballspieler entdecken?

1109. Wahrheit oder Lüge?

A Das Gesicht des Einwerfers muss dem Spielfeld zugewandt sein.

B Ein Freundschaftsspiel, bei dem der Erlös einem guten Zweck zukommt, ist ein Benefizspiel.

C Die Auswahl der DDR konnte sich nie für eine EM-Endrunde qualifizieren.

D Matthias Sammer spielte nur ein halbes Jahr bei Inter Mailand.

E Die Mittellinie auf dem Fußball-Spielfeld gibt es erst seit 1887.

F Max Morlock gelang einer der Treffer im FIFA WM-Finale 1954.

G Klaus Augenthaler wurde 1975 Nachfolger von Franz Beckenbauer als Libero des FC Bayern München.

H Lothar Matthäus ist Ehrenspielführer der deutschen Nationalelf.

I Der BFC Dynamo Berlin wurde von 1979 bis 1989 zehnmal in Folge DDR-Meister.

J Horst Eckel, „FIFA Fussball-Weltmeister“ von 1954, war linker Läufer beim 1. FC Kaiserslautern.

1110. An welcher Straße liegt das Trainingszentrum des FC Bayern München?
- A Rabenloh
- B Georgstraße
- C Säbener Straße
- D Ringstraße

1111. Welche südamerikanische Mannschaft war ein Vorrundengegner der deutschen Elf bei der FIFA WM 1962?
- A Brasilien
- B Kolumbien
- C Chile
- D Argentinien

1112. Welcher englische Nationalstürmer wechselte zur Saison 2004/05 zu Real Madrid?
- A Emile Heskey
- B Wayne Rooney
- C Michael Owen
- D Frank Lampard

1113. Welcher deutsche Ex-Nationalspieler stand bei einem mexikanischen Verein unter Vertrag?
- A Bernd Förster
- B Bernd Schneider
- C Bernd Cullmann
- D Bernd Schuster

1114. Wie oft führte der FC St. Pauli die Bundesliga-Tabelle an?
- A Einmal
- B Zweimal
- C Dreimal
- D Niemals

1115. Für welchen dieser Clubs hat Uwe Bein in seiner aktiven Zeit nie gespielt?
- A Hamburger SV
- B SC Freiburg
- C Eintracht Frankfurt
- D 1. FC Köln

1116. Gegen wen verspielte die deutsche Nationalelf die Qualifikation zur EM-Endrunde 1968?
- A Bulgarien
- B Malta
- C Albanien
- D Österreich

1117. Wann machte Rudi Völler sein erstes Länderspiel als Aktiver?
- A 1980
- B 1982
- C 1984
- D 1985

1118. Wie lautet Hans-Jürgen Dörners Spitzname?
- A Maxie
- B Foxie
- C Roxie
- D Dixie

1119. Welcher damalige Zweitligist bezwang 1992 Borussia Mönchengladbach im Endspiel um den DFB-Pokal?
- A Bayer Uerdingen
- B VfL Wolfsburg
- C Hannover 96
- D Hertha BSC Berlin

1120. Welchen internationalen Titel gewann der Abwehrspieler Lucio?
- A Champions League-Sieger 2000 (Bayern München)
- B Weltfußballer des Jahres 2001
- C Europameister 2004 (Griechenland)
- D Weltmeister 2002 (Brasilien)

1121. In welcher Saison (bis 2001) hatte die Bundesliga die meisten Zuschauer?
- A 1995/96
- B 1996/97
- C 1997/98
- D 1998/99

1122. **Für welchen Bundesligisten absolvierte Thomas Schaaf 262 Erstligaspiele?**
- A Hannover 96
- B Hamburger SV
- C Borussia Mönchengladbach
- D Werder Bremen

1123. **Welcher Spieler wurde in der Saison 1997/98 aufgrund eines Ellbogen-Checks vom DFB für neun Wochen gesperrt?**
- A Andreas Möller
- B Ulf Kirsten
- C Thomas Linke
- D Michael Schulz

1124. **Wie viele Tore schoss Wolfgang Overath für den 1. FC Köln?**
- A 102 Tore
- B 155 Tore
- C 219 Tore
- D 287 Tore

1125. **Wie endete in der Saison 1994/95 das Europapokal-Spiel zwischen Ajax Amsterdam und Bayern München?**
- A 0:3
- B 2:5
- C 3:0
- D 5:2

1126. **Welches Fassungsvermögen hat das Stuttgarter Gottlieb-Daimler-Stadion?**
- A 35.590
- B 54.267
- C 61.200
- D 73.694

1127. **In welchem Verein begann die Karriere von Matthias Sammer?**
- A Dynamo Berlin
- B Hansa Rostock
- C Lok Leipzig
- D Dynamo Dresden

1128. **Wer ist Rekord-Bundesliga-Torschütze des FC St. Pauli?**
- A Thomas Meggle
- B Dirk Zander
- C Andre Golke
- D Jens Scharping

1129. **Wer wurde 1980 Deutschlands „Fußballer des Jahres"?**
- A Dieter Müller
- B Paul Breitner
- C Karl-Heinz Rummenigge
- D Jimmy Hartwig

1130. **Gegen welche Nationalelf verloren die Niederlande bei der EM 1988 ihr ein einziges Spiel?**
- A Sowjetunion
- B Deutschland
- C England
- D Irland

1131. **Welcher ehemalige Bundesliga-Spieler überlebte 1982 einen Flugzeugabsturz?**
- A Dieter Hoeneß
- B Gerd Müller
- C Dieter Müller
- D Uli Hoeneß

1132. **Wann wurde in Deutschland der Supercup vom Ligapokal abgelöst?**
- A 1997
- B 1998
- C 1999
- D 2000

1133. **Welcher Bremer Spieler wurde später Dänemarks Nationaltrainer?**
- A Sepp Piontek
- B Max Lorenz
- C Frank Ordenewitz
- D Jonny Otten

1134. Die erste runde Briefmarke erschien bei uns anlässlich...

A ...der FIFA WM 1990
B ...des 100. DFB-Geburtstages
C ...der Bundesliga-Einführung
D ...der FIFA WM 1974

1135. Welche Nationalmannschaft trainierte Helmut Schön außer der bundesdeutschen?

A Österreich
B Saarland
C DDR
D Niederlande

1136. Wann machte Michael Ballack sein erstes Länderspiel?

A 1995
B 1996
C 1997
D 1999

1137. Für welchen Club spielten Karl-Heinz Riedle, Bernd Schuster und Raimund Aumann am Anfang ihrer Karriere?

A Fortuna Köln
B Sachsen Leipzig
C FC Augsburg
D MTV Ingolstadt

1138. Bei welchem Verein spielten Neeskens, Beckenbauer und Pelé?

A Utah Jazz
B New York Metro Stars
C Cosmos New York
D Fort Lauderdale Strikers

1139. Wie viele Länderspiele absolvierte die deutsche Nationalmannschaft bei ihrer Asienreise im Dezember 2004?

A 3
B 4
C 5
D 6

1140. Welchen Platz belegte das jugoslawische Team bei der FIFA WM 1962?

A Den ersten
B Den zweiten
C Den dritten
D Den vierten

1141. Welcher ehemalige DDR-Oberligaclub gewann 1974 den Europapokal der Pokalsieger?

A Lokomotive Leipzig
B 1.FC Magdeburg
C Dynamo BerlinFrage
D FC Karl-Marx-Stadt

1142. Bei welchem spanischen Club spielen ausschließlich Fußballer aus dem Baskenland?

A Deprotivo La Coruna
B Athletic Bilbao
C Real San Sebastian
D Sporting Gijon

1143. Welche Trikotfarbe tragen in der Regel die Nationalpieler aus Wales?

A Blau
B Gelb
C Rot
D Grün

1144. Wer ist der teuerste Abwehrspieler der Bundesliga (Stand: 30.6.2001)?

A Lucio
B Robert Kovac
C Jens Nowottny
D Samuel Kuffour

1145. Wann feierte Dennis Bergkamp sein Debüt in der niederländischen Nationalmannschaft?

A 1986
B 1988
C 1990
D 1992

1146. Wie nannten die Schalker Spieler Ernst Kuzorra?

A Kuzzi
B Clemens
C Eku
D Ernie

1147. Mit welchem Club gewann der dänische Torwart Peter Schmeichel die Champions League?

A Manchester United
B AC Mailand
C FC Porto
D Real Madrid

1148. Spielerauswechselungen gibt es in der Bundesliga seit...

A ...1967
B ...1968
C ...1969
D ...1970

1149. Wann machte Jürgen Klinsmann sein erstes Länderspiel als Aktiver?

A 1984
B 1985
C 1986
D 1987

1150. Gegen wen gewann der 1. FC Köln das letzte Spiel der Saison 1977/78 und sicherte sich so die Meisterschaft?

A FC St. Pauli
B 1. FC Saarbrücken
C Eintracht Braunschweig
D MSV Duisburg

1151. Welcher britische Club empfängt seine Gegner im Ibrox Park?

A Newcastle United
B Glasgow Rangers
C Birmingham City
D Celtic Glasgow

1152. Welcher Verein ist Rekordgewinner des englischen Pokals?

A FC Liverpool
B Manchester United
C Arsenal London
D Newcastle United

1153. In welchem Land wurde Fredi Bobic geboren?

A Slowenien
B Kroatien
C Deutschland
D Slowakei

1154. Wer war Beckenbauers Assistent bei der FIFA WM 1990?

A Berti Vogts
B Holger Osieck
C Hannes Löhr
D Erich Ribbeck

1155. Welches besondere Tor gelang dem Schalker Gerd Grau am 16. 9. 1964?

A 100. Elfmetertor der Bundesligageschichte
B 1000. Tor der Bundesligageschichte
C 1. Eigentor der Bundesligageschichte
D Sein 10. Eigentor

1156. Wie viele Niederlagen musste die deutsche Nationalelf unter Trainer Berti Vogts hinnehmen?

A 6
B 12
C 24
D Keine

1157. Bei welcher FIFA WM stand Karl Allgöwer im Kader der deutschen Nationalelf?

A 1978
B 1982
C 1986
D 1990

1158. **Gegen welchen Verein erzielte Dieter Müller 1977 sechs Tore in einem Spiel?**
- A 1. FC Kaiserslautern
- B Karlsruher SC
- C Werder Bremen
- D Eintracht Frankfurt

1159. **Für welchen italienischen Club spielte Hansi Müller zwischen 1982 und 1984?**
- A Sampdoria Genua
- B AC Turin
- C Inter Mailand
- D AC Mailand

1160. **Wie viele Gegentore kassierte Kickers Offenbach in der Saison 1983/84?**
- A 75
- B 98
- C 106
- D 120

1161. **Welche Nation konnte sich nicht für die FIFA WM 1978 qualifizieren?**
- A Spanien
- B England
- C Frankreich
- D Italien

1162. **Gegen welche Nation hat die deutsche Nationalmannschaft eine negative Länderspielbilanz?**
- A Australien
- B Türkei
- C Chile
- D Ägypten

1163. **Welcher Trainer trat im November 2004 nach einer 0:6 Heimniederlage als Trainer von Hansa Rostock zurück?**
- A Friedhelm Funkel
- B Holger Fach
- C Armin Veh
- D Juri Schlünz

1164. **Für welchen englischen Verein kickte Jürgen Klinsmann in der Saison 1997/98?**
- A Tottenham Hotspurs
- B FC Everton
- C FC Fulham
- D FC Millwall

1165. **Der größte Erfolg einer DFB-Olympiaauswahl war...**
- A ...Gold
- B ...Silber
- C ...Bronze
- D ...keine Medaille

1166. **Wer schoss das 35.000. Tor der Bundesligageschichte?**
- A Otto Addo
- B Ben Slimane
- C Dirk Duffner
- D Dietmar Hamann

1167. **Welchen deutschen Verein trainierte Morton Olsen von 1993 bis 1995?**
- A 1. FC Köln
- B Borussia Dortmund
- C Hannover 96
- D SC Freiburg

1168. **Als was spielte Ottmar Hitzfeld in seiner aktiven Zeit?**
- A Stürmer
- B Torwart
- C Verteidiger
- D Mittelfeld

1169. **Für welchen Verein ging Toni Polster zwischen 1993 und 1998 auf Torejagd?**
- A Borussia Mönchengladbach
- B Werder Bremen
- C 1. FC Köln
- D 1. FC Nürnberg

1170. Für welche Nationalmannschaft erzielte der ehemalige Bundesligaspieler Wynton Rufer 20 Tore?

A Australien
B Neuseeland
C Island
D Südafrika

1171. Womit zeichnet der DFB seit 2000 besonders vorbildliche Fußball-Anlagen aus?

A Blaue Flagge
B Grüne Tribüne
C Gelbe Tonne
D Braune Hand

1172. Welcher Schiedsrichter schickte bei der FIFA WM 1994 den italienischen Torhüter Gianluca Pagliuca vorzeitig zum Duschen?

A Helmut Weber
B Hellmut Krug
C Markus Merk
D Franz-Xaver Wack

1173. Wann verlor Olympique Marseille das Finale des Europapokals der Landesmeister gegen Roter Stern Belgrad?

A 1985
B 1987
C 1989
D 1991

1174. Welcher Club hatte in der FIFA WM-Elf von 1954 die meisten Nationalspieler?

A 1. FC Kaiserslautern
B Hamburger SV
C Rot-Weiß Essen
D 1. FC Nürnberg

1175. Wie viele Mannschaften gewannen in der Bundesliga-Saison 1976/77 kein Auswärtsspiel?

A 2
B 3
C 4
D Keine

1176. Gegen welches Team gewann Borussia Dortmund 1997 den Weltpokal?

A Cruzeiro Belo Horizonte
B Boca Juniors
C Atletico Mineiro
D River Plate

1177. Wofür steht BVB im Dortmunder Vereinsnamen?

A Blaumannsverein Borussia
B Bürgerverein Borussia
C Ballspielverein Borussia
D Bergmannsverein Borussia

1178. Welcher dieser Weltmeister von 1954 stand seinerzeit beim Hamburger SV unter Vertrag?

A Fritz Walter
B Helmut Rahn
C Jupp Posipal
D Toni Turek

1179. Welchen Titel hat das Buch von Weltmeister Paul Breitner?

A „Ich will kein Vorbild sein"
B „Der Traum"
C „Die schönste Nebensache der Welt"
D „Vor dem Spiel ist nach dem Spiel"

1180. In welchem Stadion trägt der VfL Wolfsburg seine Heimspiele aus?

A Allianz-Arena
B VW-Arena
C AOL-Arena
D Wolfsburger Alm

1181. Wo fand 1966 das Finale des Europapokals der Pokalsieger zwischen Borussia Dortmund und dem FC Liverpool statt?

A Bern
B Sevilla
C Glasgow
D Kopenhagen

Nach dem Elfmeterkrimi bei der FIFA WM 1994: Der brasilianische Torhüter und frisch gebackene Weltmeister Taffarel (l.) erhebt seinen Arm zur Siegerpose, während Italiens Torhüter Pagliuca fassungslos sein Gesicht vergräbt.

1182. **Wie viele Länderspiele absolvierte Sepp Maier?**
- A 49
- B 76
- C 95
- D 101

1183. **Welcher Bundesliga-Spieler darf seinen Spitznamen auf dem Trikot tragen?**
- A Andreas Neuendorf
- B Carsten Ramelow
- C David Jarolim
- D Gerald Asamoah

1184. **Welcher heutige Trainer spielte 112-mal in der Bundesliga für Hannover 96?**
- A Jürgen Röber
- B Willi Reimann
- C Joachim Löw
- D Horst Franz

1185. **Unter welchem Trainer gewann 1860 München die Deutsche Meisterschaft 1966?**
- A Franz Linken
- B Max Merkel
- C Helmut Kronsbein
- D Tschik Cajkovski

1186. **Wie endete das FIFA WM-Endspiel 1990 gegen Argentinien?**
- A 1:0
- B 2:0
- C 2:1
- D 3:2

1187. **Was war das Besondere am DFB-Pokal-Wettbewerb 1971/72?**
- A Es nahmen nur Profivereine teil
- B Es gab Hin- und Rückspiele
- C Es nahmen 164 Vereine an der ersten Runde teil
- D Im Halbfinale standen vier Zweitligisten

1188. **Welches sind die Vereinsfarben des FC Porto?**
- A Schwarz-rot
- B Blau-gelb
- C Blau-weiß
- D Lila-grün

1189. **Gegen wen bestritt die deutsche Nationalmannschaft ihr erstes Spiel bei der FIFA WM 1978?**
- A Peru
- B Mexiko
- C Polen
- D Ungarn

1190. **Welcher ehemalige Spieler von Bayern München wurde nur „Wiggerl“ genannt?**
- A Hansi Pflügler
- B Ludwig Kögl
- C Raimund Aumann
- D Wolfgang Dremmler

1191. **Wann teilten sich Stuttgart und Kaiserslautern punkt- und torgleich den dritten Platz der Abschlusstabelle ?**
- A 1968/69
- B 1979/80
- C 1984/85
- D 1997/98

1192. **Wo beendete Holger Fach 1998 seine Fußballerkarriere?**
- A Bei 1860 München
- B Bei Bayer 04 Leverkusen
- C Bei Borussia Mönchengladbach
- D Bei Fortuna Düsseldorf

1193. **Gegen welches Team unterlag der FC Bayern München 1987 im Finale des Pokals der Landesmeister?**
- A Benfica Lissabon
- B Manchester United
- C Leeds United
- D FC Porto

1194. **Welche Nation feierte 2004 die erste Teilnahme an einer Europameisterschaft?**
- A Lettland
- B Litauen
- C Estland
- D Finnland

1195. **Welcher Sportreporter spielte einst für die A-Jugend des 1. FC Kaiserslautern?**
- A Heribert Fassbender
- B Marcel Reif
- C Waldemar Hartmann
- D Reinhold Beckmann

1196. **Gegen wen scheiterte der FC Bayern München in der zweiten Runde des DFB-Pokals 1978/79?**
- A SSV Reutlingen
- B Hamborn 07
- C VfL Osnabrück
- D TuS Paderborn-Neuhaus

1197. **Wann wurde Günter Netzer geboren?**
- A 1941
- B 1942
- C 1943
- D 1944

1198. **Aus welchem Land stammt der ehemalige Mittelfeldspieler von Borussia Dortmund, Marcel Raducanu?**
- A Kasachstan
- B Ukraine
- C Rumänien
- D Bulgarien

1199. **Wie lautet der Spitzname des Spielers Kevin Keegan?**
- A Heavy Mouse
- B Mighty Mouse
- C Happy Mouse
- D Jolly Mouse

1200. **Was war die Spezialität des Torwarts Petar Radenkovich?**
- A Kopfbälle
- B Abschüsse zum Gegentor
- C Elfmeterkillen
- D Ausflüge als Feldspieler

1201. **Wie hieß der Vorgänger des Chemnitzer FC?**
- A Chemnitzer BC
- B Nagema Chemnitz
- C Stahlwerke Chemnitz
- D FC Karl-Marx-Stadt

1202. **In welcher Saison kehrte Lothar Matthäus aus Mailand zum FC Bayern München zurück?**
- A 1988/89
- B 1990/91
- C 1992/93
- D 1995/96

1203. **Gegen welche Amateurmannschaft verlor der Hamburger SV 1984 in der 1. Runde des DFB-Pokals?**
- A SC Geislingen
- B SC Balingen
- C FV Weinheim
- D Eintracht Trier

1204. **Wie wird ein meist verunglückter Befreiungsschlag genannt, der steil aufsteigt?**
- A Birne
- B Kerze
- C Lampe
- D Giraffe

1205. **Wohin wechselte Bruno Pezzey zur Saison 1978/79?**
- A Eintracht Frankfurt
- B 1. FC Köln
- C VfB Stuttgart
- D Eintracht Braunschweig

1206. Welches Spielsystem bevorzugte Weltmeister Brasilien bei der FIFA WM 1958?
A 4-2-4
B 2-4-4
C 4-3-3
D 6-3-1

1207. Wie hieß der KFC Uerdingen bis 1996?
A Krefelder SV
B Eintracht Krefeld
C FC Bayer 05 Uerdingen
D BASF Uerdingen

1208. Gegen wen musste die deutsche Elf für die FIFA WM 2002 in der Relegation spielen?
A Russland
B Weißrussland
C Ukraine
D Moldawien

1209. Welche französische Mannschaft erreichte 1978 das UEFA-Pokal-Finale?
A Paris Saint Germain
B FC Sochaux
C SEC Bastia
D AS Monaco

1210. In welchem Stadion trägt der LR Ahlen seine Heimspiele aus?
A Playmobilstadion
B Millerntor
C Tivoli
D Wersestadion

1211. Wann wurde der Spieler Thomas Häßler geboren?
A 1964
B 1966
C 1967
D 1968

1212. In welcher Spielkleidung spielt die Nationalmannschaft von Kamerun?
A Blau/Weiß/Schwarz
B Grün/Rot/Gelb
C Grün/Blau/Schwarz
D Blau/Rot/Lila

1213. Welcher Torwart hütete in 534 Spielen die Tore von Borussia Dortmund und VfB Stuttgart?
A Stefan Klos
B Uli Stein
C Eike Immel
D Rudi Kargus

1214. Wer ist Rekord-Torjäger der Zweiten Bundesliga?
A Bruno Labbadia
B Daniel Jurgeleit
C Sven Demandt
D Dieter Schatzschneider

1215. Wie oft konnte die Nationalmannschaft Portugals den Europameistertitel gewinnen?
A Einmal
B Zweimal
C Dreimal
D Noch nie

1216. Für welchen italienischen Verein erzielte Gabriel Batistuta 167 Liga-Tore?
A Como Calcio
B AC Mailand
C AC Florenz
D Inter Mailand

1217. Mit welchem Trainer stieg Hansa Rostock 1995 in die Erste Bundesliga auf?
A Jörg Berger
B Friedhelm Funkel
C Armin Veh
D Frank Pagelsdorf

1218. **Wer wurde Torschützenkönig der Saison 2000/01?**
A Sergej Barbarez und Ebbe Sand
B Michael Preetz
C Ulf Kirsten
D Martin Max

1219. **Wie endete das Spiel 1860 München - Karlsruher SC in der Saison 1964/65?**
A 6:3
B 9:0
C 4:7
D 0:9

1220. **In welcher Spielzeit gelang dem Duisburger Michael Tönnies ein Hattrick in nur fünf Minuten?**
A 1987/88
B 1989/90
C 1991/92
D 1995/96

1221. **Karl-Heinz Rummenigge schoss in 310 Spielen für Bayern München...**
A ...132 Tore
B ...142 Tore
C ...152 Tore
D ...162 Tore

1222. **Wann wurde der Spieler Horst Hrubesch geboren?**
A 1949
B 1951
C 1948
D 1950

1223. **Welche Mannschaft gewann 1991 die erste „FIFA Frauenfussball-Weltmeisterschaft“?**
A USA
B Norwegen
C Deutschland
D China

1224. **Wie oft erzielte Gerd Müller fünf Tore in einem Bundesliga-Spiel?**
A Zweimal
B Dreimal
C Viermal
D Siebenmal

1225. **Wie viele Jahre spielte Darmstadt 98 in der höchsten deutschen Spielklasse?**
A Zwei
B Vier
C Sechs
D Keines

1226. **Wie viele Bundesliga-Heimspiele blieb der FC Bayern München zwischen 1970 und 1974 unbesiegt?**
A 56
B 66
C 73
D 87

1227. **Welcher Trainer rettete Borussia Mönchengladbach in der Saison 1997/98 vor dem Sturz in die Zweite Liga?**
A Friedel Rausch
B Ewald Lienen
C Hannes Bongartz
D Norbert Meier

1228. **Von wem stammen die legendären Reporterworte „I werd narrisch“?**
A Kurt Brumme
B Eberhard Stanjek
C Edi Finger
D Herbert Zimmermann

1229. **Welche Mannschaft scheiterte in der Qualifikation zur FIFA WM 1974 überraschend an Haiti?**
A USA
B Kanada
C Mexiko
D El Salvador

1230. Wer hat's gesagt?

A „Ich bin immer noch am Überlegen, welche Sportart meine Mannschaft an diesem Abend ausgeübt hat. Fußball war's mit Sicherheit nicht."

Felix Magath
Franz Beckenbauer
Juri Schlünz

B „Wenn ich den Martin Schneider weiter aufstelle, glauben die Leute am Ende wirklich noch, ich sei schwul."

Aleksandar Ristic
Max Merkel
Friedel Rausch

C „Die Situation ist bedrohlich, aber nicht bedenklich."

Friedhelm Funkel
Thomas Häßler
Rudi Völler

D „Das größte Problem beim Fußball sind die Spieler. Wenn wir die abschaffen könnten, wäre alles gut."

Sepp Herberger
Helmut Schulte
Frank Pagelsdorf

E „Heute hatten wir Scheiße anne Füße!"

Willibert Kremer
Hermann Gerland
Martin Kree

F „Die Eintracht ist vom Pech begünstigt."

Karl-Heinz Körbel
Bernhard Klodt
Jürgen Klinsmann

1231. Wahrheit oder Lüge?

A Talkmaster Harald Schmidt ist Mitglied beim FC Bayern München.

B Die Querlatte verbindet die Torpfosten in einer Höhe von 2,55 m.

C Der finnische Nationalspieler Jari Litmanen wechselte 2005 zu Hansa Rostock.

D Stanley Matthews holte im Laufe seiner Karriere ein Dutzend Titel.

E 1966 wurde in Italien eine Sperre für ausländische Spieler verkündet.

F Der erste Länderspielsieg überhaupt gelang Deutschland gegen die Schweiz.

G Der erste Gewinner des Europapokals der Pokalsieger war der AC Florenz.

H Unter Bundestrainer Helmut Schön wurde ein Teamchef beim DFB eingeführt.

I Das Aztekenstadion befindet sich in der peruanischen Hauptstadt Lima.

J Einer der bekanntesten brasilianischen Clubs heißt Cristoforo Columbus.

1232. **Wen löste Ralf Rangnick in der Saison 2004/05 als Trainer des FC Schalke 04 ab?**
- A Huub Stevens
- B Marc Wilmots
- C Frank Neubarth
- D Jupp Heynckes

1233. **Unter welchem Trainer wurde Brasilien 1994 „FIFA Fussball-Weltmeister"?**
- A Mario Zagalo
- B Ricardo Zamora
- C Francisco Rivellini
- D Alberto Parreira

1234. **Wer spielte nicht in der Weltmeister-Elf von 1974?**
- A Paul Breitner
- B Georg Schwarzenbeck
- C Günter Netzer
- D Wolfgang Overath

1235. **Mit welcher Kölner Musikgruppe nahm Toni Polster eine Single auf?**
- A Die fabulösen Thekenschlampen
- B Brings
- C Bläck Föös
- D BAP

1236. **Wie viele Länderspiele verantwortete Helmut Schön?**
- A 139
- B 145
- C 150
- D 176

1237. **Welcher deutsche Spieler wurde mit drei verschiedenen Vereinen Spanischer Pokalsieger?**
- A Paul Breitner
- B Uli Stielike
- C Bernd Schuster
- D Bodo Illgner

1238. **Welches Zwillingpaar spielte bei der FIFA WM 1998 im Team der Niederlande?**
- A Jon und Kim Rensenbrink
- B Rob und Wim Krol
- C René und Willi van de Kerkhof
- D Frank und Ronald de Boer

1239. **Wie viele Tore erzielte Georg Schwarzenbeck in seinen 44 Länderspiel-Einsätzen?**
- A Keines
- B Eines
- C Zwei
- D Neun

1240. **Welchem Verein wurden in der Saison 1999/2000 wegen Lizenzverstößen zwei Punkte abgezogen?**
- A VfL Wolfsburg
- B Eintracht Frankfurt
- C Borussia Mönchengladbach
- D VfL Bochum

1241. **Welcher ehemalige Unparteiische ist seit 1995 Vorsitzender des DFB-Schiedsrichteraus-schusses?**
- A Walter Eschweiler
- B Volker Roth
- C Jürgen Weber
- D Eugen Striegel

1242. **Wie oft wurde der 1. FC Kaiserslautern Deutscher Meister?**
- A Zweimal
- B Dreimal
- C Viermal
- D Fünfmal

1243. **Welches Nationalteam trainierte der ehemalige Bundesliga-Star Allan Simonsen?**
- A Dänemark
- B Liechtenstein
- C Luxemburg
- D Finnland

1244. **In welcher Metropole spielen Ferencvaros, Kispest-Honved und Ujpest um Meisterschaftspunkte?**
A Bukarest
B Moskau
C Prag
D Budapest

1245. **Welcher italienische Club, für den auch Jürgen Klinsmann spielte, gewann 1990 den Europapokal der Pokalsieger?**
A FC Bologna
B Sampdoria Genua
C Chievo Verona
D US Lecce

1246. **Wann kamen bei der Wahl zu Europas „Fußballer des Jahres" 3 Spieler vom AC Mailand auf die ersten 3 Plätze?**
A 1989
B 1991
C 1993
D 1995

1247. **Wann verpflichtete Arminia Bielefeld mit Ali Daei den ersten Iraner der Bundesliga-Geschichte?**
A 1993
B 1995
C 1997
D 1999

1248. **Wo wurde der DFB gegründet?**
A In Frankfurt
B In Hamburg
C In Stuttgart
D In Leipzig

1249. **Mit welchem Verein wurde Tschik Cajkovski Deutscher Meister?**
A Bayern München
B Werder Bremen
C 1. FC Köln
D 1860 München

1250. **In welchen Jahren wurde Michel Platini zum „Weltfußballer des Jahres" gewählt?**
A 1981 und 1987
B 1982 und 1983
C 1984 und 1985
D 1986 und 1988

1251. **Wie lautet der Vorname des Spielers Oliseh?**
A Sunday
B Monday
C Tuesday
D Wednesday

1252. **Welcher Verein gewann als erster deutscher Club einen Europapokal?**
A Eintracht Frankfurt
B 1. FC Köln
C Borussia Dortmund
D 1. FC Magdeburg

1253. **Welche Witterung wurde früher als „Fritz-Walter-Wetter" bezeichnet?**
A Regen
B Nebel
C Schneefall
D Sonne

1254. **Wie weit muss bei Ausführung eines Freistoßes der Abstand zwischen Ball und Mauer mindestens sein ?**
A 7,65 m
B 8,00 m
C 8,30 m
D 9,15 m

1255. **Aus welchem Land kamen die meisten ausländischen Spieler im 2004er-Kader von Hansa Rostock?**
A Brasilien
B Schweiz
C Niederlande
D Schweden

1256. **Für wie viele Vereine absolvierte Manfred Kaltz Bundesliga-Spiele?**
- A Für einen
- B Für zwei
- C Für drei
- D Für sechs

1257. **Mit welchem Club gewann Rainer Bonhof 1980 den Europapokal der Pokalsieger?**
- A FC Valencia
- B Real Madrid
- C Borussia Mönchengladbach
- D FC Porto

1258. **Der Wert der DFB-Meisterschale betrug bei Herstellung 1949...**
- A ...etwa 5.000 Mark
- B ...etwa 8.500 Mark
- C ...etwa 10.000 Mark
- D ...etwa 18.000 Mark

1259. **Aus wie vielen Mannschaften setzt sich die Bundesliga der Damen zusammen?**
- A 10
- B 12
- C 14
- D 16

1260. **Welcher Spieler wurde in der Saison 1999/2000 mit nur 18 Treffern Torschützenkönig?**
- A Heiko Herrlich
- B Martin Max
- C Mehmet Scholl
- D Ulf Kirsten

1261. **Welcher Spieler errang in seiner Karriere die meisten Bundesliga-Siege?**
- A Manfred Kaltz
- B Karl-Heinz Körbel
- C Eike Immel
- D Klaus Fichtel

1262. **Wann wurde Franz Beckenbauer erstmals „Fußballer des Jahres“?**
- A 1964
- B 1966
- C 1969
- D 1971

1263. **Wie oft stand die deutsche Nationalelf bis 2002 im Finale einer FIFA WM?**
- A 4-mal
- B 5-mal
- C 6-mal
- D 7-mal

1264. **Wie oft wurde Ex-Nationalspieler Stefan Kuntz Bundesliga-Torschützenkönig?**
- A Einmal
- B Zweimal
- C Fünfmal
- D Niemals

1265. **Welchen Rekord hält Willy Baumgärtner vom SV Düsseldorf 04?**
- A Jüngster Bundesliga-Torschütze aller Zeiten
- B Jüngster Nationalspieler aller Zeiten
- C Kürzester Einsatz aller Zeiten
- D Ältester Nationalspieler aller Zeiten

1266. **Wer schoss das 1:0 beim FIFA WM-Spiel DDR - BRD 1974?**
- A Ulf Kirsten
- B Jürgen Sparwasser
- C Hans-Jürgen Dörner
- D Andreas Thom

1267. **Welchen Bundesligaclub trainierte Otto Baric in der Saison 1985/86?**
- A VfB Stuttgart
- B Bayern München
- C Hamburger SV
- D 1. FC Nürnberg

1268. **Wer trainierte den MSV Duisburg zu Saisonbegin 2001/02?**
A Peter Neururer
B Thomas von Heesen
C Pierre Littbarski
D Benno Möhlmann

1269. **Am 17. Juni 1984 spielte die deutsche Elf ihr...**
A ...250. Länderspiel
B ...300. Länderspiel
C ...400. Länderspiel
D ...500. Länderspiel

1270. **Wie hießen die Gruppengegner der Deutschen bei der EM 2000?**
A Schweiz, Türkei, Kroatien
B Dänemark, Slowenien, Spanien
C Niederlande, Frankreich, Jugoslawien
D Portugal, Rumänien, England

1271. **Wie groß ist der Durchmesser des Anstoßkreises?**
A 10,00 m
B 15,15 m
C 18,30 m
D 9,15 m

1272. **Die Gattin von Englands Superstar David Beckham sang...**
A ...in der Badewanne
B ...überhaupt nicht
C ...bei den Spice Girls
D ...im Kirchenchor

1273. **Wer schoss bei der EM 2000 das einzige Tor im Vorrundenspiel zwischen Deutschland und England?**
A Alan Shearer
B Michael Owen
C Mehmet Scholl
D Oliver Bierhoff

1274. **Mit wie vielen Toren wurde Karl-Heinz Rummenigge in der Saison 1980/81 Bundesliga-Torschützenkönig?**
A 25
B 27
C 29
D 31

1275. **Wer sollte - nach Fußball-Aberglauben - einen Strafstoß nicht ausführen?**
A Ein Linksfuß
B Der zuvor gefoulte Spieler
C Der Torwart
D Der Spieler mit der Rückennummer 10

1276. **Wer schoss die meisten Tore für den FC Schalke 04?**
A Helmut Kremers
B Klaus Fischer
C Olaf Thon
D Erwin Kremers

1277. **In welchem Stadion trägt der 1. FC Nürnberg seine Heimspiele aus?**
A Frankenstadion
B Moselstadion
C Playmobilstadion
D Donaustadion

1278. **Welche Mannschaft qualifizierte sich als erstes Team der Amerika-Gruppe für die FIFA WM 2002?**
A Costa-Rica
B Mexiko
C USA
D Honduras

1279. **Welcher Club brachte dem FC Bayern München seine höchste Bundesliga-Heimniederlage bei?**
A Werder Bremen
B VfB Stuttgart
C Schalke 04
D Borussia Mönchengladbach

1280. Versteckter Fußballer

Die Reise nach Rom

Endlich war sie wahr geworden, die Reise in Italiens Hauptstadt. Dann am Stadtbeginn das Schild: Roma. „Rio de Janeiro – das wäre nun mein nächster Wunsch", sagte sie zu ihm.

Können Sie den darin versteckten brasilianischen Fußballspieler entdecken?

1281. Wer hat's gesagt?

A „Meine Mannschaft ist 15- oder 16-mal ins Abseits gerannt. Das haben wir auch die ganze Woche geübt."

Jens Jeremies
Hans-Josef Kapellmann
Manfred Krafft

B „Im Training habe ich mal die Alkoholiker meiner Mannschaft gegen die Antialkoholiker spielen lassen. Die Alkoholiker gewannen 7:1. Da war's mir wurscht. Da hab i g'sagt: Sauft's weiter!"

Udo Lattek
Max Merkel
Branko Zebec

C „Franz ist wie Marlene Dietrich. Ein alternder Star, den man nach wie vor bewundern muss."

Karl-Heinz Rummenigge
Paul Breitner
Otto Rehhagel

D „Wenn wir hier nicht gewinnen, dann treten wir ihnen wenigstens den Rasen kaputt."

Ditmar Jakobs
Rolf Rüssmann
Jupp Heynckes

1282. Zum Schmunzeln

Perfekter Abschlag

Der Fußballpräsident fragt den neuen Torwart: „Sie wissen doch hoffentlich, was ein richtiger Abschlag ist – oder?" – „Aber klar doch! Bevor ich ins Tor gehe, zahlen Sie mir zehntausend Euro und den Rest dann nach dem Spiel!"

Dopingsünder

Der Mannschaftsarzt vom FC Knickebein 07 referiert über das Thema Doping im Fußball: „Doping hat im Fußball absolut nichts zu suchen – das Zeug muss in die Spieler!"

1283. **Wer war erster Präsident des DFB?**
A Felix Hinnemann
B Ferdinand Hueppe
C Hermann Gösmann
D Gottfried Hinze

1284. **Welchen Bundesligisten trainierte Ralf Rangnick von 1999 bis 2001?**
A VfL Wolfsburg
B Schalke 04
C VfB Stuttgart
D FC Basel

1285. **Wie viele Tore erzielte Stefan Reuter in seinen 471 Bundesligaspielen?**
A 25
B 38
C 49
D 65

1286. **Für welches Nationalteam erzielte Tomas Brolin 13 Tore in 20 Länderspielen?**
A Dänemark
B Tschechien
C Schweden
D Norwegen

1287. **Welcher Trainer gewann mit Juventus Turin alle drei Europapokale?**
A Johan Cruyff
B Giovanni Trapattoni
C Fabio Capello
D Marcelo Lippi

1288. **Gegen wen musste Eintracht Braunschweig seine bislang höchste Heimniederlage in der Bundesliga hinnehmen?**
A Hamburger SV
B 1. FC Köln
C Werder Bremen
D Borussia Mönchengladbach

1289. **Wer war Anfang der 1980er Jahre Trainer von Borussia Mönchengladbach?**
A Hennes Weisweiler
B Norbert Meier
C Jürgen Gelsdorf
D Jupp Heynckes

1290. **Für welchen Topclub spielte Ex-Nationalverteidiger Uli Stielicke zwischen 1977 und 1985?**
A Real Madrid
B AS Rom
C Sampdoria Genua
D FC Barcelona

1291. **Wie hieß die langjährige ZDF-Sportsendung, die Samstag abends ausgestrahlt wird, ursprünglich?**
A „Viererkette“
B „Das aktuelle Sportstudio“
C „Die Sportreportage“
D „Bundesliga-Show“

1292. **Mit welchem Club wurde Lajos Detari 1988 Deutscher Pokalsieger?**
A Eintracht Frankfurt
B Bayer 05 Uerdingen
C VfL Bochum
D Hannover 96

1293. **Wann wurde das Müngersdorfer Stadion in Köln eingeweiht?**
A 1965
B 1970
C 1975
D 1980

1294. **Wer sagte: „In der Schule gab es für mich Höhen und Tiefen. Die Höhen waren der Fußball“?**
A Thomas Häßler
B Lothar Matthäus
C Mario Basler
D Gerd Müller

1295. **In welcher Stadt wurde Max Merkel geboren?**
- A München
- B Vaduz
- C Wien
- D Bern

1296. **Was ist der Elfmeterrekord (Stand: 1.1.2000) in der Bundesliga?**
- A 3 in einem Spiel
- B 4 in einem Spiel
- C 5 in einem Spiel
- D 6 in einem Spiel

1297. **Wie lang darf ein Fußballfeld sein?**
- A 55-60 m
- B 70-90 m
- C 90-120 m
- D 120-140 m

1298. **Wer sprach im Radio enthusiastisch die FIFA WM-Endspielreportage 1954?**
- A Rudi Michel
- B Heribert Fassbender
- C Herbert Zimmermann
- D Addi Furler

1299. **Wie oft gewann der FC Barcelona den UEFA-Pokal?**
- A Dreimal
- B Viermal
- C Sechsmal
- D Noch nie

1300. **In welchem Jahr gewann die DDR Gold beim olympischen Fußballturnier?**
- A 1976
- B 1980
- C 1984
- D 1988

1301. **Wer gewann 2001 und 2002 den Ligapokal?**
- A Borussia Dortmund
- B Bayern München
- C Hertha BSC Berlin
- D Hamburger SV

1302. **Welcher Bundesligastürmer war gefürchtet für seine Fallrückzieher?**
- A Horst Hrubesch
- B Norbert Dickel
- C Fritz Walter
- D Klaus Fischer

1303. **Wie oft konnte der Europapokal der Pokalsieger bisher erfolgreich verteidigt werden?**
- A Einmal
- B Zweimal
- C Dreimal
- D Nie

1304. **In welcher Saison spielte Rudi Völler erstmals im Trikot von Werder Bremen?**
- A 1980/81
- B 1982/83
- C 1985/86
- D 1988/89

1305. **Welcher deutsche Spieler wurde 1994 Torschützenkönig der japanischen J-League?**
- A Guido Buchwald
- B Frank Ordenewitz
- C Uwe Bein
- D Pierre Littbarski

1306. **Welcher Verein war 1961 der erste Gewinner des Europapokals der Pokalsieger?**
- A FC Kopenhagen
- B Celtic Glasgow
- C AC Florenz
- D Ipswich Town

1307. **Welcher dieser Vereine verlor bereits sechsmal das DFB-Pokal-Finale?**
- A SC Freiburg
- B Werder Bremen
- C Hamburger SV
- D 1. FC Köln

1308. **Welcher Club erreichte in der Saison 1998/99 keinen Auswärtsieg?**
- A Hansa Rostock
- B Borussia Mönchengladbach
- C VfL Bochum
- D 1. FC Nürnberg

1309. **Welche Entfernung liegt zwischen der Toraußenlinie und der 16-Meter-Raum-Begrenzung?**
- A 15 m
- B 15,5 m
- C 16 m
- D 16,5 m

1310. **Aus welchem Land kam der Schiedsrichter des FIFA WM-Finales 1966?**
- A Sowjetunion
- B Argentinien
- C Schweiz
- D Tschechoslowakei

1311. **Wer wurde erster Deutscher Bundesliga-Meister?**
- A 1. FC Köln
- B Eintracht Frankfurt
- C Borussia Dortmund
- D Hamburger SV

1312. **Auf welcher Insel trägt der FC Floriana seine Meisterschaftsspiele aus?**
- A Korsika
- B Zypern
- C Sardinien
- D Malta

1313. **Für Fußball-Fernsehrechte wurden 1965 / 66 bezahlt...**
- A ...DM 647.000
- B ...DM 1,25 Millionen
- C ...DM 2 Millionen
- D ...DM 2,5 Millionen

1314. **Wann wurde Werder Bremen erstmals Meister der Bundesliga?**
- A 1965
- B 1969
- C 1982
- D 1994

1315. **Für welchen Münchner Club spielte Rudi Brunnenmeier?**
- A SpVgg Unterhaching
- B Bayern München
- C Türk Gücü München
- D 1860 München

1316. **Welchen Spitznamen verdanken die Spieler von Tennis Borussia Berlin ihrer Trikotfarbe?**
- A Zitronenfalter
- B Röschen
- C Grashüpfer
- D Veilchen

1317. **Wie lautet der Spitzname des Stürmers Giuseppe Reina?**
- A Toni
- B Billy
- C Bully
- D Seppl

1318. **Den ehemaligen Spieler Horst Nussbaum von Viktoria Köln kennt man besser als...**
- A ...Jack White
- B ...Buddy Black
- C ...Billy Blue
- D ...Graham Green

1319. **Welcher Club ist Rekordlandesmeister in Spanien ?**
- A FC Barcelona
- B Real Madrid
- C FC Valencia
- D Atlético Madrid

1320. **Wer wurde 1979 Nachfolger von Sepp Maier im Tor des FC Bayern München?**
- A Hans Weiner
- B Walter Junghans
- C Manfred Müller
- D Jean-Marie Pfaff

1321. **Wie lautete Uwe Seelers liebevoller Spitzname?**
- A ... Knuffi
- B ... Dicker
- C ... Vollstrecker
- D ... Seelchen

1322. **Welche Mannschaft besiegte Gastgeber Holland im Viertelfinale der EM 2000?**
- A Slowenien
- B Türkei
- C Jugoslawien
- D Norwegen

1323. **Von welchem Verein wechselte Hasan Salihamidzic 1992 zum Hamburger SV?**
- A Velez Mostar
- B NK Zagreb
- C Roter Stern Belgrad
- D Dynamo Zagreb

1324. **Wann wurden Mario Basler und Heiko Herrlich mit je 20 Treffern Torschützenkönig der Bundesliga?**
- A 1995
- B 1997
- C 2000
- D 2002

1325. **Wann ging ein Europapokal-Finale erstmals in die Verlängerung?**
- A 1958
- B 1959
- C 1962
- D 1966

1326. **Wer stand in der FIFA WM-Elf 1954 im Tor?**
- A Wolfgang Fahrian
- B Toni Turek
- C Fritz Herkenrath
- D Heiner Stuhlfauth

1327. **Welcher dieser Spieler wurde sechsmal Europacup-Sieger?**
- A Alfredo di Stefano
- B Pavel Nedved
- C Francisco Gento
- D Paulo Maldini

1328. **Wie lautet der Spitzname des Spielers Karl-Heinz Körbel?**
- A Billy
- B Kurbel
- C Charly
- D Heinzi

1329. **Welcher Torhüter hielt die meisten Bundesliga-Elfmeter?**
- A Uli Stein
- B Bernd Franke
- C Rudi Kargus
- D Andreas Köpke

1330. **Welcher Torwart erzielte bereits mehrere Strafstoßtore?**
- A Timo Hildebrand
- B Frank Rost
- C Roman Weidenfeller
- D Hans-Jörg Butt

1331. Lügengeschichte

Im nachfolgenden Text befinden sich zwei sachliche Fehler. Können Sie sie finden?

Es gab Zeiten, als die deutsche Nationalelf ein Nimbus der Unbesiegbarkeit umgab. Gemeint ist hier nicht die euphorische Aussage des frisch gebackenen Weltmeister-Teamchefs Franz Beckenbauer, der 1990 der deutschen Elf auf Jahre Unschlagbarkeit attestierte, sich aber schon im März 1992 beim 0:1 gegen Italien eines Besseren belehren lassen musste.

Nein, hier ist die Rede von einer Serie, die immerhin 23 Spiele hintereinander anhielt. Sie lief zwischen Oktober 1978 und Dezember 1980 und brachte 18 Siege bei 5 Unentschieden! Mitten darin das Europameisterschaftsturnier 1980 in Italien, das Deutschland durch einen 2:1-Sieg gegen Belgien sogar den Titel brachte. Argentinien machte am 1. Januar 1981 der Serie der Unschlagbarkeit ein Ende. Stolzer Bundestrainer war damals Helmut Schön.

Beckenbauers Nachfolger Berti Vogts gelang es anderthalb Jahrzehnte später fast, diese Rekordzahl an Siegen zu toppen, doch letztlich reichte es von Juni 1996 bis März 1998 nur zu 22 ungeschlagenen Partien, davon waren 17 Siege. Diesmal war es England, das die Serie beendete. Eine ähnliche Dominanz des deutschen Fußballs hat es seitdem nicht mehr wieder gegeben.

1332. Silbenspiel

Bilden Sie aus diesen Silben die Namen von sechs internationalen Fußballstars. Wenn Sie diese richtig ordnen, ergibt sich aus den Anfangsbuchstaben der Name eines weiteren internationalen Fußballers:

BI – DO – E – EU – KOE – MAN – MA – NA – NI – NIL – O – PLA – RA – RA – SE – SOC – SON – TES – TI – VA

1333. Was passt nicht zu den anderen?

Eines der folgenden Kürzel passt nicht zu den anderen. Können Sie erkennen, welches?

DFB – UEFA – FIFA – KSC

1334. Wer hat's gesagt?

A „Wenn der Ball am Torwart vorbeigeht, ist es meist ein Tor."

Mario Basler
Thomas Helmer
Michael Ballack

B „Wir sind hierher gefahren und haben gesagt: Okay, wenn wir verlieren, fahren wir wieder nach Hause."

Heiko Herrlich
Giovane Elber
Marco Rehmer

C „ Die Holländer sind vorne vom Feinsten bestückt."

Oliver Kahn
Thomas Häßler
Matthias Sammer

1335. **Welche Mannschaft gewann 2001 das DFB-Hallenmasters?**
- A Hansa Rostock
- B VfL Bochum
- C SC Freiburg
- D SpVgg. Unterhaching

1336. **Bei welchem österreichischen Club war Klaus Augenthaler von 1997 bis 2000 Trainer?**
- A Austria Wien12.10.1995
- B FC Tirol Innsbruck
- C Grazer AK
- D Admira Wacker

1337. **Welche beiden spanischen Mannschaften schaltete Schalke 04 auf dem Weg zum UEFA-Pokal-Sieg 1997 aus?**
- A Sevilla und La Coruna
- B Real und Atletico Madrid
- C Saragossa und Murcia
- D Valencia und Teneriffa

1338. **Welcher Bundesligatrainer holte die meisten Meistertitel?**
- A Hennes Weisweiler
- B Otto Rehhagel
- C Ernst Happel
- D Udo Lattek

1339. **Wer war Kapitän der englischen Weltmeistermannschaft von 1966?**
- A Jack Charlton
- B Bobby Moore
- C Gordon Banks
- D Bobby Charlton

1340. **Für Fußball-Fernsehrechte wurden 2000/01 bezahlt...**
- A 125 Millionen DM
- B 250 Millionen DM
- C 350 Millionen
- D 750 Millionen DM

1341. **Welches Team belegte bei der FIFA WM 1966 den dritten Platz?**
- A Mexiko
- B Sowjetunion
- C Portugal
- D Brasilien

1342. **In welchem Land wurde der Trainer Sepp Piontek geboren?**
- A Dänemark
- B Deutschland
- C Polen
- D Italien

1343. **Willi Lippens spielte ein Länderspiel für...**
- A ...Holland
- B ...Deutschland
- C ...Österreich
- D ...die DDR

1344. **Wer war Assistent von Bundestrainer Berti Vogts?**
- A Hannes Bongartz
- B Gerd Müller
- C Uli Stielicke
- D Rainer Bonhof

1345. **Wer sagte: „Die Fans müssen wissen, dass ich kein Clown bin.“?**
- A Mario Basler
- B Sebastian Deisler
- C Oliver Kahn
- D Marco Rehmer

1346. **Wie endete die Partie SSV Ulm - Bayer 04 Leverkusen am 18. März 2000?**
- A 0:0
- B 1:9
- C 5:5
- D 7:0

1347. **Wie heißt der Fußball-Stammtisch im DSF?**
- A „Doppelpass“
- B „Sportecke“
- C „Schuss - Tor!“
- D „Fußball-Talk“

1348. **Bei welchem spanischen Verein stand Diego Armando Maradona zwischen 1982 und 1984 unter Vertrag?**
- A FC Valencia
- B FC Barcelona
- C Deportivo Alaves
- D Real Madrid

1349. **Welche beiden Weltmeister von 1990 stiegen 1997/98 mit dem Karlsruher SC in die Zweite Bundesliga ab?**
- A Häßler und Buchwald
- B Littbarski und Bein
- C Illgner und Matthäus
- D Völler und Augenthaler

1350. **Welcher Club spielt im Playmobil-Stadion?**
- A SpVgg Greuther Fürth
- B FC Kinderland
- C SV Pumuckl
- D FC Hans im Glück

1351. **Welchem Spieler gelang bei einer FIFA WM-Endrunde in jedem Spiel ein Tor?**
- A Romario
- B Jairzinho
- C Sokrates
- D Zico

1352. **Wie oft stieg Bayer 05 Uerdingen aus der Bundesliga ab?**
- A Dreimal
- B Viermal
- C Fünfmal
- D Sechsmal

1353. **Welcher Spieler erzielte bei der Euro 1980 beim Sieg gegen Holland alle drei Tore für Deutschland?**
- A Horst Hrubesch
- B Klaus Allofs
- C Calle del ' Haye
- D Mirko Votava

1354. **Wie oft wurde Italien „FIFA Fussball-Weltmeister™“?**
- A Einmal
- B Zweimal
- C Dreimal
- D Noch nie

1355. **Wie viele Tore schoss Alfredo di Stefano für Real Madrid?**
- A 113
- B 267
- C 309
- D 454

1356. **Wie viele Clubs aus der Ex-DDR starteten 1991 in die neue Bundesligasaison?**
- A Zwei
- B Drei
- C Vier
- D Fünf

1357. **Im wievielten Spiel gelang der bulgarischen Nationalelf der erste Sieg in ihrer FIFA WM-Geschichte?**
- A Im 13.
- B Im 15.
- C Im 18.
- D Im 25.

1358. **Welcher Deutsche traf am häufigsten im Europacup ins Tor?**
- A Gerd Müller
- B Jupp Heynckes
- C Uwe Seeler
- D Paul Breitner

1359. Wer bin ich?

Hier erzählt ein bekannter Fußballstar über sich selbst. Wissen Sie, um wen es sich handelt?

Ich wurde im Februar 1960 in Italien geboren und war dem Fußball schon von klein auf sehr zugetan. Als Jugendlicher bolzte ich gerne mit Gleichaltrigen herum, doch schon bald stellte sich heraus, dass ich es zu einem Superstar nicht bringen würde – als Spieler!

Denn inzwischen bin ich nicht ein, sondern der Superstar schlechthin, eine geballte Portion explosiven Charismas in den Arenen dieser Welt, konsequent und bisweilen auch unerbittlich und immer mit ein wenig zu viel Dramatik im Auftritt.

Und das kam so: Von einem Freund wurde ich 1977 überredet, es doch einmal als Hobby-Schiedsrichter zu versuchen. Gute Idee! Obwohl inzwischen als Finanzberater in Viareggio tätig, hatte ich es 1991 bis in die Serie A, das Gegenstück zur Bundesliga, geschafft.

Und dann ging's Schlag auf Schlag: 1995 holte mich die FIFA, 1996 pfiff ich bei Olympia, 1998 bei der FIFA WM und 2000 bei der Europameisterschaft. Deutschen Fans hat sich meine auffällige Erscheinung mit dem durchdringenden Blick und der glänzenden Kopfhaut spätestens seit dem Endspiel der FIFA WM 2002 eingeprägt. Als sechsfacher Weltschiedsrichter, diesen Titel trug ich von 1998 bis 2003, war es selbstverständlich, dass mir die Leitung eines FIFA WM-Endspiels übertragen wurde.

Eine kleine dunkle Stelle gibt es aber auch in meiner Karriere: Im italienischen Meisterschaftskampf 2002 gab ich in den letzten drei Minuten zwei Elfmeter für einen der Titelanwärter und drehte so das Spiel. Da sah ich vom Verband die rote Karte! Für den Rest der Saison durfte ich nur noch unbedeutende Begegnungen pfeifen.

Nun bin ich 45 Jahre alt und deshalb musste ich mich – den FIFA-Regeln entsprechend – leider aus dem internationalen Geschäft verabschieden.

Wer bin ich?

1360. Besuchskarte

Welcher bekannte Fußballstar will sich hier bei Ihnen vorstellen?

1361. Wer hat's gesagt?

A „Ich kann mich an kein Spiel erinnern, bei dem so viele Spieler mit der Barriere vom Platz getragen wurden."

Stefan Kuntz
Michael Lusch
Hans Schäfer

B „Ja gut, am Ergebnis wird sich nicht mehr viel ändern, es sei denn, es schießt einer ein Tor."

Lothar Matthäus
Andreas Brehme
Franz Beckenbauer

C „Ich glaube nicht, dass wir das Spiel verloren hätten, wenn es 1:1 ausgegangen wäre."

Dieter Burdenski
Rinus Michels
Uli Hoeneß

D „Wenn ein Tor fällt, können noch mehr fallen. Aber es muss erst mal eins fallen."

Erich Ribbeck
Ottmar Hitzfeld
Otto Rehhagel

1362. Wahrheit oder Lüge?

A Jürgen Kohler bekam in seinem letzten Pflichtspiel im Finale des UEFA-Cup 2002 die rote Karte.

B Borussia Dortmund holte sich von 1993 bis 1996 jedes Jahr den deutschen Meistertitel.

C 2005 schaffte es der DSC Arminia Bielefeld das erste Mal in der Vereinsgeschichte in ein DFB-Halbfinale.

D Als Manfred Burgsmüller von RW Oberhausen zu Werder Bremen wechselte, war er schon 35 Jahre alt.

E Eine Regel von 1921 schrieb Torleuten vor, bei internationalen Spielen einen dunkelgrünen Pullover zu tragen.

F Ajax Amsterdam gewann dreimal hintereinander den Europapokal der Landesmeister.

1363. Rebus-Rätsel

Welcher Begriff ist hier zu erraten?

1364. **Wie wird Hertha BSC Berlin von den eigenen Fans liebevoll genannt?**
A Die Junggebliebene
B Die alte Dame
C Die Weiße
D Die Herthamaus

1365. **Welches Team unterlag im Finale der FIFA WM 1962 der Elf aus Brasilien?**
A Ungarn
B Sowjetunion
C Tschechoslowakei
D England

1366. **Welche Nationalmannschaft wurde 1997 von Klaus Schlappner betreut?**
A Neuseeland
B Malaysia
C China
D Japan

1367. **Wo begann 1988 die eigentliche Karriere von Michael Ballack?**
A In Eisenhüttenstadt
B Beim Chemnitzer FC
C Bei Energie Cottbus
D Bei Union Berlin

1368. **Für welchen italienischen Verein spielte Jürgen Kohler zwischen 1991 und 1995?**
A Atalanta Bergamo
B AC Florenz
C AC Mailand
D Juventus Turin

1369. **Welcher ehemalige Bundesliga-Trainer intonierte einst Sinatras „My Way“?**
A Udo Lattek
B Hans Meyer
C Aleksandar Ristic
D Dragoslav Stepanovic

1370. **Wann wurde zum letzten Mal die Britische Meisterschaft ausgetragen?**
A 1984
B 1988
C 1992
D 1996

1371. **Welcher russische Stürmerstar absolvierte für den Karlsruher SC 145 Bundesligaspiele?**
A Sergej Kiriakow
B Sergej Juran
C Igor Saenko
D Igor Belanow

1372. **Wie viele Spieler standen im Aufgebot der deutschen Nationalmannschaft bei der FIFA WM 1954?**
A 16
B 18
C 22
D 24

1373. **Das FIFA WM-Endspiel 1950 im Maracana-Stadion in Rio sahen...**
A ...fast 100.000 Zuschauer
B ...fast 120.000 Zuschauer
C ...fast 150.000 Zuschauer
D ...fast 200.000 Zuschauer

1374. **Klaus Fischer machte die meisten Bundesligaspiele für...**
A ...1860 München
B ...den FC Schalke 04
C ...den 1. FC Köln
D ...den VfL Bochum

1375. **Bei welchem spanischen Club steht Ivan Helguera seit 1999 unter Vertrag?**
A Real Madrid
B FC Barcelona
C Deportivo La Coruna
D FC Malaga

1376. **Welcher Bundesligaspieler erzielte in der Saison 2004/05 vier Tore in nur 19 Minuten?**
- A Martin Petrov
- B Marek Mintal
- C Miroslav Klose
- D Ivan Klasnic

1377. **Wie heißt der offizielle DFB-Song?**
- A „Germany is Champion"
- B „You'll Never Walk Alone"
- C „Running With A Dream"
- D „We Are The Champions"

1378. **Welchem Verein wurde 1995 wegen finanzieller Unregelmäßigkeiten die Lizenz entzogen?**
- A Bayer 05 Uerdingen
- B Preußen Münster
- C Dynamo Dresden
- D Hannover 96

1379. **In welchem Stadion trägt der FC Liverpool seine Heimspiele aus?**
- A Villapark
- B White Heart Lane
- C Anfield Road
- D Old Trafford

1380. **In welchem Stadion trägt der 1. FC Saarbrücken seine Heimspiele aus?**
- A Antonsstadion
- B Ferdinandsfeld
- C Paulsarena
- D Ludwigspark

1381. **Welcher ehemalige Nationalstürmer erzielte das 25.000. Tor der Bundesliga-Geschichte?**
- A Oliver Bierhoff
- B Frank Mill
- C Pierre Littbarski
- D Jürgen Klinsmann

1382. **Welchen spanischen Club trainierte Max Merkel von 1971 bis 1973?**
- A Atlético Bilbao
- B Real Madrid
- C Atlético Madrid
- D FC Barcelona

1383. **Wann wurde das Stadion am Betzenberg in Fritz-Walter-Stadion umbenannt?**
- A 1985
- B 1990
- C 1995
- D 2000

1384. **Wer erzielte ein Tor für Juv. Turin im Viertelfinale des UEFA-Pokals 1975 gegen den Hamburger SV?**
- A Giovanni Trapattoni
- B Cesare Maldini
- C Marcello Lippi
- D Fabio Capello

1385. **Wer war der erste Meistertrainer der Bundesliga?**
- A Rudi Gutendorf
- B Herbert Widmayer
- C Georg Knöpfle
- D Kuno Klötzer

1386. **Gegen welchen Verein feierte Hannover 96 seinen bislang höchsten Bundesliga-Erfolg?**
- A Kickers Offenbach
- B Arminia Bielefeld
- C VfB Leipzig
- D Borussia Neunkirchen

1387. **Wer schoss fünf Tore in einem FIFA WM-Spiel?**
- A Kenneth Andersson
- B Roberto Baggio
- C Hristo Stoichkov
- D Oleg Salenko

1388. Das 1. Bundesliga-Torwarttor aus dem laufenden Spielgeschehen heraus schoss...

A ...Hans-Jörg Butt
B ...Eike Immel
C ...Toni Schumacher
D ...Jens Lehmann

1389. Welcher dieser Stürmer war nicht im Aufgebot der deutschen Nationalelf bei der FIFA WM 1990?

A Stefan Kuntz
B Jürgen Klinsmann
C Frank Mill
D Karl-Heinz Riedle

1390. Welcher Verein schaffte es erstmals, an allen 34 Spieltagen die Bundesligatabelle anzuführen?

A FC Bayern München
B Borussia Mönchengladbach
C Borussia Dortmund
D 1. FC Köln

1391. Welche dieser Mannschaften spielt in der ersten polnischen Liga?

A FBK Kaunas
B Dynamo Batumi
C Amica Wronki
D Halmstadt BK

1392. Mit welchem Komiker wurde der frühere Bundesligatorwart Wolfgang Kleff oft verwechselt?

A Dieter Hallervorden
B Karl Dall
C Hape Kerkeling
D Otto Waalkes

1393. Welchen Posten bekleidete Ehrenspielführer Uwe Seeler von 1995 bis 1998 beim Hamburger SV?

A Fanbeauftragter
B Manager
C Trainer
D Präsident

1394. Wann war Benfica Lissabon letztmals Portugiesischer Meister?

A 1999
B 2002
C 2003
D 2004

1395. Wer singt den offiziellen DFB-Song?

A Placido Domingo
B Marius Müller-Westernhagen
C Anna-Maria Kaufmann und Joey Tempest
D Udo Jürgens

1396. Warum ist der ehemalige Masseur des Hamburger SV, Hermann Rieger, einzigartig?

A Einziger Masseur mit Fanclub
B Erster Masseur mit einer Homepage
C Erster Masseur mit Meisterprämie
D Keine Ausbildung zum Masseur

1397. Wie viele Qualifikationsspiele musste Neuseeland bestreiten, ehe die Teilnahme an der FIFA WM-Endrunde 1982 feststand?

A 7
B 9
C 12
D 15

1398. Wie viele Spiele in Folge blieb Dynamo Dresden in der Saison 1994/95 ohne Sieg?

A 11
B 16
C 21
D 25

1399. Wecher Portugiese spielt seit 2004 beim FC Barcelona?

A Rui Costa
B Christiano Ronaldo
C Deco
D Luis Figo

Fußballstar und Stilikone Beckham demonstriert seine Ballkünste.

1400. Wahrheit oder Lüge?

A Pelé spielte in einer Straßenmannschaft, die sich „Die Schuhlosen“ nannte.

B Hennes Löhr spielte lange Jahre für Borussia Mönchengladbach.

C Der Ball ist nach einem Freistoß wieder im Spiel, sobald der Schiedsrichter gepfiffen hat.

D Ein Spieler, der in einem Bezirksliga-Spiel die gelb-rote Karte sieht, ist im nächsten Spiel gesperrt.

E Francesco Totti ist einer der Führungsspieler des AS Rom.

F 1948 wurde der 1. FC Kaiserslautern erster Deutscher Meister nach dem Zweiten Weltkrieg.

G DDR-Fußballer Jürgen Sparwasser gewann eine Goldmedaille bei den Olympischen Spielen.

1401. Wer hat's gesagt?

A „Man darf jetzt nicht alles so schlecht reden, wie es war.“

Fredi Bobic
Valdas Ivanauskas
Lothar Matthäus

B „Wir müssen diese elementaren Fehler abstellen. Das ist schwerer gesagt als getan.“

Uwe Reinders
Eduard Geyer
Willi Reimann

C „Uns steht ein hartes Programm ins Gesicht.“

Sammy Kufour
Andreas Brehme
Bastian Schweinsteiger

D „Wir waren in dieser Szene in der Unterzahl - zwei gegen zwei.“

Frank Rost
Hans-Jörg Butt
Sepp Maier

E „Wir wollten unbedingt einen frühen Rückstand vermeiden. Das ist uns auch gelungen. Der VfB Stuttgart hat in den ersten zweieinhalb Minuten kein Tor geschossen.“

Matthias Sammer
Torsten Legat
Bernd Krauss

F „Wozu braucht meine Mannschaft Doping? Sie hat ja mich.“

Ailton
Otto Rehhagel
Thomas Helmer

1402. Welchen englischen Verein trainiert Sir Alex Ferguson seit 1986?
A FC Liverpool
B FC Everton
C Manchester United
D Manchester City

1403. Für welchen italienischen Verein spielte Thomas „Icke“ Häßler von 1991 bis 1994?
A AS Rom
B Sampdoria Genua
C Juventus Turin
D Atalanta Bergamo

1404. In welcher Saison beendete Karl-Heinz Körbel seine Laufbahn als Spieler?
A 1988/89
B 1990/91
C 1992/93
D 1993/94

1405. Welche Mannschaft sicherte sich 1984 die Europameisterschaft?
A Frankreich
B Spanien
C Portugal
D Schweden

1406. Welcher Verein stieg in der Saison 1991/92 als Tabellenschlusslicht in die Zweite Liga ab?
A Hansa Rostock
B Fortuna Düsseldorf
C Stuttgarter Kickers
D MSV Duisburg

1407. Wer führte den VfL Wolfsburg in die Bundesliga?
A Uwe Reinders
B Willi Reimann
C Joachim Löw
D Wolfgang Wolf

1408. Welcher spanische Abwehrspieler spielt seit 1995 für den FC Barcelona?
A Carles Puyol
B Ivan Helguera
C Raul Brava
D Fernando Hierro

1409. Wer war in den 1970ern 2-mal Endspielgegner von Bayern München beim Europapokal der Landesmeister?
A Paris Saint Germain
B AS Saint Etienne
C AC Monaco
D Olympique Marseille

1410. Wer sagte: „Abseits ist, wenn der Schiedsrichter pfeift.“?
A Matthias Sammer
B Jürgen Klinsmann
C Lothar Matthäus
D Franz Beckenbauer

1411. In welchem Jahr gewann der georgische Club Dynamo Tiflis den Europapokal der Pokalsieger?
A 1981
B 1984
C 1987
D 1990

1412. Die höchste deutsche Amateurspielklasse ist die...
A ...Kreisklasse
B ...Verbandsliga
C ...Regionalliga
D ...2. Bundesliga

1413. Gegen wen verlor der 1. FC Köln im Viertelfinale des Landesmeister-Pokals 1965 erst durch Losentscheid?
A Glasgow Rangers
B Manchester United
C FC Liverpool
D Ajax Amsterdam

1414. Versteckter Fußballer

Während der Stadtrundfahrt durch die deutsche Hauptstadt durchstreifte der Bus auch Wedding, Spandau, Marzahn und Treptow.

Können Sie den darin versteckten deutschen Fußballtrainer entdecken?

1415. Zum Schmunzeln

Oma guckt zu

Oma sitzt mit ihrem Enkel vor der Mattscheibe und will von ihm wissen: „Wer spielt denn heute?“ Antwortet der Kleine: „Österreich – Ungarn.“ Fragt Oma leicht verwirrt zurück: „Ja – und gegen wen?“

Schlafproblem

34. Minute – Auswechslung. Der Mittelstürmer humpelt vom Fußballplatz. Besorgt kommen ihm der Trainer und der Mannschaftsarzt entgegen. Der Doktor will wissen: „Und? Bist du schlimm verletzt?“ Winkt der Mittelstürmer ab: „Nö, keine Sorge! Mir ist nur mein Bein eingeschlafen.“

1416. Wahrheit oder Lüge?

A Das größte Fußballstadion der Welt heißt Macarena-Stadion.

B Bis 1920 bestand ein Fußballteam aus neun Feldspielern und einem Torwart.

C Von 1945 bis 1963 gab es in (West-)Deutschland fünf Oberligen.

D Deutschland gelang erst 1969 der erste Sieg über Schottland.

E 1980 wurde der AC Mailand wegen Spielmanipulation strafweise in die 2. Liga versetzt.

F Xamax ist ein Team aus der Schweiz.

1417. Rebus-Rätsel

Welcher Begriff ist hier zu erraten?

1418. Wie oft wurde Franz Beckenbauer als Trainer mit dem FC Bayern München Deutscher Meister?

A einmal
B zweimal
C viermal
D achtmal

1419. Welcher deutsche Ex-Nationalspieler trainiert die albanische Nationalelf?

A Horst Heese
B Pierre Littbarski
C Stefan Kuntz
D Hans Peter Briegel

1420. Seit wann ersetzt die Champions League den Europacup?

A seit 1989/90
B seit 1991/92
C seit 1992/93
D seit 1995/96

1421. Wie viele verschiedene Clubs spielten bis einschließlich der Saison 2004/05 in der Bundesliga?

A 27
B 38
C 49
D 58

1422. Wer wurde Olympiasieger 2004 im Männerfußball?

A Brasilien
B Paraguay
C Argentinien
D Irak

1423. Bei welcher FIFA WM-Endrunde stellte Just Fontaine mit 13 Treffern den immer noch bestehenden Torrekord auf?

A 1958
B 1962
C 1966
D 1970

1424. Wann gab es letztmals ein Relegationsspiel zwischen dem Drittletzten der 1. und dem Dritten der 2. Bundesliga ?

A 1990/91
B 1991/92
C 1992/93
D 1993/94

1425. Wo spielte Nationalspieler Torsten Frings zwischen 1990 und 1996?

A 1. FC Köln
B Fortuna Düsseldorf
C Alemannia Aachen
D Waldhof Mannheim

1426. In der Saison 1989/90 kamen alle drei Europapokalsieger aus ...

A ... Italien
B ... Spanien
C ... England
D ... Frankreich

1427. Den für die Meisterschaft 1985/86 entscheidenden Elfmeter schoss der Bremer Michael Kutzop...

A ... an die Latte
B ... neben das Tor
C ... über das Tor
D ... an den Pfosten

1428. Auf wessen Initiative wurde 1986 die Stiftung „Mexiko-Hilfe" gegründet?

A Egidius Braun
B Rainer Bonhof
C Franz Beckenbauer
D Gerhard Mayer-Vorfelder

1429. Wie nennt man das Dehnen der Muskeln beim Aufwärmen?

A Pushing
B Stretching
C Amazing
D Pulling

1430. **Wann wurde der Spieler Mehmet Scholl geboren?**
- A 1970
- B 1971
- C 1973
- D 1975

1431. **Wo wurde der ehemalige Torwart des TSV 1860 München, Petar Radenkovic, geboren?**
- A Belgrad
- B Wien
- C Kiew
- D Moskau

1432. **Welcher Stürmerstar wurde zum „Weltfußballer des 20. Jahrhunderts“ gewählt?**
- A Pelé
- B Zico
- C Alfredo di Stefano
- D Ronaldo

1433. **Welche Nationalmannschaft wurde Europameister, ohne sich qualifiziert zu haben?**
- A Tschechoslowakei
- B Dänemark
- C Niederlande
- D Deutschland

1434. **Nach wie vielen Sekunden gab es die schnellste rote Karte der Bundesliga-Geschichte?**
- A Nach 85 Sekunden
- B Nach 145 Sekunden
- C Nach 210 Sekunden
- D Nach 367 Sekunden

1435. **Gegen welche Mannschaft feierte Werder Bremen mit 8:1 den höchsten Bundesliga-Sieg?**
- A FC Homburg
- B Kickers Offenbach
- C Karlsruher SC
- D Hannover 96

1436. **Welcher Trainer führte Borussia Dortmund 1997 zum Champions League-Sieg?**
- A Ottmar Hitzfeld
- B Nevio Scala
- C Matthias Sammer
- D Michael Skibbe

1437. **Bei welchem Verein arbeitete Thomas von Heesen von 2001 bis Juni 2005 als Geschäftsführer?**
- A Hamburger SV
- B Arminia Bielefeld
- C Hansa Rostock
- D VfL Wolfsburg

1438. **Bei welchem englischen Verein spielte Anthony Yeboah?**
- A FC Southampton
- B FC Fulham
- C Leeds United
- D Manchester City

1439. **Welche Mannschaft stand im Finale der FIFA WM 1954 den Deutschen gegenüber?**
- A CSSR
- B Uruguay
- C Ungarn
- D Österreich

1440. **Welchen holländischen Verein trainierte Huub Stevens, bevor er zu Schalke 04 wechselte?**
- A NAC Breda
- B Roda Kerkrade
- C Feyenoord Rotterdam
- D Willem II Tilburg

1441. **Wie viele Tore fielen in der Endrunde der Europameisterschaft 1972?**
- A 10
- B 11
- C 12
- D 13

1442. **Mit wie vielen Punkten Vorsprung feierte Bayern München den Deutschen Meistertitel 2003?**
A 13
B 16
C 20
D 25

1443. **Wer schoss das erste Tor der Bundesliga-Geschichte?**
A Erwin Stein
B Hans Schäfer
C Uwe Seeler
D Timo Konietzka

1444. **In welchem Stadion spielt Bayer Leverkusen?**
A Aspirin-Arena
B Bayerstadion
C BayArena
D Haberland-Arena

1445. **Welcher Club feierte in der Saison 1966/67 den ersten zweistelligen Sieg der Bundesliga-Geschichte?**
A Eintracht Braunschweig
B 1. FC Nürnberg
C Borussia Mönchengladbach
D Bayern München

1446. **Bei welchem dieser Clubs stand Horst Hrubesch nie unter Vertrag ?**
A VfL Bochum
B Borussia Dortmund
C Hamburger SV
D RW Essen

1447. **Wie hieß die täglich erscheinende Sportzeitung der DDR?**
A Sportillu
B Deutsches Sportecho
C Sportkrone
D Sportiv

1448. **Wie viele Tore erzielte Pelé bei seiner ersten FIFA WM 1958?**
A 2
B 5
C 7
D 10

1449. **Wie war der Spitzname von Bernard Dietz?**
A Anatz
B Cenatz
C Denatz
D Enatz

1450. **Für welche Ablösesumme wechselte Dieter Hoeneß 1979 vom VfB Stuttgart zum FC Bayern München?**
A 125.000 DM
B 250.000 DM
C 500.000 DM
D 750.000 DM

1451. **Welcher Verein blieb 1034 Minuten ohne Torerfolg und stellte damit einen neuen Bundesliga-Minusrekord auf?**
A Hertha BSC Berlin
B VfB Leipzig
C 1. FC Köln
D SpVgg. Unterhaching

1452. **Wer war bei der EM 1996 Trainer der deutschen Nationalmannschaft?**
A Jupp Derwall
B Berti Vogts
C Erich Ribbeck
D Rudi Völler

1453. **Wie oft war Ewald Lienen als Spieler in der Bundesliga aktiv?**
A 111-mal
B 222-mal
C 333-mal
D 444-mal

1454. **Wie hieß das legendäre Dortmunder Stadion in den 1950er Jahren?**
- A Rote Erde
- B Rote Sonne
- C Roter Mond
- D Rote Karte

1455. **Wie viele Gegentore kassierte die deutsche Nationalmannschaft bei der FIFA WM-Endrunde 2002?**
- A 3
- B 4
- C 5
- D 7

1456. **Wer schoss 1912 beim 16:0-Sieg über Russland allein zehn Tore?**
- A Gottfried Fuchs
- B Karl Burger
- C Emil Oberle
- D Fritz Förderer

1457. **Die italienischen Ex-Nationalspieler Dino und Roberto Baggio sind ...**
- A ... Brüder
- B ... Onkel und Neffe
- C ... Vater und Sohn
- D ... nicht verwandt

1458. **Bei welchem Verein wurde Rolf Fringer in der Saison 1996/97 entlassen?**
- A SC Freiburg
- B Arminia Bielefeld
- C VfB Stuttgart
- D 1. FC Köln

1459. **Wer war Trainer der Nationalelf Tunesiens?**
- A Berti Vogts
- B Holger Osieck
- C Bernd Stange
- D Eckhard Krautzun

1460. **In welcher niederländischen Stadt trägt Willem II seine Heimspiele aus?**
- A Tilburg
- B Den Haag
- C Arnheim
- D Rotterdam

1461. **Wer löste Jürgen Röber 1994/95 als Trainer beim VfB Stuttgart ab?**
- A Eberhard Vogel
- B Christoph Daum
- C Jürgen Sundermann
- D Rolf Fringer

1462. **Welcher Bundesliga-Club hat die meisten Fan-Clubs?**
- A FC Bayern München
- B 1. FC Köln
- C Hamburger SV
- D Hertha BSC

1463. **Wie viele Teams spielten in der Qualifikation für die EM-Endrunde 1992?**
- A 22
- B 33
- C 44
- D 55

1464. **Für welchen Bundesligisten spielte der Bulgare Yordan Letschkow?**
- A Bayer 04 Leverkusen
- B FC Schalke 04
- C Hamburger SV
- D Werder Bremen

1465. **Wie viele Deutsche Meisterschaften gewann Klaus Augenthaler?**
- A 7
- B 8
- C 9
- D 10

1466. Wer bin ich?

Hier erzählt ein bekannter Fußballstar über sich selbst. Wissen Sie, um wen es sich handelt?

Ich bin ein Kind des Ruhrpotts. Genau gesagt, ein Kind der Stadt Essen. Dort wurde ich 1938 geboren und zog für den TuS Helene Altenessen erstmals die Fußballschuhe an. Dann ging es zu Rot-Weiß Essen, wo ich Anfang der 60er-Jahre spielte. Die Bundesliga lernte ich ab 1963 jedoch in Berlin kennen, wo ich in 53 Spielen für Hertha BSC sechsmal traf. Danach wechselte ich zum 1. FC Kaiserslautern, dem ich in 148 Spielen zu 16 Treffern verhalf.

1972 beendete ich mein Dasein als Aktiver und zog ein paar Kilometer weiter nach Saarbrücken, wo ich den dortigen 1. FC für eine Saison als Trainer betreute. Der Trainerberuf – meine wahre Berufung! Nach fast 15 Jahren beim SV Werder Bremen, den ich zweimal zur Deutschen Meisterschaft, dreimal zum Deutschen Pokalsieg und sogar einmal zum Gewinn des Europapokals der Pokalsieger führte, wollte mich der FC Hollywood. Der Scheck war hoch genug – und so wechselte ich am 1. Juli 1995 nach München. Welch eine Fehlentscheidung! Schon am 27. April 1996 waren Hoeneß und Co. meiner überdrüssig.

Doch in Kaiserslautern versuchten die „Roten Teufel" gerade den Wiederaufstieg. Mit mir schafften sie nicht nur den, sie wurden 1998 auch gleich Deutscher Meister, der erste übrigens, der sich als Aufsteiger sofort die Salatschüssel erspielte. Ich kann nur hoffen, dass dieser Triumph die Bayern so richtig geärgert hat!

Die nächste Sensation war dann, dass ich als Nationaltrainer von Griechenland nicht nur die EM-Qualifikation mit den Hellenen schaffte, sondern anschließend auch gleich noch das ganze Turnier gewann. Seitdem bin ich auch nicht mehr traurig, dass es mir nicht gelang, jemals auf meinen Traumjob als Bundestrainer berufen zu werden. 2005 haben sie mir dann noch das Bundesverdienstkreuz verliehen, was will man mehr?

Wer bin ich?

1467. Rebus-Rätsel

Welcher Begriff versteckt sich hier?

1468. Wer hat's gesagt?

A „Zur Schiedsrichterleistung will ich gar nichts sagen, aber das war eine Frechheit, was da gepfiffen wurde!“

Uli Hoeneß
Richard Golz
Stefan Reuter

B „Wir müssen gewinnen. Alles andere ist primär.“

Hans Krankl
Stefan Effenberg
Olaf Thon

C „Das Chancenplus war ausgeglichen.“

Lothar Matthäus
Bernd Hölzenbein
Guyla Lorant

D „Fußball ist ein Spiel von 22 Leuten, die rumlaufen, den Ball spielen, und einem Schiedsrichter, der eine Reihe dummer Fehler macht, und am Ende gewinnt immer Deutschland.“

Ciriaco Sforza
Marco van Basten
Gary Lineker

E „Es gibt nur einen Ball. Wenn der Gegner ihn hat, muss man sich fragen: Warum? Ja, warum? Und was muss man tun? Ihn sich wiederholen!“

Aleksandar Ristic
Giovanni Trappatoni
Rinus Michels

1469. Wahrheit oder Lüge?

A Das Stadion von Energie Cottbus heißt „Stadion der Freundschaft“.

B Franz Beckenbauer kam zu Bayern München, weil ihn ein Spieler von 1860 München geohrfeigt hatte.

C Bei Real Madrid gelang es dem Mittelfeldspieler Gheorghe Hagi nie, richtig Fuß zu fassen.

D Die deutsche Nationalmannschaft verlor erst 1985 ihr erstes FIFA WM-Qualifikationsspiel.

E Der schwedische Stürmer Knut Hamrin erhielt im Laufe seiner 14-jährigen Karriere im italienischen Fußball nie eine gelbe Karte.

F Die „FIFA Frauenfussball-Weltmeisterschaft“ 1999 fand in Deutschland statt.

E Eric Cantona stammt aus der französischen Stadt Lyon.

1470. **Wann wurde Oliver Bierhoff geboren?**
A 1965
B 1967
C 1968
D 1970

1471. **Welchen Bundesligisten trainierte Huub Stevens von 1996 bis 2002?**
A VfL Bochum
B FC Schalke 04
C 1. FC Köln
D Hertha BSC Berlin

1472. **Aus welchem Land stammt Besiktas Istanbuls Stürmer John Carew ?**
A England
B Wales
C Norwegen
D Spanien

1473. **Bei welchem Verein begann die Fußball-Karriere von Wolfram Wuttke ?**
A Schalke 04
B Hamburger SV
C Borussia Mönchengladbach
D 1. FC Kaiserslautern

1474. **Bei welchem brasilianischen Club erlernte Ronaldinho das Fußballspielen?**
A Fluminense
B Botafogo
C Palmeiras
D Gremio Porto Alegre

1475. **Welcher Spieler erzielte für den Hamburger SV 100 Bundesliga-Tore?**
A Georg Volkert
B Horst Hrubesch
C Gert Dörfel
D Thomas von Heesen

1476. **Wie hießen die Gegner der deutschen Mannschaft in der FIFA WM-Qualifikation 1938?**
A Lettland, Polen und Tschechoslowakei
B Österreich, Luxemburg und San Marino
C Schweiz, Norwegen und Bulgarien
D Schweden, Finnland und Estland

1477. **Mit welcher Mannschaft wurde Hans Krankl 1979 Europapokal-Sieger?**
A Banik Ostrava
B FC Barcelona
C Austria Wien
D Nottingham Forest

1478. **Welche dieser Trainerlegenden trainierte noch nie den FC Schalke 04?**
A Otto Rehhagel
B Max Merkel
C Rudi Gutendorf
D Udo Lattek

1479. **Wen löste Wolfgang Niersbach als DFB-Pressesprecher ab?**
A Rainer Holzschuh
B Norbert Dobeleit
C Gerd Brucher
D Wilfried Hennes

1480. **Wie viele Spiele waren notwendig, ehe die 16 Teilnehmer der FIFA WM 1978 feststanden?**
A 94
B 138
C 203
D 252

1481. **Auf dem Weg zum FIFA WM-Titel 1998 flogen zwei Franzosen vom Platz. Welche?**
A Zidane und Blanc
B Pires und Deschamps
C Lizarazu und Barthez
D Zidane und Pires

1482. **Wer war mit 17 Jahren und 327 Tagen der jüngste Torschütze in einem Finale des Europapokals der Landesmeister?**
- A Ronaldo
- B Henrik Larsson
- C Dennis Bergkamp
- D Patrick Kluivert

1483. **Das erste Länderspiel einer deutschen Elf ging 1908 gegen...**
- A ...Dänemark
- B ...Belgien
- C ...Frankreich
- D ...die Schweiz

1484. **An wie vielen EM-Endrunden nahm Christian Ziege teil?**
- A 1
- B 2
- C 3
- D 4

1485. **Wie viele afrikanische Teams dürfen seit der FIFA WM 1994 an der Endrunde teilnehmen?**
- A 3
- B 4
- C 5
- D 6

1486. **Wer ist Generalsponsor der deutschen Fußball-Nationalelf?**
- A Mercedes Benz
- B Siemens
- C Volkswagen
- D BASF

1487. **Wie viele Tore erzielte Gerd Müller in seinen 62 Länderspielen?**
- A 22
- B 41
- C 52
- D 68

1488. **Was war der größte Erfolg einer polnischen Nationalmannschaft bei einer FIFA WM-Endrunde?**
- A Weltmeister
- B Zweiter Platz
- C Dritter Platz
- D Vierter Platz

1489. **Für welche Nation traf Enzo Scifo fünfmal in 84 Länderspielen?**
- A Spanien
- B Belgien
- C Italien
- D Schweden

1490. **Seit wann finden die DFB-Pokalendspiele ständig in Berlin statt?**
- A Seit 1980
- B Seit 1985
- C Seit 1989
- D Seit 1990

1491. **Welchen Regionalligisten trainierte Bruno Labbadia im Jahre 2005?**
- A Darmstadt 98
- B Kickers Offenbach
- C SF Siegen
- D FC Augsburg

1492. **Wann beendeten Rodolfo Esteban Cardoso und Bernd Hollerbach ihre Bundesliga-Laufbahn?**
- A 2001
- B 2002
- C 2003
- D 2004

1493. **Welcher ehemalige Nationalspieler wechselte 2004 zum 1. FC Kaiserslautern?**
- A Carsten Jancker
- B Thomas Häßler
- C Stefan Reuter
- D Steffen Freund

1494. **Wo fand 1934 die FIFA WM statt?**
- A Brasilien
- B Ungarn
- C Italien
- D Schweden

1495. **Wer schoss im Finale des Europapokals der Landesmeister 1987 das einzige Tor für den FC Bayern München?**
- A Michael Rummenigge
- B Dieter Hoeneß
- C Ludwig Kögl
- D Hans Pflügler

1496. **Aus welchem Material müssen regelgerechte Torpfosten in der Bundesliga bestehen?**
- A Eisen
- B Plastik
- C Holz oder Aluminium
- D Blei

1497. **Wie hießen die Zwischenrundengegner der deutschen Auswahl bei der FIFA WM 1982?**
- A Brasilien und Argentinien
- B Frankreich und Österreich
- C Belgien und Polen
- D England und Spanien

1498. **Welcher Club entließ in der Saison 1993/94 seinen Trainer und seinen Kapitän am selben Tag?**
- A VfB Stuttgart
- B Eintracht Frankfurt
- C SC Freiburg
- D Borussia Mönchengladbach

1499. **Wer ist Weltrekordler in der Anzahl seiner Länderspieleinsätze?**
- A Pelé
- B Kevin Keegan
- C Lothar Matthäus
- D Ferenc Puskas

1500. **Für welche Summe wechselte Michael Ballack 1999 vom 1. FC Kaiserslautern zu Bayer 04 Leverkusen?**
- A 8 Mio. DM
- B 13 Mio. DM
- C 15 Mio. DM
- D 19 Mio. DM

1501. **Welcher italienische Nationalspieler trägt das Trikot des AC Mailand?**
- A Marco Di Vaio
- B Christian Vieri
- C Filippo Inzaghi
- D Francesco Totti

1502. **Wann wurde Franz Beckenbauer Teamchef?**
- A Am 12. September 1984
- B Am 15. April 1985
- C Am 3. September 1985
- D Am 1. Januar 1986

1503. **Dortmunds Sturmduo Schütz und Konietzka wurde genannt...**
- A ...Die Ballerer
- B ...Bam und Bum
- C ...Plüsch und Plum
- D ...Max und Moritz

1504. **Die Folge der Veröffentlichung von Lothar Matthäus' Tagebuch... ?**
- A Seine Frau ließ sich scheiden
- B Er wurde vom DFB ein Jahr gesperrt
- C Verlust des Kapitänspostens
- D Ausschluss aus der Nationalmannschaft

1505. **In welchem Land gehen die Kaizer Chiefs auf Torejagd?**
- A Ghana
- B Kanada
- C China
- D Südafrika

1506. Wahrheit oder Lüge?

A Der PSV Eindhoven ist der erfolgreichste holländische Club der 1980er Jahre.

B Der brasilianische Weltklassespieler Garrincha wurde in einem Urwalddorf geboren.

C Björn Nordqvist spielte bei drei Weltmeisterschaften für Schweden.

D Bruno Pezzey begann seine Karriere in Deutschland bei Werder Bremen.

E Ab der Saison 2007/2008 speilen die besten Mannschaften Europas in einer Europaliga.

F Günter Netzer hat Schuhgröße 47.

1507. Wer hat's gesagt?

A „...wie Statisten ausgerechnet haben..."

Wolf-Dieter Poschmann
Sabine Töpperwien
Günter Jauch

B „Auf der Bayernbank hat man wieder mal Sorgen, das kann man nicht nur akustisch sondern auch visuell sehen."

Michael Steinbrecher
Fritz von Thurn und Taxis
Rudi Cerne

C „Holt die Antidepressiva raus, Fortuna Düsseldorf spielt!"

Adi Furler
Aris Donzelli
Manfred Breuckmann

D „Die Schotten feiern richtig schön, ohne Ausschreitungen. Die trinken so viel, da können sie gar nicht mehr zuhauen."

Gerhard Delling
Dieter Kürten
Harry Valérien

1508. Wer war's?

Ein Ritter der Ehrenlegion
Er war der Superstar der Europameisterschaft 1984, wurde zum Ritter der Ehrenlegion ernannt und kann in einem Pariser Wachsfigurenkabinett bewundert werden. 1998 organisierte er die „FIFA Fussball-Weltmeisterschaft" im eigenen Land.

1509. Wahrheit oder Lüge?

A Die U18 der DDR wurde 1986 unter anderem mit Matthias Sammer und Axel Kruse Europameister.

B Der 1954er-Weltmeister Toni Turek wurde in Duisburg geboren.

C Hennes Weisweiler zog Heinz Flohe dem bisherigen Spielmacher Wolfgang Overath vor.

D José Santamaria war in den 1950er Jahren einer der besten Stopper der Welt.

E Sepp Herberger hatte eine besondere Vorliebe für Spieler vom FC Schalke 04.

F Der englische Ausdruck für Fußball lautet „Football".

G Der PSV Eindhoven ist der erfolgreichste holländische Club der 1980er Jahre.

H Der brasilianische Weltklassespieler Garrincha wurde in einem Urwalddorf geboren.

I Björn Nordqvist spielte bei drei Weltmeisterschaften für Schweden.

J Bruno Pezzey begann seine Karriere in Deutschland bei Werder Bremen.

1510. Wer hat's gesagt?

A „Wenn wir alle Spiele gewinnen, können wir Weltmeister werden!"

André Trulsen
Bernhard Trares
Horst Hrubesch

B „Wenn ich so sehe, welchen Zirkus ein Stefan Effenberg oder Mario Basler um die eigene Person veranstaltet, wird mir schwindlig. Früher hätten wir die im Training ein paar Mal richtig weggegrätscht – dann wäre Ruhe gewesen!"

Bernhard Dietz
Jürgen Röber
Bernd Hobsch

C „Unsere Chancen stehen 70:50."

Jimmy Hartwig
Karlheinz Feldkamp
Torsten Legat

D „Ich habe ihn nur ganz leicht retuschiert."

Karlheinz Riedle
Fredi Bobic
Olaf Thon

E „Im Endeffekt sind Regeln dazu da, gebrochen zu werden."

Michael Sternkopf
Roy Präger
Felmming Povlsen

1511. **Bei welchem Verein begann die Trainerkarriere von Ewald Lienen?**
- A Arminia Bielefeld
- B Werder Bremen
- C Wattenscheid 09
- D MSV Duisburg

1512. **Wer hatte den ehemaligen französischen Nationalstürmer Lilian Laslandes 2001/02 unter Vertrag?**
- A Bayer 04 Leverkusen
- B 1. FC Köln
- C Eintracht Frankfurt
- D Hansa Rostock

1513. **Welche Nation gewann als erstes afrikanisches Land ein Spiel bei einer FIFA WM-Endrunde?**
- A Senegal
- B Tunesien
- C Kamerun
- D Algerien

1514. **Auf welcher Position spielte Hans Günter Bruns in Mönchengladbach, Düsseldorf und Schalke?**
- A Rechtsaußen
- B Mittelstürmer
- C Libero
- D Torwart

1515. **Wer war Trainer der chinesischen Nationalmannschaft bei der FIFA WM 2002?**
- A Zico
- B Bora Milutinovic
- C Rudi Gutendorf
- D Henri Michel

1516. **In welcher Saison lief Eintracht Braunschweig als erster Club mit Trikotwerbung auf?**
- A 1972/73
- B 1973/74
- C 1974/75
- D 1975/76

1517. **Welche Biermarke ziert die Brust der Spieler von Borussia Mönchengladbach?**
- A Warsteiner
- B Jever
- C Krombacher
- D Becks

1518. **Wann wurde Thomas Häßler erstmals in den Kader der deutschen Nationalmannschaft berufen?**
- A 1987
- B 1988
- C 1989
- D 1990

1519. **Welcher Bundesliga-Torwart warf sich in einem Meisterschaftsspiel den Ball selbst ins Tor?**
- A Walter Junghans
- B Jürgen Pahl
- C Oliver Reck
- D Wolfgang de Beer

1520. **Für welchen italienischen Verein stürmte Ronaldo von 1997 bis 2002?**
- A AC Mailand
- B AC Parma
- C Inter Mailand
- D Juventus Turin

1521. **In welchem Jahr gewann eine deutsche Mannschaft erstmals einen Europapokal?**
- A 1958
- B 1962
- C 1965
- D 1966

1522. **Bei welcher FIFA WM gewann erstmals nicht das Gastgeberland?**
- A 1934
- B 1938
- C 1954
- D 1950

1523. **Welcher Club gewann 1974, 1975 und 1976 den Europapokal der Landesmeister?**
- A FC Barcelona
- B Bayern München
- C Real Madrid
- D Inter Mailand

1524. **Welcher Weltmeister von '54 hatte einen Nachfolger gleichen Namens?**
- A Max Morlock
- B Jupp Posipal
- C Fritz Walter
- D Toni Turek

1525. **Wer schoss im Finale der Champions League 1999 den Siegtreffer für Manchester United?**
- A David Beckham
- B Andy Cole
- C Ole Gunnar Solskjaer
- D Teddy Sheringham

1526. **Welche Rückennummer trug Berti Vogts bei seinen FIFA WM-Einsätzen für Deutschland?**
- A 2
- B 6
- C 7
- D 8

1527. **Wann stand der Europameister erst nach zwei Finalspielen fest?**
- A 1960
- B 1964
- C 1968
- D 1972

1528. **Wie viele Vorrundenspiele gewann Bayern München in der Champions League-Saison 2002/03?**
- A 2
- B 3
- C Alle 6
- D Keines

1529. **Wie oft gewann der FC Liverpool den Europapokal der Landesmeister?**
- A Einmal
- B Zweimal
- C Dreimal
- D Fünfmal

1530. **Wie lautet der Spitzname von Trainer Karl-Heinz Feldkamp?**
- A „Feldmaus“
- B „Kalli“
- C „Heinzi“
- D „Felle“

1531. **Die Spieler von Borussia Mönchengladbach heißen...**
- A ...Hengste
- B ...Rösser
- C ...Fohlen
- D ...Mustangs

1532. **Für welchen Verein spielte der finnische Nationalspieler Jari Litmanen von 2002 bis 2004?**
- A FC Liverpool
- B HJK Helsinki
- C Ajax Amsterdam
- D FC Barcelona

1533. **Wie viele Tore erzielte der Karlsruher SC in der Saison 1967/68 in seinen 17 Auswärtsspielen?**
- A 6
- B 8
- C 10
- D 12

1534. **Wen bewahrte Markus Münch mit einem Tor im letzten Meisterschaftsspiel 1996 vor dem Abstieg in die Zweite Bundesliga?**
- A Bayer 04 Leverkusen
- B Borussia Mönchengladbach
- C 1. FC Kaiserslautern
- D 1. FC Köln

1535. **Wann spielte die deutsche Elf ihr erstes Länderspiel?**
- A Am 3. Januar 1899
- B Am 5. April 1908
- C Am 4. Mai 1910
- D Am 29. Juli 1912

1536. **Welcher niederländische Nationalspieler stand u. a. beim SV Werder Bremen und beim VfB Stuttgart unter Vertrag?**
- A Marco van Hoogdalem
- B Wilfried van Moer
- C Harry Decheiver
- D Frank Verlaat

1537. **Wie viele Bundesligaspiele bestritt Jürgen Grabowski?**
- A 111
- B 220
- C 332
- D 441

1538. **Wann wurde in Deutschland erstmals der Supercup ausgespielt?**
- A 1985
- B 1987
- C 1989
- D 1993

1539. **In welcher Saison spielte der 1. FC Kaiserslautern in der Zweiten Bundesliga?**
- A 1997/98
- B 1996/97
- C 1998/99
- D 1999/2000

1540. **Wie heißt das neue Stadion in Düsseldorf?**
- A KÖ-Park
- B Lufthansa-Stadion
- C TUI-Stadion
- D LTU-Arena

1541. **Für welchen englischen Verein spielte Ex-Nationalverteidiger Thomas Helmer?**
- A Sheffield Wednesday
- B Charlton Athletic
- C FC Sunderland
- D Aston Villa

1542. **Das Länderspiel Deutschland - Ungarn am 15. November 1978 wurde abgebrochen wegen...**
- A ...Blitzeinschlag
- B ...Flaschenwurf
- C ...Nebel
- D ...Feuer

1543. **Welcher heutige Trainer traf im Finale des UEFA-Pokals 1988 für Bayer 04 Leverkusen?**
- A Falko Götz
- B Jürgen Röber
- C Rudi Völler
- D Ewald Lienen

1544. **Bei welcher FIFA WM-Endrunde kam zum ersten Mal die so genannte „Rückpassregel“ zur Anwendung?**
- A 1986
- B 1990
- C 1994
- D 1998

1545. **Welcher Spieler hatte die meisten Europacup-Einsätze?**
- A Sepp Maier
- B Franz Beckenbauer
- C Bernd Dürnberger
- D Klaus Augenthaler

1546. **Welcher Verein stand im Mittelpunkt des ersten Bundesligaskandals 1965?**
- A Hertha BSC Berlin
- B Hamburger SV
- C 1. FC Nürnberg
- D Arminia Bielefeld

1547. **Wie viele Vereine gehören heute dem DFB an?**
A Etwa 3.500
B Etwa 12.800
C Etwa 19.800
D Etwa 27.000

1548. **Welches Team wurde „FIFA Fussball-Weltmeister“ und zwei Jahre später auch Europameister?**
A Italien
B Frankreich
C Niederlande
D Deutschland

1549. **Für welchen Verein spielte Andreas Möller in der Saison 1996/97?**
A Borussia Dortmund
B Eintracht Frankfurt
C Schalke 04
D Juventus Turin

1550. **Wer konnte sich nicht für die EM-Endrunde 1992 qualifizieren?**
A Spanien
B Schottland
C Frankreich
D England

1551. **Für welchen französischen Verein spielte Christian Wörns?**
A FC Toulouse
B Paris Saint Germain
C AS Monaco
D SEC Bastia

1552. **Wo spielte der HSV bis 1963?**
A Im Volkspark
B Am Rothenbaum
C In der Alsterarena
D Im Elbestadion

1553. **Mit wie vielen Treffern wurde Gerd Müller 1972 Torschützenkönig?**
A Mit 30
B Mit 32
C Mit 35
D Mit 40

1554. **Welcher Spieler erzielte die meisten Bundesligatore für die SpVgg. Unterhaching?**
A Andre Breitenreiter
B Altin Rrakli
C Markus Oberleitner
D Jochen Seitz

1555. **Für welche Nationalmannschaft spielt Sergej Barbarez?**
A Kroatien
B Bosnien/Herzegowina
C Tschechien
D Slowenien

1556. **Wer wurde als Spieler und als Trainer Deutscher Meister?**
A Max Merkel
B Werner Olk
C Helmut Benthaus
D Werner Biskup

1557. **Welcher ehemalige Nationalspieler wurde 2004 wegen eines Dopingvergehens gesperrt?**
A Stefan Reuter
B Fredi Bobic
C Marko Rehmer
D Christian Ziege

1558. **Welche Mannschaft gewann 2004 die Afrikameisterschaft?**
A Kamerun
B Tunesien
C Südafrika
D Marokko

1559. Versteckter Fußballer

Schwimmstunde

Karin wollte endlich schwimmen können. Sie fuhr dazu an den Bodensee. „Lernen kann man es hier am besten.“, sagte sie.

Können Sie den darin versteckten deutschen Fußballspieler entdecken?

1560. Zum Schmunzeln

Torp(f)osten

Schon zum dritten Mal knallt dem älteren Herrn auf der Parkbank ein Fußball gegen das Schienbein. „Könnt ihr nicht woanders spielen?“, beschwert er sich bei den Kindern. „Doch“, erwidert der kleine Mittelstürmer, „aber Sie müssen mitkommen – schließlich sind Sie unser rechter Torpfosten!“

Fußballkarriere

„Du, Vati“, will Fritzchen wissen, „was wird eigentlich aus einem Fußballspieler, wenn er alt, taub und blind ist?“ - „Schiedsrichter, mein Sohn!“

1561. Wahrheit oder Lüge?

A Jürgen Klinsmann wechselte von den Stuttgarter Kickers zum VfB Stuttgart.

B 1978 kaufte Alianza Lima den Stürmer Teofilo Cubillas mit Hilfe der peruanischen Regierung.

C Bei einem Bundesligaspiel muss der Ball aus Leder bestehen.

D Michel Platinis Vater war lange Jahre sportlicher Direktor bei Erstligisten AS Nancy.

E Vor der Eröffnung der BayArena trug Bayer Leverkusen seine Heimspiele im Ulrich-Haberland-Stadion aus.

F Die erste Trainerstation von Christoph Daum war 1986 der 1. FC Köln.

1562. Besuchskarte

Welcher bekannte Fußballstar möchte sich hier bei Ihnen vorstellen?

HERM.
ADEBAR
sen.

1563. **Wer schoss im Finale des UEFA-Pokals 1980 das entscheidende Tor?**
- A Ralph Probst
- B Rainer Pietsch
- C Rainer Nachtigall
- D Fred Schaub

1564. **Für wen spielte der nigerianische Abwehrspieler Taribo West in der Saison 2001/02?**
- A SC Freiburg
- B Hansa Rostock
- C Hamburger SV
- D 1. FC Kaiserslautern

1565. **Wer wurde 1982 und 1983 unter Trainer Hennes Weisweiler Landesmeister in der Schweiz?**
- A Grasshoppers Zürich
- B FC Lugano
- C Young Boys Bern
- D FC Basel

1566. **Welche beiden Stürmer standen im Finale der EM 1992 in der deutschen Startelf?**
- A Völler und Riedle
- B Klinsmann und Riedle
- C Klinsmann und Völler
- D Klinsmann und Mill

1567. **Welcher Bundesligaclub stand in der Saison 2004/05 erstmals an der Spitze der Bundesligatabelle?**
- A VfL Wolfsburg
- B Arminia Bielefeld
- C Hannover 96
- D FSV Mainz 05

1568. **Das oberste DFB-Beschlussorgan ist...**
- A ...der DFB-Bundestag
- B ...der DFB-Bundeskanzler
- C ...der DFB-Bundesrat
- D ...die DFB-Bundesversammlung

1569. **Für welchen deutschen Verein außer Werder Bremen war Mirko Votava in der Bundesliga aktiv?**
- A Borussia Mönchengladbach
- B VfB Stuttgart
- C Borussia Dortmund
- D Schalke 04

1570. **Welche Mannschaft konnte sich 1990 erstmals für eine FIFA WM-Endrunde qualifizieren?**
- A USA
- B Kolumbien
- C Vereinigte Arabische Emirate
- D Irland

1571. **Von welchem ehemaligen Erstligisten wechselten Hamit und Halil Altintop 2003 in die Bundesliga?**
- A Preußen Münster
- B RW Essen
- C Wattenscheid 09
- D Kickers Offenbach

1572. **Für welchen italienischen Club spielte George Weah von 1995 bis 1999?**
- A Inter Mailand
- B AC Turin
- C Juventus Turin
- D AC Mailand

1573. **Wie lautete der Spitzname des jugoslawischen Bundesligatrainers Zlatko Cajkovski?**
- A Bomber
- B Tschik
- C Torres
- D Zladdi

1574. **Welchen Beruf übt Schiedsrichter Franz-Xaver Wack aus?**
- A Pianist
- B Rechtsanwalt
- C Zahnarzt
- D Schulleiter

1575. Welchem Spieler gelangen sechs Tore in einem Bundesligaspiel?
- A Klaus Allofs
- B Manfred Burgsmüller
- C Gerd Müller
- D Dieter Müller

1576. Welcher ukrainische Stürmerstar führte Dynamo Kiew 1975 zum Gewinn des Europapokals der Pokalsieger?
- A Josip Kuze
- B Antonin Panenka
- C Oleg Blochin
- D Gyula Lazar

1577. Welcher deutsche Trainer wurde mit Besiktas Istanbul 1995 Türkischer Meister?
- A Karl-Heinz Feldkamp
- B Reinhard Saftig
- C Rainer Hollmann
- D Christoph Daum

1578. Welches war die beste Abschlussplatzierung des 1. FC Saarbrücken in der Bundesliga-Geschichte?
- A Der 8. Platz
- B Der 10. Platz
- C Der 12. Platz
- D Der 14. Platz

1579. Aus welchem Land stammt der Bundesligaspieler Delron Buckley?
- A Schottland
- B Kanada
- C Australien
- D Südafrika

1580. Gegen welche Teams setzte sich die deutsche Mannschaft in der Qualifikation zur EM 1980 durch?
- A Schottland, Ungarn und Dänemark
- B Wales, Türkei und Malta
- C Schweiz, Italien und Luxemburg
- D Österreich, Polen und Liechtenstein

1581. Wo beendete Paul Breitner seine aktive Karriere?
- A Beim FC Bayern München
- B Bei Real Madrid
- C Beim 1. FC Nürnberg
- D Bei Eintracht Braunschweig

1582. Welches afrikanische Team spielte 1978 in einer Vorrundengruppe mit der deutschen Mannschaft?
- A Südafrika
- B Marokko
- C Tunesien
- D Algerien

1583. Die Breite des Spielfeldes beträgt zwischen ...
- A ... 45 und 76 m
- B ... 50 und 63 m
- C ... 45 und 90 m
- D ... 48,7 und 52,4 m

1584. Seit wann gilt die sog. Auswärtstorregel bei Pokal- oder Entscheidungsspielen?
- A 1969
- B 1975
- C 1986
- D 1982

1585. Für welchen spanischen Club spielte Andreas Brehme?
- A Real San Sebastian
- B Real Mallorca
- C Real Oviedo
- D Real Saragossa

1586. In welcher Saison spielte der VfB Leipzig in der Ersten Bundesliga?
- A 1993/94
- B 1995/96
- C 1999/2000
- D 2002/03

1587. **Welche Rückennummer trägt in der Regel der Spielmacher einer Mannschaft?**
- A 7
- B 8
- C 9
- D 10

1588. **Wer war Englands „Fußballer des Jahres“ 1995?**
- A Jürgen Klinsmann
- B Christian Ziege
- C Dietmar Hamann
- D Jörg Albertz

1589. **Welcher deutsche Trainer gewann mit seiner Nationalmannschaft gegen die deutsche Auswahl?**
- A Sepp Piontek
- B Rudi Gutendorf
- C Winfried Schäfer
- D Bernd Stange

1590. **Wann wurde Uwe Seeler geboren?**
- A 1936
- B 1938
- C 1940
- D 1942

1591. **Welcher Nationaltorwart gilt als bester Torhüter aller Zeiten?**
- A Igor Bogdanov
- B Lew Jaschin
- C Sepp Maier
- D Peter Shilton

1592. **Wie viele Spiele verlor die Nationalmannschaft Luxemburgs zwischen 1980 und 1995 in Folge?**
- A 23
- B 32
- C 54
- D 67

1593. **Welcher US-Spieler sorgte bei der FIFA WM 1994 durch Haarpracht und Kinnbart für Aufsehen?**
- A Tony Meola
- B Alexi Lalas
- C Eric Wynalda
- D Coby Jones

1594. **Bei welchem europäischen Club spielte Ronaldo zuerst?**
- A PSV Eindhoven
- B Feyenoord Rotterdam
- C AC Parma
- D AC Mailand

1595. **Wie viele Mannschaften stiegen am Ende der Saison 1991/92 in die Zweite Bundesliga ab?**
- A 1
- B 2
- C 3
- D 4

1596. **Welche Farben haben in der Regel die Trikots der irischen Nationalmannschaft?**
- A Grün
- B Blau
- C Rot
- D Gelb

1597. **Wie viele Tore schoss Gary Lineker in seinen 48 Länderspielen?**
- A 4
- B 8
- C 16
- D 32

1598. **Wer ist Torschützenkönig in der ewigen Rangliste der Oberliga Südwest?**
- A Karl Mai
- B Ottmar Walter
- C Fritz Walter
- D Helmut Rahn

1599. **Wie viele Spieler aus der ehemaligen DDR waren im Aufgebot der deutschen Nationalmannschaft für die FIFA WM 1994?**
- A 2
- B 3
- C 4
- D 5

1600. **Welcher Schiedsrichter vertrat den Deutschen Fußballbund bei der FIFA WM-Endrunde 1994?**
- A Markus Merk
- B Hellmut Krug
- C Wolf-Dieter Ahlenfelder
- D Walter Eschweiler

1601. **Wer war 1960 erster „Fußballer des Jahres“?**
- A Hans Schäfer
- B Hans Tilkowski
- C Uwe Seeler
- D Max Morlock

1602. **Wie heißt Sepp Maier wirklich?**
- A Johannes
- B Anton
- C Josef Dieter
- D Sebastian

1603. **Warum fehlte Rudi Brunnenmeier dem TSV 1860 München in der Saison 1966/67 in einigen Spielen?**
- A Er saß im Gefängnis
- B Er hatte einen Autounfall
- C Er hatte einen Kreuzbandriss
- D Er war gesperrt

1604. **Bei welchem deutschen Verein spielte der ehemalige litauische Nationalspieler Valdas Ivanauskas?**
- A Hansa Rostock
- B Hamburger SV
- C SC Freiburg
- D VfL Bochum

1605. **Bei welcher FIFA WM wurde die Welle „La Ola“ kreiert?**
- A 1986
- B 1990
- C 1994
- D 1998

1606. **Wer kommentierte am 1. April 1998 das 75 Min. später angepfiffene Champions League-Spiel?**
- A Waldemar Hartmann, Rudi Cerne
- B Michael Steinbrecher, Rudi Cerne
- C Marcel Reif, Günter Jauch
- D Günter Netzer, Gerd Delling

1607. **Gegen welche Mannschaft gelangen Karl-Heinz Rummenigge bei der FIFA WM 1982 drei Tore?**
- A Chile
- B Frankreich
- C Algerien
- D Österreich

1608. **Wie oft war Gerd Müller Europas Torschützenkönig?**
- A Zweimal
- B Dreimal
- C Viermal
- D Fünfmal

1609. **Wer war bei der EM 2000 Kapitän der französischen Nationalmannschaft?**
- A Didier Deschamps
- B Lilian Thuram
- C Fabien Barthez
- D Zinedine Zidane

1610. **Wie lautet der Spitzname des Trainers Zlatko Cajkovski?**
- A Tschock
- B Plock
- C Tschik
- D Zack

1611. **Wo wurde Deutschland 1990 „FIFA Fussball-Weltmeister“?**
- A In Italien
- B In Spanien
- C In Mexiko
- D In den USA

1612. **Eingewechselte Spieler, die dem Spiel eine Wende geben, sind...**
- A ...Ballerer
- B ...Joker
- C ...Zauberer
- D ...Bomber

1613. **Welcher Bundesliga-Rekord wurde bereits in der ersten Saison im Spiel Stuttgart gegen Kaiserslautern aufgestellt?**
- A Weniger als 1000 Zuschauer
- B 3 Eigentore in einem Spiel
- C 6 Platzverweise in einem Spiel
- D 4 verschossene Elfmeter

1614. **Wie oft gewann Deutschland bis 2004 gegen Italien bei EM- und FIFA WM-Endrunden?**
- A Einmal
- B Dreimal
- C Viermal
- D Noch nie

1615. **In welchem Jahr gewann Ajax Amsterdam die Champions League?**
- A 1995
- B 1996
- C 1997
- D 1998

1616. **Wie lautet der Spitzname von Eric Cantona?**
- A Der König
- B Der Prinz
- C Der General
- D Der Admiral

1617. **Mit welchem Verein wurde Jean-Pierre Papin 1989 Französischer Meister?**
- A Stade Reims
- B AS Monaco
- C Olympique Marseille
- D OGC Nizza

1618. **In welchem Land wurde Nationalspieler Oliver Neuville geboren?**
- A Frankreich
- B Italien
- C Schweiz
- D Deutschland

1619. **Wie wird die höchste niederländische Spielklasse genannt?**
- A Eliteliga
- B Super Liga
- C Erste Liga
- D Ehrendivision

1620. **Welche Mannschaft belegte bisher als einzige den 20. Platz in einer Bundesliga-Abschlusstabelle?**
- A Tasmania Berlin
- B VfB Leipzig
- C MSV Duisburg
- D Fortuna Düsseldorf

1621. **Aus welchem Land stammt der ehemalige Bayern-Stürmer Emil Kostadinov?**
- A Bulgarien
- B Ungarn
- C Russland
- D Tschechien

1622. **Welcher Verein stand dreimal als Dritter der Zweiten Bundesliga in der Relegationsrunde?**
- A 1. FC Saarbrücken
- B Fortuna Köln
- C MSV Duisburg
- D Bayer 05 Uerdingen

Nachdenklich: der deutsche Fußball-Nationalstürmer Rudi Völler bei der EM 1992

1623. Wie viele Vereine gehörten dem DFB bei seiner Gründung an?

A 86
B 90
C 104
D 112

1624. Welcher Club hält mit 18 Unentschieden in einer Saison den Bundesliga-Rekord?

A 1. FC Kaiserslautern
B Karlsruher SC
C Borussia Mönchengladbach
D VfL Bochum

1625. In welchem Jahr gingen alle Endrundenspiele einer EM in die Verlängerung?

A 1976
B 1980
C 1984
D 1988

1626. Wer war bei Bundesliga-Einführung nicht dabei?

A FC Schalke 04
B Borussia Mönchengladbach
C 1. FC Köln
D Preußen Münster

1627. Mit den Fans welches Vereins sind die Anhänger des FC Bayern München „befreundet"?

A VfL Bochum
B 1. FC Nürnberg
C Hamburger SV
D Eintracht Frankfurt

1628. Wann stand der DFB-Pokalsieger erst nach zwei Spielen fest?

A 1977
B 1979
C 1981
D 1983

1629. Welcher Sportler ist kein Fußballer?

A Ralf Schumacher
B Toni Schumacher
C Hans Schumacher
D Harald Schumacher

1630. Welchen Club besiegte der FC Bayern München im Weltpokalfinale 2001?

A FC Santos
B Boca Juniors
C Independiente
D River Plate

1631. Mit welchem Verein wurde Helmut Haller Italienischer Meister?

A Inter Mailand
B FC Bologna
C Atalanta Bergamo
D US Lecce

1632. Welcher Club spielt im Weserstadion?

A SV Werder Bremen
B Hannover 96
C Hamburger SV
D TuS Bremerhaven

1633. Wer ist Geschäftsführer der Bayer 04 Leverkusen Fußball GmbH?

A Erwin Staudt
B Wolfgang Holzhäuser
C Rolf Königs
D Werner Altegoer

1634. Das Maskottchen des 1. FC Köln ist der...

A ...Jeck
B ...Dompfaff
C ...Geißbock
D ...Karnevalsprinz

1635. **Für welchen Verein absolvierte Hannes Löhr zwischen 1964 und 1978 insgesamt 381 Bundesligaspiele?**
A 1. FC Saarbrücken
B 1. FC Kaiserslautern
C 1. FC Köln
D 1. FC Nürnberg

1636. **In welcher Saison nahm Eintracht Frankfurt zum letzten Mal am UEFA-Pokal teil?**
A 1988/89
B 1992/93
C 1994/95
D 1998/99

1637. **Aus welchem Land kamen die meisten UEFA-Cup-Sieger?**
A Deutschland
B Italien
C England
D Spanien

1638. **Woher stammt Rodolfo Cardoso?**
A Aus Chile
B Aus Venezuela
C Aus Brasilien
D Aus Argentinien

1639. **Was untersagte der DFB offiziell im Jahr 1955?**
A Namen der Spieler auf dem Trikot
B Spiele unter Flutlicht
C Trikotwerbung
D Frauenfußball

1640. **Wer schoss die meisten Tore für die deutsche Nationalelf?**
A Gerd Müller
B Lothar Matthäus
C Klaus Fichtel
D Uwe Seeler

1641. **Die eingleisige 2. Bundesliga gibt es seit der Saison...**
A ...1981/82
B ...1985/86
C ...1987/88
D ...1989/90

1642. **Wann stand Heinz Flohe im FIFA WM-Aufgebot der deutschen Nationalelf?**
A 1982 und 1986
B 1974 und 1978
C 1978 und 1982
D 1970 und 1974

1643. **Wer wurde bei der EM 2000 Torschützenkönig mit fünf Treffern?**
A Patrick Kluivert
B Ruud van Nistelrooy
C Jimmy Floyd Hasselbaink
D Edgar Davids

1644. **Welches sind die Vereinsfarben von Alemannia Aachen?**
A Schwarz/gelb
B Rot/weiss
C Blau/weiss
D Schwarz/blau

1645. **Wie heißt eine bekannte Fußballzeitschrift?**
A Treter
B Trainer
C Kicker
D Libero

1646. **In welcher Saison wurde Bayern München zum 10. Mal Deutscher Fußballmeister?**
A 1982/83
B 1984/85
C 1986/87
D 1989/90

1647. Wer bin ich?

Hier erzählt ein bekannter Fußballstar über sich selbst. Wissen Sie, um wen es sich handelt?

Ich war Mittelfeldstratege, manche sagen sogar, ein ganz genialer. „Andere mussten jahrelang schuften, ihm genügten wenige Spiele zur Unsterblichkeit", urteilte einmal das „FAZ-Magazin" über mich.

Meine Karriere verdanke ich dem legendären Hennes Weisweiler, der mich bei Borussia Mönchengladbach kräftig förderte, als dieser Club noch zu den besten Europas gehörte. Ich spielte für den Verein vom Niederrhein 230-mal in der Bundesliga, traf dabei 82-mal und wurde mit ihm 1970 und 1971 Deutscher Meister und 1973 Deutscher Pokalsieger. Den letzteren Titel erreichte die Borussia übrigens nur, weil ich mich im Endspiel gegen den 1. FC Köln, das verloren zu gehen drohte, kurz entschlossen selbst einwechselte und das Siegtor schoss. Da war selbst der Hennes baff! Doch ein zweifacher „Fußballer des Jahres" darf das!

Für die Nationalelf war ich 37-mal tätig und traf sechsmal. Ich wurde Europameister 1972 und war bei der FIFA WM 1974 dabei. Meine Karriere gipfelte in einer Verpflichtung durch Real Madrid.

Immer war ich auch Geschäftsmann. Zunächst betrieb ich eine Disco, dann ging ich als Manager zum HSV und holte Ernst Happel nach Hamburg, der dem Club vom Rothenbaum seine beste Zeit bescherte. Seit Jahren verdiene ich mein Geld mit Fußball-Rechtehandel, den ich von Zürich aus betreibe.

Nebenbei mische ich bei der ARD in Kommentaren zu Länderspielen einen gewissen Herrn Delling auf, den NDR-Sportmoderator. Für diese Frotzeleien bekamen wir unlängst sogar den „Grimme-Preis".

Wer bin ich?

1648. Besuchskarte

Welcher bekannte Fußballstar will sich hier bei Ihnen vorstellen?

L. R.
KUFSTEIN

© QUIZZEL HH / ISBK-F026

1649. Wer hat's gesagt?

A „Wenn das keine Chance war, so war das zumindest eine große Möglichkeit."

Werner Hansch
Christian Günther
Uwe Bahn

B „Wenn Sie dieses Spiel atemberaubend finden, dann haben Sie's an den Bronchien."

Waldemar Hartmann
Gerd Rubenbauer
Marcel Reif

C „Fußball ist inzwischen Nr. 1 in Frankreich. Handball übrigens auch."

Reinhold Beckmann
Heribert Faßbender
Johannes B. Kerner

D „Ich habe nur immer meine Finger in Wunden gelegt, die sonst unter den Tisch gekehrt worden wären."

Paul Breitner
Bela Rethy
Franziska Schenk

E „Da haben Spieler auf dem Platz gestanden, gestandene Spieler."

Herbert Zimmermann
Günter Netzer
Kurt Emmerich

F „Da geht er, ein großer Spieler. Ein Mann wie Steffi Graf." (zum Abschied von Lothar Matthäus)

Klaus Angermann
Jörg Dahlmann
Armin Bittner

1650. Wahrheit oder Lüge?

A Die U18 der DDR wurde 1986 unter anderem mit Matthias Sammer und Axel Kruse Europameister.

B 1954er-Weltmeister Toni Turek wurde in Duisburg geboren.

C Hennes Weisweiler zog Heinz Flohe dem bisherigen Spielmacher Wolfgang Overath vor.

D José Santamaria war in den 1950er Jahren einer der besten Stopper der Welt.

E Sepp Herberger hatte eine besondere Vorliebe für Spieler vom FC Schalke 04.

F Der englische Ausdruck für Fußball lautet „Football".

1651. **Wo fand das Eröffnungsspiel der FIFA WM 1974 statt?**
A In München
B In Hamburg
C In Berlin
D In Stuttgart

1652. **Welches Team gewann 1998 den Europapokal der Pokalsieger?**
A Inter Mailand
B Galatasaray Istanbul
C Chelsea London
D Sparta Prag

1653. **Seit wann gilt die Regel, dass ein Spieler nach vier gelben Karten ein Spiel aussetzen muss?**
A 1974/75
B 1979/80
C 1983/84
D 1987/88

1654. **Welche Spielerin wurde 1996 erste „Fußballerin des Jahres"?**
A Maren Meinert
B Silke Rottenburg
C Sylvia Neid
D Martina Voss

1655. **Zu welchem Verein wechselte der Iraner Vahid Hashemian zur Saison 2004/05?**
A Bayer 04 Leverkusen
B Bayern München
C Hansa Rostock
D Borussia Dortmund

1656. **Welcher deutsche Spieler erhielt die FIFA-Fair-Play-Medaille?**
A Thorsten Legat
B Uwe Reinders
C Frank Ordenewitz
D Ewald Lienen

1657. **In welcher Saison war erstmals das Torverhältnis ausschlaggebend für den Gewinn der Deutschen Meisterschaft?**
A 1966/67
B 1977/78
C 1984/85
D 1991/92

1658. **In welchem Jahr wurden beide EM-Halbfinalspiele im Elfmeterschießen entschieden?**
A 1992
B 1996
C 2000
D 2004

1659. **Gegen wen verlor Bayer 04 Leverkusen in der Saison 2000/01 beide Bundesligaspiele mit 1:2?**
A Bayern München
B Hansa Rostock
C Borussia Dortmund
D Werder Bremen

1660. **Welcher Nationalstürmer schoss seit 1993 über 100 Tore für sein Land?**
A Ruud van Nistelrooy
B Hossam Hassan
C Ali Daei
D Hakan Sükür

1661. **Welchen deutschen Verein trainierte Hans Krankl in der Saison 1999/2000?**
A SSV Ulm
B FC Augsburg
C VfL Osnabrück
D Fortuna Köln

1662. **In welchem Jahr endete die Länderspielkarriere von Bernd Schuster?**
A 1984
B 1986
C 1988
D 1990

1663. **In welcher Bundesliga-Saison wurde die 10-Millionen-Zuschauer-Grenze zum ersten Mal überschritten?**
A 2000/01
B 2002/03
C 2003/04
D 2004/05

1664. **Welcher dieser Vereine hat noch nie den UEFA-Pokal gewonnen?**
A Bayer 04 Leverkusen
B AS Rom
C Feyenoord Rotterdam
D FC Schalke 04

1665. **In welchem Land sollte die FIFA WM 1986 ursprünglich stattfinden?**
A Argentinien
B China
C Südafrika
D Kolumbien

1666. **Aus welchem Land stammt der ehemalige Torwart des FC Bayern München, Jean-Marie Pfaff?**
A Frankreich
B Niederlande
C Belgien
D Luxemburg

1667. **Gegen wen gewann die deutsche Nationalelf bei der FIFA WM 1994 ihr Auftaktspiel mit 1:0?**
A Schottland
B Uruguay
C Bolivien
D Irland

1668. **Wer war der erste Bundesligaprofi, der des Dopings überführt wurde?**
A Roland Wohlfarth
B Maurizio Gaudino
C Stefan Effenberg
D Marko Rehmer

1669. **Zu welchem englischen Verein wechselte Karl-Heinz Riedle 1997?**
A FC Fulham
B FC Sevilla
C Austria Wien
D FC Liverpool

1670. **In welcher Saison spielte der FSV Mainz 05 erstmals in der Ersten Bundesliga?**
A 1988/89
B 1999/2000
C 2002/03
D 2004/05

1671. **In welchem Jahr feierte der FC Bayern München seinen 100. Geburtstag?**
A 1994
B 1996
C 1998
D 2000

1672. **Wie lautet der Spitzname des Spielers Hans-Hubert Vogts?**
A Terrier
B Dackel
C Bulldog
D Windhund

1673. **Wer war bekannt für seine „Bananenflanken“?**
A Uwe Bein
B Manfred Kaltz
C Karl-Heinz Rummenigge
D Uli Hoeneß

1674. **Wer war der Gegner des FC Bayern München im Weltpokalfinale 1976?**
A Belo Horizonte
B São Paulo
C Colo-Colo
D River Plate Buenos Aires

1675. Lügengeschichte

Im nachfolgenden Text befinden sich zwei sachliche Fehler.

Das Schlimmste, was einem Profi-Club passieren kann, ist der Lizenzentzug. Dieser wird durch den Ligaverband der Deutschen Fußball-Liga AG ausgesprochen. Vor jeder Saison sind die Vereine gezwungen, detailliert Auskunft über ihre wirtschaftliche Situation zu geben. Dafür reichen die Clubs ihre aktuelle Bilanz ein und geben einen Haushaltsvoranschlag ab, der eine Übersicht über die erwarteten Einnahmen und Ausgaben geben soll. Stellt sich dabei heraus, dass gegen die Auflagen schuldhaft verstoßen wurde oder eine adäquate wirtschaftliche Leistungsfähigkeit bei einem Verein nicht zu erkennen ist, verweigert der Ligaverband DFL die Lizenz für den Spielbetrieb oder entzieht sie dem Club. Bis zum Saisonende 2001 wurde die Entscheidung vom Ligaausschuss beim Deutschen Fußball-Bund getroffen. Ab 1. Juli 2001, also mit Beginn der Saison 2001/02, übernahm der Ligaverband selbst das Verfahren.

Von wirtschaftlich bedingten Lizenzentzügen waren bisher u. a. folgende Vereine betroffen: Tasmania 1900 Berlin, der Bonner SC, der FC St. Pauli, der TSV 1860 München, Rot-Weiß Oberhausen, Kickers Offenbach, Dynamo Dresden und der 1. FC Saarbrücken. Besonders hart traf es Rot-Weiß Essen. Diesem Club wurde bereits dreimal die Lizenz verweigert.

1676. Silbenspiel

Bilden Sie aus diesen Silben die Namen von sechs Fußballbegriffen. Wenn Sie diese richtig ordnen, ergibt sich aus den Anfangsbuchstaben der Name eines weiteren Fußballbegriffs:

AN – BALL – EN – ER – FOUL – KOPF – LER – LI – NACH – NI – RICH – SATZ – SPIE – SPIEL – SPIEL – STOSS –TER – ZEIT

1677. Wer passt nicht zu den anderen?

Eine der folgenden Personen passt nicht zu den anderen. Können Sie erkennen, welche?

FRITZ WALTER – JUPP POSIPAL – WILLI SCHULZ – HELMUT RAHN

1678. Was ist ein Fußballzwerg?

Gartenzwerg mit Fußball
Nachwuchskicker
Kleine, erfolglose Fußballnation
Spieler unter 155 cm Körpergröße

1679. **Welcher schwedische Spieler stand von 1966 bis 1969 im Dienst des VfB Stuttgart?**
A Nils Eriksson
B Bo Larsson
C Ronald Hellström
D Jan Svensson

1680. **Wie viele Punkte lagen am Ende der Saison 1965/66 zw. dem Deutschen Meister 1860 München und dem Zweiten Bor. Dortmund?**
A 2
B 3
C 7
D Keiner

1681. **Welcher DDR-Verein hatte ab 1971 seine Heimat in Frankfurt an der Oder?**
A Stahl Berlin
B Vorwärts Berlin
C BFC Dynamo Berlin
D 1. FC Union Berlin

1682. **Wann machte Bodo Illgner sein letztes Länderspiel?**
A 1996
B 1998
C 1994
D 1992

1683. **Welche Mannschaft gewann den Europapokal der Pokalsieger 1962?**
A Spartak Brünn
B Glasgow Rangers
C Atletico Madrid
D AC Florenz

1684. **Wen nannte man den „Mann mit der Mütze“?**
A Berti Vogts
B Sepp Herberger
C Helmut Schön
D Jupp Derwall

1685. **Welcher Torwart gilt als sensationeller Elfmeterschütze?**
A Oliver Reck
B Oliver Kahn
C Jens Lehmann
D Hans-Jörg Butt

1686. **Wann wurde Kickers Offenbach Deutscher Pokalsieger?**
A 1970
B 1972
C 1980
D 1982

1687. **In welcher Spielkleidung läuft in der Regel die tschechische Nationalmannschaft auf?**
A Grün/weiß
B Grün/gelb/blau
C Gelb
D Rot/weiß/blau

1688. **Gegen wen gewann Borussia Dortmund 1966 den Europapokal der Pokalsieger?**
A FC Liverpool
B Inter Mailand
C Manchester United
D Glasgow Rangers

1689. **Gegen welches Land spielte die deutsche Nationalmannschaft bei FIFA WM-Endrunden am häufigsten?**
A Jugoslawien
B Argentinien
C Brasilien
D Polen

1690. **Wer wurde Torschützenkönig der FIFA WM 1966?**
A Bobby Charlton
B Helmut Haller
C Eusebio
D Geoffrey Hurst

1691. Welcher deutsche Spieler kam bei der EM 1988 nicht zum Einsatz?
A Jürgen Kohler
B Thomas Berthold
C Gunnar Sauer
D Guido Buchwald

1692. In welcher Saison wurde der europäische Supercup erstmals in zwei Partien ausgespielt?
A 1987/88
B 1990/91
C 1994/95
D 1999/2000

1693. Die wenigsten Bundesliga-Tore in einer Spielzeit waren...
A 790 (1989/90)
B 890 (1991/92)
C 990 (1984/85)
D 1090 (2000/01)

1694. Bei welchem Verein spielte Oliver Kahn, bevor er 1994 zum FC Bayern München wechselte?
A Stuttgarter Kickers
B Karlsruher SC
C Kickers Emden
D Fortuna Düsseldorf

1695. Wie hieß der Trainer der dänischen Elf, die 1992 Europameister wurde?
A Sepp Piontek
B Morten Olsen
C Richard Möller-Nielsen
D Sören Lerby

1696. Wann verlor die deutsche Elf gegen England, Mexiko und die UdSSR dreimal in Folge?
A 1974
B 1985
C 1988
D 1991

1697. Wo steht das Stadion Delle Alpia?
A In Genua
B In Bologna
C In Mailand
D In Turin

1698. Wer schoss das 33.334. Bundesligator?
A Anthony Yeboah
B Sergej Barbarez
C Jens Lehmann
D Michael Preetz

1699. In welcher Stadt wurde Otto Rehhagel geboren?
A Gütersloh
B Frankfurt am Main
C Kaiserslautern
D Essen

1700. Welcher dieser Spieler wurde nie Weltmeister?
A Jürgen Klinsmann
B Hans Schäfer
C Georg Schwarzenbeck
D Uwe Seeler

1701. Welchen italienischen Verein besiegte Schalke 04 im Finale des UEFA-Pokals 1997?
A Sampdoria Genua
B AC Mailand
C Juventus Turin
D Inter Mailand

1702. In welcher Saison spielte Alemannia Aachen erstmals in der Bundesliga?
A 1967/68
B 1971/72
C 1991/92
D Noch nie

1703. Wahrheit oder Lüge?

A 1983 unterlag der Hamburger SV gegen Real Madrid im Supercup.

B Karl-Heinz Rummenigge beendete seine Karriere bei Servette Genf.

C Viele israelische Fußballclubs heißen Maccabi.

D Die Vereine der schottischen Liga spielen pro Saison viermal gegeneinander.

E Der Spann eignet sich besonders, um kurze Pässe zu spielen.

F Karl-Heinz Riedle begann seine Bundesligakarriere bei Blau-Weiß 90 Berlin.

G Englische Vereine durften zwischen 1985 und 1990 nicht an den europäischen Pokalwettbewerben teilnehmen.

H Schon Pelés Vater war Berufsfußballer gewesen.

I Nach dem Tod des einstigen Stürmerstars Giuseppe Meazza wurde das Turiner Stadion in Giuseppe-Meazza-Stadion umbenannt.

J Boca Juniors ist einer der bekanntesten brasilianischen Fußballclubs.

1704. Wer bin ich?

Hier erzählt eine Person des Fußballs über sich selbst. Wissen Sie, um wen es sich dabei handelt?

Das Kinderlied „Wer hat Angst vorm schwarzen Mann?“ habe ich nie sehr gemocht. Denn damals war der Schornsteinfeger-Look auch in dem Berufsstand sehr verbreitet, den ich hier vertrete. Heute ist das glücklicherweise nicht mehr so. Das Leben ist eben überall farbiger geworden. Dennoch raunen mir Zuschauer schon mal zu: Wenn du kommst, sehe ich schwarz. Dabei hat das meist nichts mit mir, sondern mit den Aktiven selbst zu tun.

Wenn ich das Stadion betrete, bringe ich immer zwei Freunde mit, denn allein würde ich meinen Job nicht bewältigen können. Obwohl ich beide Halbzeiten lang immer sehr viel laufe, um möglichst auf Ballhöhe zu sein, berühre ich die Kugel im Regelfalle selten, aber die Regeln selbst, die liegen mir besonders am Herzen. Ich bin wie die Personen, die in „meine Haut“ schlüpfen: Immer eine Respektsperson, manchmal ganz unerbittlich, manchmal lasse ich Fünfe gerade sein.

Wenn es etwas arg auf dem Spielfeld wird, werde ich gelb vor Ärger. Dann heißt es: Achtung! Geradezu zornesrot kann ich werden, wenn es brutal wird auf dem Rasen. Dies hat meist die Konsequenz, dass sich die Anzahl der aktiven Spieler wundersam vermindert. Verärgern kann man mich auch persönlich, etwa wenn man mich als „Pfeife“ beschimpft. Das habe ich nämlich wirklich nicht verdient.

Wer bin ich?

1705. In welcher Saison startete die Bundesliga?

- A 1962/63
- B 1963/64
- C 1964/65
- D 1965/66

1706. Welcher Deutsche wurde Nationalspieler Brasiliens?

- A Arthur Friedenreich
- B Wilhelm Sack
- C Gerhard Hoffmann
- D Ludwig Knobbel

1707. Welcher Verteidiger des Hamburger SV wurde 1980 Europameister und 1982 Vizeweltmeister?

- A Dietmar Beiersdorfer
- B Manfred Kaltz
- C Gert Dörfel
- D Ditmar Jakobs

1708. Welcher Amateurverein spielt im Stadion an der Poststraße?

- A Preußen Münster
- B SC Verl
- C 1. FC Magdeburg
- D SSV Reutlingen

1709. Gegen wen verlor Titelverteidiger Bayern München 1974 das erste Saisonspiel mit 0:6 Toren?

- A Kickers Offenbach
- B Schalke 04
- C RW Essen
- D Eintracht Frankfurt

1710. Wie groß ist die innere Torgröße?

- A 5,68 m
- B 6,99 m
- C 7,32 m
- D 8,47 m

1711. Wie oft wurde Bayer 04 Leverkusen in der Saison 2001/02 nur „Vize“?

- A Einmal
- B Zweimal
- C Dreimal
- D Fünfmal

1712. Wie lautet der vollständige Vorname von Toni Schumacher?

- A Harald Klaus
- B Harald Anton
- C Harald Arnulf
- D Harald Gustav

1713. Wer sprach das Bosman-Urteil?

- A Die UEFA
- B Der Bundesgerichtshof
- C Der Europäische Gerichtshof
- D Die FIFA

1714. Wer stand im Aufgebot für die EM 1992, kam jedoch nicht zum Einsatz?

- A Wolfram Wuttke
- B Andreas Thom
- C Andreas Köpke
- D Manfred Binz

1715. In welchem Jahr wurde in Japan die J-League eingeführt?

- A 1974
- B 1980
- C 1985
- D 1992

1716. Wo spielte Nationalspieler Frank Fahrenhorst, bevor er zu Werder Bremen wechselte?

- A Arminia Bielefeld
- B VfL Bochum
- C VfB Stuttgart
- D SC Freiburg

1717. Gegen welche Mannschaft setzte sich Italien im Endspiel der EM 1968 durch?
- A Bulgarien
- B Dänemark
- C England
- D Jugoslawien

1718. Wen nannte man den „Flankengott"?
- A Max Morlock
- B Uli Hoeneß
- C Manfred Kaltz
- D Rüdiger Abramczik

1719. Bei welcher FIFA WM waren Vater Cesare und Sohn Paolo Maldini als Trainer bzw. Spieler für Italien im Einsatz?
- A 1990
- B 1994
- C 1998
- D 2002

1720. Für welchen englischen Verein spielten Fabien Barthez und Eric Cantona?
- A Manchester United
- B FC Chelsea
- C Newcastle United
- D FC Liverpool

1721. In welcher Saison durften erstmals zwei Spieler ein- bzw. ausgewechselt werden?
- A 1968/69
- B 1972/73
- C 1976/77
- D 1980/81

1722. Wann wurde Gerd Müller geboren?
- A 1943
- B 1944
- C 1945
- D 1949

1723. Wer war erster deutscher Nationaltorwart?
- A Paul Eichelmann
- B Fritz Baumgarten
- C Adolf Werner
- D Eberhard Illmer

1724. Wer wurde bei der Europameisterschaft 1968 Torschützenkönig?
- A Luigi Riva
- B Dusan Petkovic
- C Lew Jaschin
- D Valentino Mazzola

1725. Als was spielte Ottmar Hitzfeld in seiner aktiven Zeit?
- A Als Stürmer
- B Als Verteidiger
- C Als Torwart
- D War nie Aktiver

1726. Welche Aufgabe hat Klaus Eder im Team der Nationalmannschaft?
- A Physiotherapeut
- B Busfahrer
- C Torwarttrainer
- D Ballwart

1727. Welches Team erzielte bei der EM 2000 die meisten Tore in einem Spiel?
- A Jugoslawien
- B Frankreich
- C Niederlande
- D England

1728. Für welchen türkischen Verein spielten Raimund Aumann, Stefan Kuntz und Markus Münch?
- A Galatasaray Istanbul
- B Fenerbahce Istanbul
- C Besiktas Istanbul
- D Trabzonspor

1729. **Wer schoss die beiden Tore im FIFA WM-Finale 2002?**
- A Giovane Elber
- B Denilson
- C Ronaldo
- D Rivaldo

1730. **Welche Mannschaft stieg 1969 in die Erste Bundesliga auf?**
- A RW Oberhausen
- B Hannover 96
- C Eintracht Braunschweig
- D 1. FC Kaiserslautern

1731. **Für welchen dieser Clubs war Fabio Capello nicht als Spieler aktiv?**
- A Juventus Turin
- B Sampdoria Genua
- C AS Rom
- D AC Mailand

1732. **Welcher Trainer gewann mit Juventus Turin sechs Titel in zehn Jahren?**
- A Marcelo Lippi
- B Cesare Maldini
- C Fabio Capello
- D Giovanni Trapattoni

1733. **Welche beiden Mannschaften tragen das Franken-Derby aus?**
- A Kickers Offenbach, Hessen Kassel
- B 1. FC Nürnberg, SpVgg. Greuther-Fürth
- C 1. FC Nürnberg, Eintracht Frankfurt
- D 1. FC Nürnberg, FC Augsburg

1734. **Wie oft führte der FC Bayern München (bis Saisonende 2001) die Tabelle an?**
- A 296-mal
- B 355-mal
- C 399-mal
- D 447-mal

1735. **Welcher ehemalige brasilianische Nationalspieler ist Doktor der Medizin?**
- A Para
- B Zico
- C Socrates
- D Gilberto

1736. **Wie hieß Franz Beckenbauers legendärer Manager?**
- A Robert Schwan
- B Rüdiger Adler
- C Gerhard Meise
- D Walter Ente

1737. **Welche Tabelle entscheidet über die Verteilung der Europapokal-Plätze?**
- A UEFA-Verteiler-Liste
- B UEFA-Fünfjahreswertung
- C FIFA- Dreijahreswertung
- D FIFA-Euro-Tabelle

1738. **Wie oft wurde Udo Lattek als Trainer Deutscher Meister?**
- A Viermal
- B Sechsmal
- C Siebenmal
- D Achtmal

1739. **Wie hieß der Schiedsrichter des Finales der FIFA WM 1966 zwischen Deutschland und England?**
- A T. Bachramov
- B G. Dienst
- C J. Bähringer
- D O. Protasov

1740. **Bei welchem ehemaligen Bundesliga-Club spielt der Georgier Alexandr Iashvili?**
- A SC Freiburg
- B Hansa Rostock
- C VfB Stuttgart
- D FSV Mainz 05

1741. Versteckter Fußballer

Mit dem Auto nach Italien
Die Straßen in Italien sind gut und breit. Nervtötend ist lediglich der Verkehr darauf.

Können Sie den darin versteckten deutschen Fußballspieler entdecken?

1742. Zum Schmunzeln

Verlängerung
Der Lehrer fragt böse: „Peter, warum kommst du zu spät zum Unterricht?" - „Ich habe von einem Fußballspiel geträumt." - „Das ist aber nun wirklich kein Grund!" - „Doch, Herr Lehrer, das Spiel wurde nämlich zweimal verlängert!"

Fernsehstörung
Der Fan ist stinksauer: „Verdammt! Immer wenn ich die Fortuna im Fernsehen sehe, verlieren die!" – Sagt sein Freund: „Ärgere dich nicht. Im Radio spielen sie auch nicht besser!"

Schwarzseher
Der Platzordner sieht nach Ende des Fußballspiels einen Jungen über den Zaun klettern. Er brüllt: „Hey! Kannst du nicht da wieder rausgehen, wo du reingekommen bist?" Gibt der Junge im Klettern rotzfrech zurück: „Witzig! Witzig! Was glauben Sie denn, was ich gerade mache?"

1743. Wer hat's gesagt?

A „Die Deckung hat Angst vor ihrem schwachen Torwart. Deshalb spielt sie so gut!"

Udo Lattek
Wolfgang Weber
Huub Stevens

B „Ich glaube nicht, dass der Verein mir Steine in den Vertrag legt."

Horst Köppel
Thorsten Legat
Bernd Hobsch

C „Ich habe ihn ausgewechselt, weil ich einen anderen Spieler einwechseln wollte. Da musste ich einen auswechseln."

Pierre Littbarski
Ewald Lienen
Eduard Geyer

D „Wir müssen jetzt mit dem Boden auf den Füßen bleiben."

Christoph Daum
Jürgen Röber
Volker Finke

E „In einem Jahr hab ich mal 15 Monate durchgespielt."

Franz Beckenbauer
Karl Allgöwer
Toni Schumacher

1744. Welchen Spitznamen trägt Edgar Schmitt seit seiner Zeit beim Karlsruher SC?
- A Doppelpack-Eddy
- B Wunder-Eddy
- C Euro-Eddy
- D Eddy the Eagle

1745. Welcher Club spielte nie in der 1. Bundesliga?
- A Blau-Weiß Berlin
- B Bor. Neunkirchen
- C Kickers Offenbach
- D FK Pirmasens

1746. Welcher Club stellte mit Horst Szymaniak den einzigen Nationalspieler?
- A Lüneburger SV
- B Tasmania 1900 Berlin
- C Union Berlin
- D Hamborn 07

1747. Für welchen englischen Club ist Didi Hamann seit 1999 aktiv?
- A FC Southampton
- B Newcastle United
- C FC Liverpool
- D West Ham United

1748. Welcher Spieler bestritt in der deutschen Länderspielsaison 2003/04 alle 14 Länderspiele?
- A Kevin Kuranyi
- B Oliver Kahn
- C Arne Friedrich
- D Bernd Schneider

1749. Gegen wen musste die deutsche Nationalelf die einzige Niederlage im Länderspieljahr 1990 hinnehmen?
- A Schweden
- B Uruguay
- C Frankreich
- D Portugal

1750. Welchem Spieler gelang 2001 beim 5:1-Sieg Englands gegen Deutschland ein Hattrick?
- A David Beckham
- B Andy Cole
- C Paul Scholes
- D Michael Owen

1751. Wie viele Trainer verschliss der VfB Leipzig in seiner einzigen Bundesliga-Saison 1993/94?
- A 1
- B 2
- C 3
- D 4

1752. Wer schoss das letzte Tor im Wembley-Stadion?
- A Oliver Bierhoff
- B Teddy Sheringham
- C Michael Owen
- D Dietmar Hamann

1753. Mit wie vielen Mannschaften startete die Bundesliga in ihre erste Saison?
- A 12
- B 16
- C 18
- D 20

1754. Für welchen Bundesligisten spielte der Schotte Paul Lambert?
- A Borussia Mönchengladbach
- B Borussia Dortmund
- C VfL Bochum
- D VfL Wolfsburg

1755. Wie schnitt Gastgeber Schweden bei der FIFA WM 1958 ab?
- A Er wurde Dritter
- B Aus in der Vorrunde
- C Aus im Viertelfinale
- D Er wurde Zweiter

1756. **Welcher französische Verein wird seit 1961 von Guy Roux trainiert?**
- A Olympique Marseille
- B AS Monaco
- C AJ Auxerre
- D AS Saint Etienne

1757. **Wer schoss das entscheidende Elfmetertor im FIFA WM-Finale 1990 gegen Argentinien?**
- A Lothar Matthäus
- B Jürgen Klinsmann
- C Andreas Brehme
- D Klaus Augenthaler

1758. **Welcher Nationalspieler erzielte bei seinem Abschiedsspiel ein Eigentor?**
- A Franz Beckenbauer
- B Lothar Matthäus
- C Rudi Völler
- D Berti Vogts

1759. **Wann stand Energie Cottbus im Finale des DFB-Pokals?**
- A 1994
- B 1995
- C 1996
- D 1997

1760. **Bei welchem Verein beendete Johan Cruyff 1984 seine aktive Laufbahn?**
- A Ajax Amsterdam
- B FC Bregenz
- C Vitesse Arnheim
- D Feyenoord Rotterdam

1761. **Wer wurde vom Verband deutscher Sportjournalisten zum „Trainer des Jahrhunderts“ gewählt?**
- A Sepp Herberger
- B Helmut Schön
- C Hennes Weisweiler
- D Ottmar Hitzfeld

1762. **Welcher ehemalige Nationalspieler bestritt für Kickers Offenbach insgesamt 133 Bundesligaspiele?**
- A Josef Posipal
- B Siggi Held
- C Erwin Kremers
- D Lothar Emmerich

1763. **Aus welchem Land kommen Dario Rodriguez und Gustavo Varela, die im August 2002 zu Schalke 04 wechselten?**
- A Uruguay
- B Paraguay
- C Chile
- D Kolumbien

1764. **Welche Mannschaft erzielte den höchsten deutschen Sieg in einem Europapokalspiel?**
- A 1. FC Köln
- B Borussia Mönchengladbach
- C Bayern München
- D VfB Stuttgart

1765. **Für welchen ehemaligen Bundesligisten spielten unter anderem Oliver Bierhoff, Brian Laudrup und Stefan Kuntz?**
- A VfB Leipzig
- B KFC Uerdingen
- C BW 90 Berlin
- D SSV Ulm

1766. **Bei welchen beiden Bundesligisten war Rudi Assauer auch als Spieler aktiv?**
- A Schalke und Dortmund
- B Bremen und Dortmund
- C Hamburg und Dortmund
- D Bremen und Schalke

1767. **Welcher Bundesligatrainer beendete eine Pressekonferenz mit den Worten „Ich habe fertig“?**
- A Giovanni Trapattoni
- B Udo Lattek
- C Huub Stevens
- D Aad de Mos

1768. **Wer erzielte am letzten Spieltag der Saison 1982/83 das für die Meisterschaft entscheidende Tor für den HSV?**
- A Jürgen Milewski
- B Wolfgang Rolff
- C Dieter Schatzschneider
- D Bernd Wehmeyer

1769. **Mit welchem Verein wurde Herbert Laumen zweimal Deutscher Meister?**
- A Borussia Mönchengladbach
- B VfB Stuttgart
- C Hamburger SV
- D Bayern München

1770. **In welcher europäischen Liga ließ der argentinische Weltmeister Mario Kempes 1992 seine Karriere ausklingen?**
- A Österreich
- B Schweiz
- C Belgien
- D Niederlande

1771. **Welcher Bundesliga-Club verfügte beim Aufstieg 1999 über ein Stadion, welches nur Platz für 9906 Zuschauer bot?**
- A SC Freiburg
- B VfL Bochum
- C SpVgg. Unterhaching
- D SSV Ulm

1772. **Wie lautet der Spitzname von Gerd Müller?**
- A Bomber der Nation
- B Radi
- C Tiger
- D Tante Käthe

1773. **Welcher Spieler von Borussia Mönchengladbach erhielt die meisten roten Karten?**
- A Stefan Effenberg
- B Martin Dahlin
- C Frank Mill
- D Jupp Heynckes

1774. **Bei welchem Verein sollte 1994/95 der „Babysturm" für Tore sorgen?**
- A SC Freiburg
- B Borussia Dortmund
- C Hannover 96
- D Werder Bremen

1775. **Wer war am längsten Bundestrainer der deutschen Nationalmannschaft?**
- A Franz Beckenbauer
- B Sepp Herberger
- C Erich Ribbeck
- D Helmut Schön

1776. **Für welchen US-Club spielte Nationalspielerin Birgit Prinz?**
- A Carolina Courage
- B Boston Breakers
- C Philadelphia Charge
- D Washington Freedom

1777. **Welcher Trainer gewann 1967 mit Eintracht Braunschweig die Deutsche Meisterschaft?**
- A Heinz Höher
- B Helmuth Johannsen
- C Otto Knefler
- D Willi Nölting

1778. **Bei welchem englischen Verein spielten unter anderem Mark Viduka, Robbie Keane und Ian Harte?**
- A FC Liverpool
- B Manchester City
- C Leeds United
- D FC Arsenal

1779. **Wofür stehen die Initialen des belgischen Clubs RSC Anderlecht?**
- A Rugby Soccer Club
- B Roland Sport Club
- C Royal Sporting Club
- D Russeles Sort Club

Ein Traum wird wahr: Franz Beckenbauer feiert den FIFA WM-Titel 1974 mit der deutschen Elf im eigenen Land.

1780. **Welche Mannschaft schaffte es als Erste, in einer Bundesliga-Saison kein Auswärtsspiel zu verlieren?**
- A Borussia Mönchengladbach
- B Borussia Dortmund
- C Bayern München
- D Bayer 04 Leverkusen

1781. **Bei welchem englischen Verein stand Dietmar Hamann zuerst unter Vertrag?**
- A Norwich City
- B FC Liverpool
- C FC Wimbledon
- D Newcastle United

1782. **Welcher österreichische Erstligist spielt am „Tivoli“?**
- A Austria Wien
- B Sturm Graz
- C Casino Salzburg
- D FC Tirol Innsbruck

1783. **Welche Mannschaft wurde 2000 Europameister?**
- A Frankreich
- B England
- C Italien
- D Holland

1784. **Bei welcher FIFA WM war der Vater von Youri Djorkaeff im Kader der französischen Nationalelf?**
- A 1962
- B 1966
- C 1970
- D 1974

1785. **Die Bundesliga erlöste 1999 / 2000 für Trikotwerbung insgesamt DM...**
- A ...87 Millionen
- B ...90 Millionen
- C ...95 Millionen
- D ...113 Millionen

1786. **Was war das Besondere am Europapokal-Finale der Landesmeister 1973/74?**
- A Es gab zwei Endspiele
- B Es standen sich zwei holländische Mannschaften gegenüber
- C Es fand ohne Öffentlichkeit statt
- D Es fielen zehn Tore

1787. **Wer wurde letzter Deutscher Meister vor Einführung der Bundesliga?**
- A 1. FC Köln
- B Werder Bremen
- C Borussia Dortmund
- D 1. FC Nürnerg

1788. **Wie viele Clubs der 2. Bundesliga steigen nach Saisonende in die 1. Bundesliga auf?**
- A Zwei
- B Drei
- C Vier
- D Fünf

1789. **Wie viele Teams schossen bei der EM 2000 in einer Halbzeit drei Tore?**
- A 5
- B 6
- C 7
- D Keine

1790. **Wann stand der MSV Duisburg letztmals im DFB-Pokalfinale?**
- A 1998
- B 1999
- C 2000
- D 2001

1791. **Welcher italienische Verein stand zwischen 1991 und 1998 viermal im UEFA-Cup-Finale?**
- A AS Rom
- B AC Mailand
- C Juventus Turin
- D Inter Mailand

1792. Wahrheit oder Lüge?

A Das Fritz-Walter-Stadion in Kaiserslautern hieß vor 1985 Betzenberg.

B Aleksandar Ristic war jahrelang Assistent von Hennes Weisweiler.

C Stürmer versuchen mit einem Befreiungsschlag einen Treffer zu erzielen.

D Ein schnelles Dribbling nennt man auch Balltreiben.

E Einer der Ausraster von Oliver Kahn war ein Würgegriff gegen Heiko Herrlich.

F Ungarns Vizeweltmeister 1954 Nándor Hidegkuti erreichte seine Bestform schon als 20-Jähriger.

1793. Wer hat's gesagt?

A „Es ist nichts scheißer als Platz zwei."

Daniel van Buyten
Eric Meijer
Ingo Anderbrügge

B „Wissen Sie, wer mir am meisten Leid tat? Der Ball."

Christian Nerlinger
Franz Beckenbauer
Günter Netzer

C „Die ersten 90 Minuten sind die schwersten."

Robby Robson
Ruud Gullitt
Glen Hoddle

D „Das wird alles von den Medien hochsterilisiert."

Olaf Thon
Ludwig Kögl
Bruno Labbadia

E „Ich könnte den anonymen Alkoholikern beitreten. Das Problem dabei ist nur, ich kann nicht anonym bleiben."

Mario Basler
Udo Lattek
George Best

1794. Besuchskarte

Welcher bekannte Fußballstar will sich hier bei Ihnen vorstellen?

UGE
ETZ-RENTNER

1795. **Bei welchem Verein begann 1989 die Bundesligakarriere von Martin Max?**
- A Schalke 04
- B 1860 München
- C Borussia Mönchengladbach
- D Hansa Rostock

1796. **In welcher Saison wurde im UEFA-Pokal eine Gruppenphase eingeführt?**
- A 2003/04
- B 2004/05
- C 2002/03
- D 2001/02

1797. **Wer wurde Torschützenkönig der Saison 1967/68?**
- A Herbert Laumen
- B Franz Brungs
- C Hannes Löhr
- D Rainer Ohlhauser

1798. **Bei welchem großen Turnier schaffte Rudi Völler den Durchbruch seiner internationalen Karriere?**
- A EM 1980
- B FIFA WM 1982
- C EM 1984
- D FIFA WM 1986

1799. **Welchen Regionalligisten trainiert Bruno Labbadia?**
- A SF Siegen
- B FC Augsburg
- C Kickers Offenbach
- D Darmstadt 98

1800. **In welcher Stadt wurde Thomas Häßler geboren?**
- A Flensburg
- B Leipzig
- C Berlin
- D München

1801. **Wie lange trainierte Hennes Weisweiler den 1. FC Köln?**
- A 1 Jahr
- B 4 Jahre
- C 6 Jahre
- D 9 Jahre

1802. **Bei welchem EM-Spiel 2004 war Rudi Völler zum letzten Mal Teamchef der deutschen Nationalelf?**
- A Beim 0:0 gegen Lettland
- B Beim 1:5 gegen England
- C Beim 1:2 gegen Tschechien
- D Beim 1:1 gegen die Niederlande

1803. **Wer war letzter Meister der DDR-Oberliga?**
- A SC Motor Jena
- B BFC Dynamo
- C Dynamo Dresden
- D 1. FC Magdeburg

1804. **Wie viele Tore erzielte der Brasilianer Alex Alves für Hertha BSC Berlin?**
- A 2
- B 12
- C 18
- D 25

1805. **In welchem Stadion trägt Leeds United seine Heimspiele aus?**
- A City Ground
- B Goodison Park
- C Villa-Park
- D Elland Road

1806. **Welcher Spieler von Girondins Bordeaux wurde 1998 Weltmeister?**
- A Zinedine Zidane
- B Thierry Henry
- C Emmanuel Petit
- D Christoph Dugarry

1807. Für welche beiden Länder trug Alfredo di Stefano das Nationalmannschafts-Trikot?
A Argentinien und Italien
B Brasilien und Italien
C Argentinien und Spanien
D Brasilien und Spanien

1808. Wer war Italiens Torschützenkönig 1998?
A Julio Cesar
B Giovane Elber
C Jürgen Klinsmann
D Oliver Bierhoff

1809. Wer hütete bei der FIFA WM 1966 das Tor der englischen Nationalelf?
A Martin Peters
B David James
C Gordon Banks
D Peter Shilton

1810. Welches Werbelogo zierte einst die Baseballkappe von Udo Lattek?
A DWS
B Audi
C Müller-Milch
D Danone

1811. Wie hieß das Offizielle Maskottchen zur FIFA WM 1966?
A Willie
B Ernie
C Charlie
D Tommie

1812. Bei welchem dieser Clubs stand Christian Ziege noch nie unter Vertrag?
A Tottenham Hotspurs
B Inter Mailand
C AC Mailand
D FC Liverpool

1813. Aus der 1. Bundesliga steigen bei Saisonende ...
A ... 2 Vereine ab
B ... 3 Vereine ab
C ... 4 Vereine ab
D ... 5 Vereine ab

1814. Welcher heutige Trainer schoss für den 1. FC Saarbrücken neun Bundesliga-Tore?
A Egon Coordes
B Gerd Schädlich
C Mario Basler
D Werner Lorant

1815. Wie viele Mitgliedsverbände umfasst die FIFA?
A 106
B 152
C 184
D 205

1816. In welcher Spielzeit wurde in der Bundesliga die gelb-rote Karte eingeführt?
A 1991/92
B 1993/94
C 1995/96
D 1997/98

1817. Bei welchem französischen Club begann die Karriere von Eric Cantona?
A Olympique Marseille
B FC Metz
C AJ Auxerre
D Paris St. Germain

1818. Welcher ehemalige Nationaltorwart absolvierte 512 Bundesligaspiele, u. a. für den HSV und Eintracht Frankfurt?
A Uli Stein
B Bodo Illgner
C Eike Immel
D Rudi Kargus

1819. **Welcher ehemalige Bundesligaspieler absolvierte die meisten Europapokalspiele?**
- A Klaus Augenthaler
- B Stefan Reuter
- C Dieter Hoeneß
- D Thomas Berthold

1820. **Wie hieß der Gegner von Werder Bremen im Endspiel des Europapokals der Pokalsieger 1992?**
- A Juventus Turin
- B IFK Göteborg
- C AS Monaco
- D Espanyol Barcelona

1821. **Unter welchem Trainer wurde Argentinien 1978 „FIFA Fussball-Weltmeister"?**
- A Carlos Bianchi
- B Carlos Bilardo
- C Luis Cesar Menotti
- D Alfredo di Stefano

1822. **Wie viele europäischen Mannschaften nahmen an der FIFA WM-Endrunde 1970 teil?**
- A 7
- B 9
- C 10
- D 12

1823. **Unter welchem Trainer machte Johan Cruyff seine ersten Spiele für Ajax Amsterdam?**
- A Louis van Gaal
- B Rinus Michels
- C Dick Advocaat
- D Leo Benhakker

1824. **In welcher Stadt heißen die bekanntesten Fußballclubs FC Glentoran, FC Linifield und FC Crusaders?**
- A Glasgow
- B Dublin
- C Cardiff
- D Belfast

1825. **In welchem Stadion trägt Rot-Weiss Essen seine Heimspiele aus?**
- A Frankenstadion
- B Bremer Brücke
- C Stadion am Bruchweg
- D Georg-Melches-Stadion

1826. **Das erste Flutlichtspiel auf deutschem Boden fand statt...**
- A ...am 31. Dezember 1949
- B ...am 15. Juli 1955
- C ...am 8. September 1957
- D ...am 4. Mai 1960

1827. **Welchen Platz belegte die deutsche Nationalelf bei der FIFA WM 1934?**
- A Den dritten
- B Aus im Achtelfinale
- C Aus im Viertelfinale
- D War nicht qualifiziert

1828. **Gegen welches Team feierte die deutsche Nationalmannschaft bisher die meisten Siege?**
- A Schweiz
- B Bulgarien
- C Schottland
- D Portugal

1829. **Wann spielte Fritz Walter erstmals in der Nationalelf?**
- A 1940
- B 1948
- C 1950
- D 1951

1830. **Welchem Spieler des 1. FC Nürnberg gelangen in der Saison 1967/68 beim 7:3 Erfolg gegen Bayern München fünf Tore?**
- A Zvezdan Cebinac
- B Franz Brungs
- C Gustl Starek
- D Georg Volkert

1831. **Welcher deutsche Spieler gewann mit Ajax Amsterdam dreimal den Europapokal der Landesmeister?**
- A Horst Blankenburg
- B Rainer Zobel
- C Helmut Engler
- D Willi Lippens

1832. **Welchen Verein trainierte der ehemalige Bundesligaprofi Thomas Hörster 2003?**
- A Bayer 04 Leverkusen
- B Wattenscheid 09
- C KFC Uerdingen
- D RW Essen

1833. **Wo spielte Trainer Jörg Berger aktiv Fußball?**
- A Chemie Halle
- B FC Magdeburg
- C Lokomotive Leipzig
- D FC Schwarze Pumpe

1834. **Auf dem DFB-Pokal ist Platz für die Siegernamen bis zum Jahre...**
- A ...2005
- B ...2010
- C ...2015
- D ...2020

1835. **Gegen wen setzte sich die deutsche Elf in der EM-Qualifikation 1996 durch?**
- A Schottland
- B Nordirland
- C Wales
- D England

1836. **Wer war bis 2004 DFB-Pressechef?**
- A Joachim Ebert
- B Bernd Schmelzer
- C Gerhard Meier-Röhn
- D Hermann Müller-Lüdenscheid

1837. **Welches Team kassierte bei der FIFA WM 2002 eine 0:8-Niederlage gegen Deutschland?**
- A Jamaika
- B Ecuador
- C China
- D Saudi-Arabien

1838. **Wer ist der erfolgreichste ausländische Stürmer der Bundesliga-Geschichte?**
- A Stéphane Chapuisat
- B Giovane Elber
- C Jan Furtok
- D Anthony Yeboah

1839. **Wer war zwischen 1973 und 1977 Trainer des Hamburger SV?**
- A Josip Skoblar
- B Ernst Happel
- C Kuno Klötzer
- D Branko Zebec

1840. **Welcher Verein spielt im Niederrheinstadion?**
- A Fortuna Düsseldorf
- B 1. FC Köln
- C MSV Duisburg
- D RW Oberhausen

1841. **Der Eintritt zum Spiel Deutschland - Norwegen am 4. November 1923 kostete...**
- A ...100.000 Mark
- B ...1 Million Mark
- C ...1 Milliarde Mark
- D ...50 Milliarden Mark

1842. **Welcher Bremer Mannschaftskapitän absolvierte in der Saison 1994/95 aufgrund einer Verletzung nicht ein Ligaspiel?**
- A Mario Basler
- B Frank Neubarth
- C Dietmar Beiersdorfer
- D Uli Borowka

1843. Was bin ich?

Hier spricht jemand oder etwas über sich selbst. Können Sie herausfinden, wer oder was gemeint ist?

Über mich redet man fast jeden Samstag nach dem Bundesliga-Spieltag. Ich bin zwar selbst keine Person, benötige aber Spieler auf dem Rasen, damit ich überhaupt zum Zuge kommen kann. In mich tappt man hinein, ohne es zu bemerken. Um in mich hineinzutappen, braucht man ein gewöhnliches Fußballspiel, in dem die Mannschaft A gerade zügig versucht, den Weg zum gegnerischen Tor zu finden, und die Mannschaft B dieses mit einem ebenso einfachen wie wirksamen Trick versucht zu konterkarieren. Und dieser Trick, das bin ich!

Und ich funktioniere so: Die verteidigende Mannschaft B rückt durch einen strategischen Schachzug einfach gemeinsam von ihrem Torhüter weg hinein in Richtung Feldmitte. Damit ich zuklappen kann, muss das jedoch passieren, bevor ein Spieler der Mannschaft A den Ball zu einem Mitspieler passt, der vorm Torwart der Mannschaft B steht. Ist dieser Angreifer der A-Elf zum Zeitpunkt der Ballabgabe seines Mitspielers nämlich näher am Torwart der B-Elf, hebt in der Regel der Schiedsrichter-Assistent die Fahne und der Referee pfeift ab. Wenn dann alle auf den Freistoß der Mannschaft B warten, gibt es meistens erst mal Streit. Alle müssen dann akzeptieren, dass ich soeben zugeklappt bin. Ob das auch wirklich stimmt, stellt sich allerdings meistens erst nach dem Spiel heraus, wenn die Szene durch die Technik im Fernsehen präzise von allen Seiten verlangsamt gezeigt wird. Dann ist das Spiel aber längst vorbei und jeder kennt das Ergebnis. Ärgerlich ist bloß, wenn eine Mannschaft verliert, weil das Gespann der Unparteiischen mich zwar gesehen haben will, ich jedoch in Wirklichkeit gar nicht da war.

Was bin ich?

1844. Wahrheit oder Lüge?

A Manfred Burgsmüller machte nach seiner Fußballerlaufbahn Karriere als Football-Spieler.

B Das erste Siegtor einer deutschen Nationalmannschaft gegen England schoss Franz Beckenbauer.

C 1965 wurde ein Bundesligaspiel an Silvester ausgetragen.

D Der Schwede Michael Laudrup spielte u. a. beim FC Barcelona und bei Juventus Turin.

E Rinus Michels war insgesamt sieben Jahre lang Trainer des FC Barcelona.

F Der älteste holländische Fußballclub, der Haarlemsche Football Club, wurde von einem 14-Jährigen gegründet.

1845. Zum Schmunzeln

Ungläubig

Sagt der Pfarrer tadelnd zum kleinen Hans: „Weißt du eigentlich, was mit Jungs passiert, die sonntags nicht in die Kirche gehen und statt dessen lieber Fußball spielen?" - „Klar, Hochwürden, die spielen eines Tages in der Bundesliga und verdienen da ne Riesenmenge Geld!"

Schatzgräber

Faselt der Regionalliga-Fußballtrainer nach einer weiteren Niederlage großspurig: „Der größte Schatz meiner Elf ist ihre Erfahrung." Will der Sportreporter wissen: „Und wo haben Sie diesen Schatz vergraben?"

1846. **Von welchem Bundesliga-Verein stammt die Hymne „Forever Number One“?**
A Bayern München
B VfL Wolfsburg
C VfB Stuttgart
D Bayer 04 Leverkusen

1847. **Welcher Bundesligist wurde noch nie von Egon Coordes trainiert?**
A Hannover 96
B Hamburger SV
C Werder Bremen
D VfB Stuttgart

1848. **Wo standen Ende der 80er Matthäus, Brehme und Klinsmann zusammen unter Vertrag?**
A Inter Mailand
B AC Mailand
C AC Turin
D Juventus Turin

1849. **Welcher Kontinent protestierte 1966 gegen den FIFA WM-Qualifikations-Modus?**
A Südamerika
B Asien
C Afrika
D Australien

1850. **Bei welchem dieser Vereine stand Ex-Nationaltorhüter Andreas Köpke nie unter Vertrag?**
A Eintracht Frankfurt
B Hertha BSC Berlin
C 1. FC Nürnberg
D 1860 München

1851. **Warum wurde Siggi Haringer 1934 aus dem deutschen FIFA WM-Kader geworfen?**
A Er verschlief die Abfahrt zu einem Spiel
B Er aß eine Apfelsine
C Er schlug den Trainer
D Er fiel betrunken von einem Stuhl

1852. **Für welchen dieser Vereine bestritt Jürgen Wegmann kein Bundesligaspiel?**
A Schalke 04
B VfB Stuttgart
C Bayern München
D Borussia Dortmund

1853. **In welcher europäischen Liga spielt der französische Welt- und Europameister Christian Karembeu seit 2001?**
A Schweiz
B Türkei
C Griechenland
D Weissrussland

1854. **Wann wurde Allan Simonsen Europas „Fußballer des Jahres“?**
A 1974
B 1975
C 1976
D 1977

1855. **Welcher Europameister von 1996 erzielte 32 Bundesliga-Tore für Bayer 05 Uerdingen?**
A Oliver Bierhoff
B Stefan Kuntz
C Fredi Bobic
D Steffen Freund

1856. **Wann fand das erste Frauenländerspiel der Bundesrepublik statt?**
A 1982
B 1986
C 1988
D 1990

1857. **Wie lautet der Spitzname von Oliver Kahn?**
A Wespe
B Titan
C Bulle
D Tarantel

1858. Wie viele Eigentore legte sich Oliver Kahn als Nationaltorhüter bisher selbst ins Netz?

A Keines
B Eins
C Zwei
D Drei

1859. Wer gewann 1993 die zum ersten Mal ausgetragene Champions League?

A Bayern München
B Juventus Turin
C Real Madrid
D Olympique Marseille

1860. In welcher Stadt ist der FC St. Pauli beheimatet?

A Berlin
B München
C Köln
D Hamburg

1861. Welche Nationalmannschaft gewann 1991 den ersten FIFA WM-Titel im Frauenfußball?

A Deutschland
B USA
C Schweden
D Norwegen

1862. Welchem Verein gelang es zuletzt, zwei internationale Titel in zwei aufeinanderfolgenden Jahren zu gewinnen?

A FC Chelsea
B Real Madrid
C Feyenoord Rotterdam
D FC Porto

1863. Wann gab es erstmals ein DFB-Pokalspiel?

A 1926
B 1935
C 1961
D 1952

1864. Gegen wen gewann Bayern München 1996 erstmals den UEFA-Pokal?

A Paris St. Germain
B Olympique Lyon
C Girondins Bordeaux
D FC Metz

1865. Bei welchem Verein steht Asiens „Fußballer des Jahres“ 2002, Shiji Ono, unter Vertrag?

A West Ham United
B AS Monaco
C Feyenoord Rotterdam
D US Lecce

1866. Gegen wen kassierte der 1. FC Nürnberg 1984 mit 0:6 die höchste Bundesliga-Heimniederlage der Vereinsgeschichte?

A VfB Stuttgart
B Bayern München
C Werder Bremen
D Borussia Mönchengladbach

1867. Wie viele Länderspiele absolvierte Jupp Derwall als Aktiver?

A Zwei
B Zwölf
C Vierzehn
D Keines

1868. Welche Mannschaft gewann in der Saison 1995/96 den DFB-Pokal?

A VfL Bochum
B VfB Stuttgart
C Karlsruher SC
D 1. FC Kaiserslautern

1869. In welcher Saison kamen nur etwa 5 Millionen Zuschauer zu den Spielen der Fußball-Bundesliga?

A 1972/73
B 1976/77
C 1980/81
D 1990/91

1870. **Bei welchem Bundesligaverein beendete Oliver Reck 2004 seine Karriere?**
- A FC Schalke 04
- B VfL Bochum
- C Werder Bremen
- D Arminia Bielefeld

1871. **Bei welchem französischen Verein spielte Giovane Elber von 2003 bis 2005?**
- A Olympique Marseille
- B Olympique Lyon
- C AJ Auxerre
- D RC Lens

1872. **Bei welchem belgischen Verein spielten die Ex-Schalker Spieler Emile Mpenza und Marc Wilmots?**
- A Standard Lüttich
- B RSC Anderlecht
- C SK Beveren
- D FC Brügge

1873. **Welches Nationalteam führte Terry Venables 1996 ins EM-Halbfinale?**
- A England
- B Irland
- C Schottland
- D Nordirland

1874. **Wo spielt Ex-Nationalspieler Markus Babbel seit 2004?**
- A Hamburger SV
- B VfB Stuttgart
- C 1. FC Nürnberg
- D Bayern München

1875. **Wie viele Spiele verlor der FC Bayern München auf dem Weg zum Champions League-Titel 2001?**
- A Eines
- B Zwei
- C Drei
- D Keines

1876. **Welches Fußballidol prägte den Satz „Schaun mer mal“?**
- A Uwe Seeler
- B Franz Beckenbauer
- C Sepp Maier
- D Fritz Walter

1877. **Welcher heutige Trainer stand im Aufgebot der belgischen Mannschaft bei der EM 1980?**
- A Erik Gerets
- B Huub Stevens
- C Bert van Marwijk
- D Aad de Mos

1878. **Aus welchem Land stammt der Stürmer Ebbe Sand?**
- A Norwegen
- B Dänemark
- C Belgien
- D Schweden

1879. **Welcher Club erzielte in der Bundesliga die wenigsten Punkte?**
- A FC Homburg
- B Kickers Offenbach
- C Tasmania 1900 Berlin
- D SSV Ulm

1880. **Wen besang Udo Jürgens 1978 in seinem Lied „Der Mann mit der Mütze“?**
- A Berti Vogts
- B Jupp Derwall
- C Helmut Schön
- D Hennes Weisweiler

1881. **Welcher TV-Sender erwarb 1988 die Übertragungsrechte für die Bundesliga?**
- A SAT 1
- B RTL
- C TM 3
- D ARD

1882. **Von welchem Club wechselte der französische Nationalspieler Willy Sagnol 2000 zum FC Bayern München?**
A AS Monaco
B FC Toulouse
C FC Fulham
D Glasgow Rangers

1883. **Welche Besonderheit hatte der Bundesliga-Spieltag am 10. Januar 1970?**
A Abbruch von drei Spielen
B Absage aller Spiele wegen schlechter Witterung
C Gastmannschaften ohne Torerfolg
D Nur Heimsiege

1884. **Welcher Spieler der Weltmeister-Elf von 1954 wurde später Bundesliga-Trainer?**
A Jupp Posipal
B Max Morlock
C Werner Kohlmeyer
D Werner Liebrich

1885. **Wie oft wurde Karl-Heinz Rummenigge Bundesliga-Torschützenkönig?**
A Zweimal
B Viermal
C Sechsmal
D Siebenmal

1886. **Wer sah nach einem Tritt gegen einen Bochumer Masseur die Rote Karte?**
A Uwe Bindewald
B Rudi Bommer
C Ralf Falkenmayer
D Jan Furtok

1887. **Welches war 1990/91 das letzte west-ostdeutsche Duell im UEFA-Pokal?**
A VfB Stuttgart - Dynamo Dresden
B Werder Bremen - Hansa Rostock
C Borussia Dortmund - Chemnitzer FC
D Bayer 05 Uerdingen - Carl Zeiss Jena

1888. **Für welchen italienischen Club spielten Jörg Heinrich und Stefan Effenberg?**
A AC Florenz
B US Lecce
C Turino Calcio
D SSC Neapel

1889. **Für welchen Verein stürmte Nationalspieler Benjamin Lauth von 1992 bis 2004?**
A Bayern München
B FC Augsburg
C SpvGG. Unterhaching
D 1860 München

1890. **Bei welchem Schweizer Club stürmte Karl Heinz Rummenigge von 1987 bis 1989?**
A Servette Genf
B Young Boys Bern
C Grasshoppers Zürich
D FC Basel

1891. **Bei welchem englischen Verein spielte Tony Woodcock?**
A FC Fulham
B Nottingham Forest
C Leeds United
D Manchester City

1892. **Wie viele Europapokale gewann der VfB Stuttgart?**
A Einen
B Zwei
C Vier
D Keinen

1893. **Welcher dieser Vereine wurde noch nie von Jürgen Röber trainiert?**
A Hertha BSC Berlin
B VfB Stuttgart
C VfL Bochum
D VfL Wolfsburg

1894. Versteckter Fußballer

Heilmaßnahme
Der indische Großmogul litt sehr an seiner Erkrankung und beabsichtigte eine Kur in Europa.

Können Sie den darin versteckten niederländischen Fußballspieler entdecken?

1895. Wahrheit oder Lüge?

A Hamburgs Sport-Idol Uwe Seeler ist Vater von drei Söhnen.

B Thierry Henry begegnete seinem Trainer Arsène Wenger erstmals beim AS Monaco.

C Giancinto Facchetti trug bei 70 Länderspielen die Kapitänsbinde Italiens.

D Laszlo Kubala spielte für drei Fußballnationalmannschaften.

1896. Zum Schmunzeln

Bayern-Drama
Scholl und Kahn vom FC Bayern fahren mit Ollis Privatauto nach Stuttgart zum Fußballspiel. Die restliche Mannschaft kommt mit dem Bus. Auf halbem Weg hat der Bus plötzlich eine Panne. So warten die beiden vergeblich auf ihre Kameraden. Schließlich fordert sie der Schiedsrichter auf, das Spiel allein zu beginnen. Und sie schaffen das Unglaubliche! Mehmet Scholl verteidigt und stürmt wie ein Stier. Und Oliver Kahn hat eine Torwart-Sternstunde. Nach 70 Minuten steht es tatsächlich 2:0 für die Bayern! Doch wenige Minuten später verletzt sich Kahn bei einem Schuss von Kuranyi und muss vom Platz getragen werden.

Als er wieder aufwacht, sitzt Scholl an seinem Bett. „Wie ist denn das Spiel ausgegangen?“, fragt Olli. Scholl mit zerknautschtem Gesicht: „3:2 für die Stuttgarter.“ Kahn – obwohl ziemlich verletzt – ist entsetzt: „Waaas??? Aber wir haben doch 2:0 geführt?“ – „Ja“, sagt Scholl geknickt, „aber in der 75. Minute ist die Mannschaft eingetroffen.“

1897. Besuchskarte

Welcher bekannte Fußballstar will sich hier bei Ihnen vorstellen?

H. N.
KIA-LOVER

1898. **Für welchen deutschen Verein spielte Allan Simonsen von 1972 bis 1979?**
A Hamburger SV
B VfB Stuttgart
C Bayern München
D Borussia Mönchengladbach

1899. **Welchen Posten hatte Jens Todt in der Saison 2003/04 beim VfB Stuttgart inne?**
A Platzwart
B Pressechef
C A-Jugend Trainer
D Chefscout

1900. **Wie oft war der FC Schalke 04 Bundesliga-Herbstmeister?**
A Zweimal
B Dreimal
C Viermal
D Neunmal

1901. **Wie oft spielte Wolfgang Overath für den 1. FC Köln?**
A 255-mal
B 369-mal
C 501-mal
D 765-mal

1902. **Wie viele Europapokale gewann der FC Barcelona in seiner Vereinsgeschichte bis 2004?**
A 2
B 6
C 8
D 10

1903. **Wann wurde Bor. Mönchengladbach Deutscher Meister und verlor das Finale des Europapokals der Landesmeister?**
A 1970/71
B 1974/75
C 1976/77
D 1981/82

1904. **Welcher Spieler wurde in der Saison 1963/64 erster Torschützenkönig der Bundesliga?**
A Uwe Seeler
B Helmut Rahn
C Max Morlock
D Wolfgang Overath

1905. **Welcher Spieler bestritt 355 Bundesligaspiele für den FC Schalke 04?**
A Klaus Täuber
B Norbert Nigbur
C Jiri Nemec
D Ingo Anderbrügge

1906. **Für wen stürmte der Pole Jan Furtok 188-mal?**
A Hamburger SV, Eintracht Frankfurt
B VfL Bochum, Schalke 04
C 1. FC Köln, 1. FC Nürnberg
D Borussia Mönchengladbach, SC Freiburg

1907. **Wer verwandelte im UEFA-Pokal-Finale 1997 den entscheidenden Elfmeter für Schalke 04?**
A Marc Wilmots
B Ingo Anderbrügge
C Martin Max
D Jens Lehmann

1908. **Welche Mannschaft schied bei der FIFA WM-Endrunde 1986 ohne einen einziges Tor aus?**
A Irak
B Südkorea
C Kanada
D Algerien

1909. **Wie heißt der türkische Oberfan von Borussia Mönchengladbach?**
A Izmir
B Zoltan
C Manolo
D Gürün

1910. Welchen Club trainierte Horst Hrubesch von 1994 bis 1995?

A Union Berlin
B Chemnitzer FC
C Dynamo Dresden
D Hansa Rostock

1911. An welchem internationalen Topclub scheiterte der 1. FC Köln 1969 im Halbfinale des Pokals der Pokalsieger?

A Inter Mailand
B FC Liverpool
C SSC Neapel
D FC Barcelona

1912. Welcher Spieler absolvierte Länderspiele für drei verschiedene Nationen?

A Igor Netto
B Ladislaus Kubala
C Frank Swift
D Andrzej Szarmach

1913. Wie viele Länderspiele verantwortete Jupp Derwall als Bundestrainer?

A 67
B 78
C 89
D 94

1914. Wie endete das „Skandalspiel“ zwischen Deutschland und Österreich bei der FIFA WM-Endrunde 1982?

A 1:0
B 2:0
C 2:2
D 0:2

1915. Wie viele Zuschauer sahen das FIFA WM-Finale 1938 live im Stadion?

A 45.000
B 55.000
C 100.000
D 120.000

1916. Welcher Club entließ in der Saison 1967/68 gleich zwei Trainer?

A Alemannia Aachen
B Borussia Neunkirchen
C Karlsruher SC
D FC Schalke 04

1917. Welcher Club stieg nur vier Jahre nach der Meisterschaft ab?

A Kickers Offenbach
B MSV Duisburg
C Eintracht Frankfurt
D 1860 München

1918. Von welchem Verein wechselte Dennis Bergkamp 1995 zu Arsenal London?

A AS Monaco
B AC Mailand
C Inter Mailand
D Glasgow Rangers

1919. Wer verlor bei der FIFA WM 1982 mit 1:10 gegen Ungarn?

A Neuseeland
B Kuweit
C Kamerun
D El Salvador

1920. Für welchen Club bestritt Hans Peter Briegel 240 Bundesligaspiele?

A VfB Stuttgart
B Eintracht Frankfurt
C Arminia Bielefeld
D 1. FC Kaiserslautern

1921. Wo war Franz Beckenbauer 1990/91 Technischer Direktor?

A FC Bayern München
B Olympique Marseille
C Cosmos New York
D Hamburger SV

1922. **Wie viele Länderspiele bestritt Willi „Ente" Lippens?**
- A 1
- B 2
- C 4
- D 9

1923. **Bei wem spielte Kevin Keegan in der Saison 1977/78?**
- A Borussia Mönchengladbach
- B Bayern München
- C Eintracht Frankfurt
- D Hamburger SV

1924. **Wer schoss das schnellste FIFA WM-Tor aller Zeiten?**
- A Rui Barros
- B Henrik Larsson
- C Ebbe Sand
- D Hakan Sükür

1925. **Wie viel Jahre spielte Stéphane Chapuisat für Borussia Dortmund?**
- A 4
- B 6
- C 8
- D 10

1926. **Zu welcher Panne kam es beim Länderspiel zwischen Deutschland und Frankreich 1931 in Paris?**
- A Der Schiedsrichter verspätete sich
- B Die deutsche Hymne war falsch
- C In den Toren fehlten die Netze
- D Die Breite der Tore stimmte nicht

1927. **Bei welchem Verein begann 1981 die Bundesliga-Karriere von Thomas Strunz?**
- A MSV Duisburg
- B Bayern München
- C VfB Stuttgart
- D SC Freiburg

1928. **Bei welchem italienischen Club stand Roberto Carlos unter Vertrag, bevor er 1996 zu Real Madrid wechselte?**
- A Hellas Verona
- B Inter Mailand
- C Juventus Turin
- D AC Mailand

1929. **An welchem Gegner scheiterte der Hamburger SV im Halbfinale des UEFA-Pokals 1976?**
- A FC Brügge
- B Roter Stern Belgrad
- C Stal Mielec
- D FC Liverpool

1930. **Welcher deutsche Schiedsrichter wurde in Euskirchen geboren?**
- A Walter Eschweiler
- B Markus Merk
- C Helmut Fleischer
- D Wolf-Dieter Ahlenfelder

1931. **Wie viele Länderspiele bestritt der holländische Trainer Bert van Marwijk für die niederländische Auswahl?**
- A 1
- B 25
- C 76
- D Keines

1932. **Wie oft war der Karlsruher SC in der Bundesliga-Abschlusstabelle unter den ersten zehn?**
- A Dreimal
- B Viermal
- C Sechsmal
- D Noch nie

1933. **Wie hieß der VfB Leipzig in DDR-Zeiten?**
- A Energie Leipzig
- B Dynamo Leipzig
- C 1. FC Lokomotive
- D Sachsen Leipzig

1934. Wie viele Tore erzielte Alfredo di Stefano in 565 Spielen für Real Madrid?

A 133
B 244
C 355
D 466

1935. Welchen Tabellenplatz belegte Bayer 04 Leverkusen im ersten Bundesliga-Jahr 1980?

A Den zweiten
B Den siebten
C Den zehnten
D Den zwölften

1936. Welches Lied von Herbert Grönemeyer wird bei jedem Heimspiel des VfL Bochum gespielt?

A Bochum
B Currywurst
C Alkohol
D Kinder an die Macht

1937. Welcher Fußballer ist Ehrenbürger von Zwickau?

A Jürgen Croy
B Ulf Kirsten
C Andreas Thom
D Thomas Doll

1938. Welcher Hersteller ist für Fußball-Klebebilder und die zugehörigen Sammelalben bekannt?

A ZUCCINI
B PANINI
C MEDI
D GRANINI

1939. Welches Team schoss die meisten Tore bei einer Europameisterschaft?

A Deutschland
B Niederlande
C Frankreich
D Belgien

1940. Zu welchem Top-Club wechselte Patrick Andersson vor der Saison 2000/01?

A FC Barcelona
B Manchester United
C Real Madrid
D Juventus Turin

1941. Welcher Club wurde 1991 letzter Meister der DDR-Oberliga?

A Dynamo Berlin
B Hansa Rostock
C VfB Leipzig
D Dynamo Dresden

1942. Wie wird das neue Stadion in München scherzhaft genannt?

A Banane
B Raumschiff
C UFO
D Rumkugel

1943. Welcher ehemalige Bundesligaprofi trägt den Spitznamen „Susi"?

A Frank Mill
B Stefan Effenberg
C Michael Zorc
D Bernd Schuster

1944. Die „Breslau-Elf" von 1937 blieb ungeschlagen in...

A ...zehn Spielen
B ...zwanzig Spielen
C ...dreißig Spielen
D ...vierzig Spielen

1945. Für die Ausrichtung welcher FIFA WM bewarb sich der DFB mit dem Motto „Wir sehen uns im Herzen Europas."?

A 1974
B 1990
C 1994
D 2006

1946. Wer wurde in der Saison 1975/76 Bundesliga-Torschützenkönig?
- A Klaus Toppmöller
- B Horst Hrubesch
- C Klaus Fischer
- D Erich Beer

1947. Welchen Torrekord stellte Horst Hrubesch in der Zweitliga-Saison 1977/78 auf?
- A 28 Tore
- B 35 Tore
- C 41 Tore
- D 52 Tore

1948. Welchen spanischen Club trainierte Ewald Lienen von 1995 bis 1997?
- A Atletico Madrid
- B Espanyol Barcelona
- C RCD Mallorca
- D CD Teneriffa

1949. Unter welchem Namen wurde der HSV 1888 gegründet?
- A FC St. Pauli
- B Hamburger FC
- C Sperber Hamburg
- D Concordia Hamburg

1950. Wie oft wurde Jens Lehmann als Torhüter von Borussia Dortmund vom Platz gestellt?
- A Zweimal
- B Dreimal
- C Viermal
- D Fünfmal

1951. In welchem Jahr wurde die FIFA gegründet?
- A 1904
- B 1910
- C 1920
- D 1955

1952. Welches Spiel wurde als erstes live im Fernsehen übertragen?
- A Kickers Offenbach - Eintracht Frankfurt
- B Borussia Dortmund - RW Essen
- C FC St. Pauli - Hamborn 07
- D Deutschland - England

1953. Welcher Trainer des 1. FC Kaiserslautern wurde in der Saison 2002/03 vorzeitig entlassen?
- A Friedel Rausch
- B Otto Rehhagel
- C Klaus Toppmöller
- D Andreas Brehme

1954. Was erhält die Heimmannschaft meist nach Zuschauerausschreitungen?
- A Abstieg
- B Punktabzug
- C Platzsperre
- D Verwarnung

1955. In welchem Jahr wurde Schalke 04 Deutscher Meister und DFB-Pokal-Sieger?
- A 1937
- B 1957
- C 1987
- D 1997

1956. Wie viele Europapokalspiele bestritt der PSV Schwerin?
- A 2
- B 4
- C 8
- D 12

1957. In welcher europäischen Liga spielte Thomas Allofs außer der Bundesliga?
- A In der spanischen
- B In der russischen
- C In der italienischen
- D In der französischen

1958. Wahrheit oder Lüge?

A Torwart Uli Stein wurde 1987 vom Hamburger SV wegen Tätlichkeit fristlos entlassen.

B Österreich gehörte zu den Gründungsmitgliedern der FIFA.

C Das erste Länderspiel zwischen England und Schottland 1872 endete 0:0.

D 1961 wechselte der spanische Spielmacher Luis Suárez von Benfica Lissabon zu Inter Mailand.

E Klaus Augenthaler wurde mit dem FC Bayern München siebenmal Deutscher Meister.

F An der FIFA WM 1974 in Deutschland nahm die Nationalelf Haitis teil.

G Uli Stielike war Assistent von Erich Ribbeck als Teamchef der deutschen Nationalmannschaft.

1959. Welcher Verein scheiterte 1992 im Europapokal, weil der Trainer nicht bis drei zählen konnte?

Austria Wien
FC Barcelona
AC Mailand
VfB Stuttgart

1960. Wer hat's gesagt?

A „Das System, das wir so spielen, das werden wir, denke ich, auch in den Spielen spielen."

Erich Ribbeck
Hans-Jörg Butt
Jens Lehmann

B „Ich glaube, dass der Tabellenerste jederzeit den Spitzenreiter schlagen kann."

Volker Finke
Berti Vogts
Hans Mayer

C „Zwei Chancen, ein Tor - das nenne ich hundertprozentige Chancenauswertung."

Gerhard Mayer-Vorfelder
Roland Wohlfahrt
Christian Ziege

D „Erfolg tut nur der haben, der hart arbeiten tut."

Martin Max
Klaus Toppmöller
Torsten Kracht

E „Das letzte Mal, dass ich so hoch verloren hab, war gegen meinen Bruder im Tipp-Kick."

Norbert Meier
Andreas Köpke
Peter Neururer

F „Wir bemühen uns, Kapellmann zu verlängern."

Wilhelm Neudecker
Robert Schwan
Franz Beckenbauer

1961. **Für welchen österreichischen Verein erzielte Carsten Jancker 1995/96 sechs Tore im Europapokal der Pokalsieger?**
A Austria Wien
B FC Tirol Innsbruck
C Casino Salzburg
D Rapid Wien

1962. **Wer erlitt die erste zweistellige Niederlage der Bundesliga-Geschichte?**
A FC St. Pauli
B 1. FC Nürnberg
C FC Schalke 04
D Wattenscheid 09

1963. **Gegen wen verlor Deutschland unter Teamchef Rudi Völler sein erstes Länderspiel?**
A Spanien
B Niederlande
C Dänemark
D Schweden

1964. **Wer wurde während der FIFA WM-Endrunde 1994 Vater?**
A Mario Basler
B Guido Buchwald
C Jürgen Kohler
D Thomas Häßler

1965. **Welcher Trainer wurde in der Saison 1987/88 gleich bei zwei Vereinen vorzeitig entlassen?**
A Hannes Bongartz
B Gerd Schwickert
C Josip Skoblar
D Rolf Schafstall

1966. **Wie viele Zuschauer sahen 1950 das Länderspiel zwischen Deutschland und der Schweiz in Stuttgart?**
A 2.000
B 75.000
C 100.000
D 115.000

1967. **Welches berühmte FIFA WM-Stadion wurde am 3. August 2001 gesprengt?**
A Berner Wankdorfstadion
B Pariser Prinzenpark
C Wembley Stadion
D Münchner Olympiastadion

1968. **Wie lautete der Spitzname des sowjetischen Nationalspielers Oleg Blochin?**
A Meise
B Floh
C Kamel
D Löwe

1969. **Welches war das erste afrikanische Land, das an einer FIFA WM-Endrunde teilnahm?**
A Ägypten (1934)
B Togo (1958)
C Zaire (1974)
D Senegal (2002)

1970. **Wer war Präsident von Olympique Marseille beim Champions League-Sieg 1993?**
A Bernard Tapie
B Michel Platini
C Gernot Rohr
D Gérard Houllier

1971. **Wer behauptete, das legendäre Wembley-Tor sei ein gültiges gewesen?**
A Heinrich Lübke
B Theodor Heuss
C Gustav Heinemann
D Walter Scheel

1972. **Wie oft stieg Europameister Andreas Köpke mit seinen Vereinen ab?**
A Zweimal
B Dreimal
C Viermal
D Fünfmal

1973. **Welcher Spieler wechselte 1990 von Dynamo Dresden zu Bayer 04 Leverkusen?**
A Matthias Sammer
B Ulf Kirsten
C Steffen Karl
D Andreas Thom

1974. **In welchem seiner Länderspiele traf Fritz Walter zum ersten Mal?**
A Im ersten
B Im zehnten
C Im zwölften
D Im zwanzigsten

1975. **Wer wurde in der Saison 2002 gemeinsam mit Martin Max Bundesliga-Torschützenkönig?**
A Giovane Elber
B Marcio Amoroso
C Marcelinho
D Ailton

1976. **Wann gewann Borussia Dortmund als erster deutscher Club die Champions League?**
A 1994
B 1995
C 1996
D 1997

1977. **Wann wurde das Bosman-Urteil gesprochen?**
A 15. Dezember 1995
B 15. Mai 1997
C 15. Juni 1998
D 15. Februar 1999

1978. **Wo war der ehemalige DFB-Präsident Hermann Neuberger Mitglied?**
A 1. FC Saarbrücken
B Eintracht Trier
C Eintracht Frankfurt
D FC St. Pauli

1979. **Von wem stammt die Aussage „Mailand oder Madrid - egal, Hauptsache Italien“?**
A Fritz Walter
B Andreas Möller
C Frank Mill
D Joachim Hopp

1980. **Von welchem Verein wechselte Hanno Balitsch 2002 zu Bayer 04 Leverkusen?**
A Hamburger SV
B Borussia Dortmund
C 1. FC Köln
D Hertha BSC

1981. **Bis wann war die Oberliga höchste deutsche Spielklasse?**
A Bis 1962
B Bis 1963
C Bis 1964
D Bis 1965

1982. **Wer außer Ungarn holte dreimal olympisches Gold im Fußball?**
A Kanada
B Brasilien
C England
D Spanien

1983. **In welchen Jahren wurde Matthias Sammer deutscher „Fußballer des Jahres“?**
A 1990 und 1994
B 1992 und 1993
C 1995 und 1996
D 1997 und 1998

1984. **Welches sind die Vereinsfarben des MSV Duisburg?**
A Rot/Weiß
B Blau/Weiß
C Schwarz/Rot
D Schwarz/Gelb

1985. Was bin ich?

Hier erzählt jemand oder etwas über sich selbst. Können Sie herausfinden, worum es sich handelt?

Ich wiege genau 4.970 Gramm, bin aus 18-Karat-Gold und genau 0,36 Meter hoch gewachsen. Obwohl ich schon über 30 bin, werde ich nicht mehr größer. Ich stehe auf runden Füßen und bestehe aus zwei Spielerfiguren, die mit hoch erhobenen Händen im emotionalen Augenblick des Sieges nach der Welt greifen – so hat es jedenfalls mein Vater, ein Italiener namens Silvio Gazzaniga, einst beschrieben. Doch der tut eigentlich nichts zur Sache, denn seinen Namen habe ich nicht angenommen. Bei meinem Vorgänger war das noch anders. Der hieß „Coupe Jules Rimet", wurde mehrfach entführt und blieb schließlich in Brasilien ganz verschwunden. Ich heiße also überhaupt nicht. Das ist zwar schade, aber dafür bin ich erheblich wertvoller als er.

Die ersten namhaften Fingerabdrücke, die sich auf mir absetzten, waren die von Franz Beckenbauer, der mich 1974 in der Luft so herumschwenkte, dass mir ganz schwindelig wurde. Und ein Lärm war das damals im Münchner Olympiastadion! Ich gehöre übrigens der FIFA und werde nicht, wie mein Vorgänger, automatisch von demjenigen adoptiert, der mich dreimal für vier Jahre als Gast aufnehmen darf. Dem schenkt die FIFA nun nur noch ein Duplikat von mir. Finden Sie das in Ordnung? Na, ich weiß nicht... Aber vielleicht wissen Sie jetzt, was ich bin?

1986. Wahrheit oder Lüge?

A Die FIFA WM fand bereits zweimal in Mexiko statt.

B Bei Borussia Dortmund bildete Sigi Held ein Sturmduo mit Lothar Emmerich.

C 1997 wirkte der Franzose Eric Cantona in einem Spielfilm über die britische Königin Elisabeth I. mit.

D Der ungarische Weltklasse-Torhüter Gyula Grosics spielte zunächst Rechtsaußen.

E Ein Schiedsrichter kann seine Entscheidung auch dann rückgängig machen, wenn er das Spiel schon angepfiffen hat.

F Bayern-Manager Uli Hoeneß ist gebürtiger Münchner.

1987. Wer hat's gesagt?

A „Das war europäische Weltklasse!"

Siegfried Reich
Felix Magath
Willi Reimann

B „Die Wahrscheinlichkeit, nicht Meister zu werden, ist größer als die Wahrscheinlichkeit, dem Abstieg nicht zu entgehen!"

Dettmar Cramer
Andreas Brehme
Karlheinz Pflipsen

C „Bisher ziehen sich die Bayern toll aus der Atmosphäre!"

Jean-Marie Pfaff
Edgar Endress
Erwin Kremers

D „Ich hab' im Urlaub wieder die meiste Farbe bekommen!"

Jimmy Hartwig
Erwin Kostedde
Gerald Asamoah

E „Manchmal spreche ich zu viel."

Mario Basler
Andreas Möller
Lothar Matthäus

F „Wie so oft, so liegt auch hier die Mitte in der Wahrheit.

Uwe Seeler
Klaus Allofs
Rudi Völler

1988. Wahrheit oder Lüge?

A Der Einwerfer muss mit beiden Füßen auf dem Boden stehen.

B Berti Vogts war 20-mal Kapitän der deutschen Nationalmannschaft.

C Max Morlock trug mehr als 900-mal das Trikot von Schalke 04.

D Beim AC Mailand avancierte Lothar Matthäus zur rechten Hand von Trainer Giovanni Trappatoni.

E Olaf Thon spielte während seiner aktiven Karriere nur beim FC Schalke 04.

F Uwe Seeler war in den 1990er Jahren Präsident des Hamburger SV.

G Ein Ball, der von der Latte zurückprallt, wird Abpraller genannt.

1989. Wer machte mit einem Tritt in eine Werbetonne von sich reden?
- A Thomas Häßler
- B Jürgen Klinsmann
- C Thomas Strunz
- D Mario Basler

1990. Welchen Verein führte Willi „Fischken" Multhaupt zur Deutschen Meisterschaft?
- A Borussia Dortmund
- B Werder Bremen
- C 1. FC Köln
- D 1. FC Nürnberg

1991. Aus welchem Land stammt Stuttgarts Mittelfeldspieler Aleksander Hleb?
- A Weißrussland
- B Aserbaidschan
- C Ukraine
- D Armenien

1992. Wer war erster Teamchef einer deutschen Nationalelf?
- A Erich Ribbeck
- B Franz Beckenbauer
- C Rudi Völler
- D Sepp Herberger

1993. Von welchem Verein wechselte Ibrahim Tanko 2001 zum SC Freiburg?
- A FC Schalke 04
- B 1. FC Kaiserslautern
- C Borussia Dortmund
- D Werder Bremen

1994. Welcher Spieler wurde in England in einem Hit besungen?
- A Franz Beckenbauer
- B Günter Netzer
- C Karl-Heinz Rummenigge
- D Uwe Seeler

1995. In welchem Jahr beendete Gerd Müller seine Karriere als Fußball-Profi?
- A 1979
- B 1981
- C 1983
- D 1985

1996. Wie oft war der TSV 1860 München Deutscher Meister?
- A Einmal
- B Zweimal
- C Dreimal
- D Nie

1997. Für welchen italienischen Club spielten sowohl Oliver Bierhoff als auch Carsten Jancker?
- A Udinese Calcio
- B AC Mailand
- C Torino Calcio
- D FC Empoli

1998. Wer bildete zusammen mit Andreas Brehme das Trainergespann beim 1. FC Kaiserslautern zwischen 2000 und 2002?
- A Olaf Marschall
- B Reinhard Stumpf
- C Demir Hotic
- D Günter Schäfer

1999. Welche Mannschaft konnte sich 1993 erstmals für den UEFA-Pokal qualifizieren?
- A Bayer 04 Leverkusen
- B VfL Bochum
- C Karlsruher SC
- D 1. FC Nürnberg

2000. Welchem Verein gelang das erste Tor in einem Europapokal-Finale?
- A Real Madrid
- B Sporting Lissabon
- C Stade Reims
- D AS Saint Etienne

2001. Wie heißt ein berühmter Fußballschuh von adidas?
- A Terminator
- B Predator
- C Gladiator
- D Konterminator

2002. In welchem Jahr spielte Fortuna Düsseldorf bislang letztmals in der Ersten Bundesliga?
- A 1992
- B 1998
- C 2000
- D 2003

2003. Wann wurde in Deutschland der Profi-Fußball eingeführt?
- A 1961
- B 1963
- C 1965
- D 1970

2004. Gegen wen setzte sich Schalke 04 im UEFA-Cup-Finale 1997 nach Elfmeterschießen durch?
- A RSC Anderlecht
- B FC Valencia
- C Inter Mailand
- D Ajax Amsterdam

2005. Welches Nationalteam erreichte in der Qualifikation zur FIFA WM 2006™ einen Punkt im Spiel gegen Portugal?
- A Liechtenstein
- B Andorra
- C Luxemburg
- D San Marino

2006. Wie heißt der Kultmasseur des Hamburger SV, der sich 2004 aus dem Fußballsport zurückzog?
- A Hermann Rieger
- B Uwe Riedel
- C Carl Riegel
- D Hans Reider

2007. Wie heißt das Vorbereitungs-Turnier der Bundesliga?
- A Flutsch-Cup
- B Fudschikato-Pokal
- C Fuji-Cup
- D Fluffy-Cup

2008. Das erste bundesdeutsche Flutlichtspiel bestritten...
- A ...Hertha BSC gegen Union
- B ...HSV gegen FC St. Pauli
- C ...HSV gegen Hannover 96
- D ...VfB gegen Kickers (Stuttgart)

2009. Wann gewann erstmals ein jugoslawisches Team einen Europapokal?
- A 1967
- B 1969
- C 1985
- D 1991

2010. Welchen Beruf übte Fabio Capello aus, bevor er Trainer beim AC Mailand wurde?
- A Politiker
- B Anwalt
- C Ingenieur
- D TV-Moderator

2011. Wie viele Elfmeter hatte Torwart Hans-Jörg Butt bis Saisonende 2001 verwandelt?
- A 8
- B 10
- C 12
- D 19

2012. Wer schoss das 1000. Länderspieltor für Deutschland?
- A Heinz Flohe
- B Rainer Bonhof
- C Wolfgang Weber
- D Klaus Allofs

Gelöst verlässt Matthias Sammer nach dem EM-Viertelfinale gegen Kroatien im Juni 1996 das Spielfeld. Er erzielte das entscheidende Tor zum Einzug ins Halbfinale.

2013. **Welcher deutsche Spieler wurde im Halbfinale der FIFA WM 1958 des Feldes verwiesen?**

- A Herbert Erhardt
- B Horst Szymaniak
- C Alfred Kelbassa
- D Erich Juskowiak

2014. **Wer schoss 1974 in der 119. Min. das Ausgleichstor für Bayern München im Europacup der Landesmeister?**

- A Gerd Müller
- B Georg Schwarzenbeck
- C Franz Roth
- D Uli Hoeneß

2015. **Bei welchem spanischen Club stand Bodo Illgner von 1997 bis 2001 im Tor?**

- A Real Madrid
- B Atlético Madrid
- C FC Sevilla
- D Deportivo La Coruna

2016. **Wann wurde Felix Magath geboren?**

- A 1950
- B 1953
- C 1954
- D 1956

2017. **Wann gewann der FC Bayern München den Pokal der Pokalsieger gegen Glasgow Rangers?**

- A 1967
- B 1969
- C 1972
- D 1980

2018. **Wo wurde Sepp Herberger Ehrenbürger?**

- A In Mannheim
- B In Hohensachsen
- C In Berlin
- D In Celle

2019. **Mit welchem Trainer gewann Eintracht Frankfurt 1980 den UEFA-Pokal?**

- A Friedel Rausch
- B Branko Zebec
- C Lothar Buchmann
- D Erich Ribbeck

2020. **Welcher dieser Spieler absolvierte in seiner Karriere mehr als 100 Länderspiele für die deutsche Nationalelf?**

- A Thomas Häßler
- B Günter Netzer
- C Andreas Brehme
- D Rudi Völler

2021. **Welcher Schiedsrichter erkannte das „Wembley-Tor“ 1966 an?**

- A Gottfried Dienst
- B Boris Kraskow
- C Walentin Tscherkow
- D Andre Dufour

2022. **Welcher Club schickte bei einem Bundesligaspiel elf ausländische Spieler auf den Platz?**

- A Eintracht Frankfurt
- B VfB Leipzig
- C Energie Cottbus
- D SpVgg. Unterhaching

2023. **Wie viele Länderspiele bestritt Fritz Walter zwischen 1940 und 1958?**

- A 23
- B 48
- C 52
- D 61

2024. **Wie lautet der Spitzname des Spielers Herbert Erhardt?**

- A Bartl
- B Herbie
- C Herrie
- D Ertl

2025. Wer bin ich?

Hier erzählt ein bekannter Fußballstar über sich selbst. Wissen Sie, um wen es sich handelt?

Mein Name klingt wie ein Aufruf von Greenpeace. Ich komme aus dem Osten, bin aber im Westen Deutschlands zu Zeiten der Teilung fast genau so bekannt gewesen wie in der DDR, spätestens seit dem 22. Juni 1974.

Doch der Reihe nach: Meine Fußballkarriere begann bei Lokomotive Halberstadt, doch erfolgreich und auch international spielte ich beim 1. FC Magdeburg, als der in der DDR noch ein Spitzenverein war. 271-mal trug ich dessen Trikot in der DDR-Oberliga und schoss 112 Tore! Im Europapokal gelangen mir dann noch 20 Tore, genauso viele wie Jürgen Klinsmann übrigens. 53-mal trat ich zwischen 1969 und 1977 für die DDR in Länderspielen an und traf 15-mal. Bei Olympia 1972 in München holten wir sogar die Bronzemedaille.

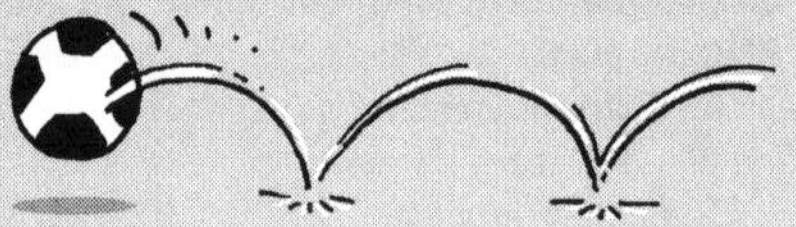

Doch das Spiel am 22. Juni 1974 war ein ganz besonderes. Die DDR spielte in Hamburg während der FIFA WM gegen den späteren Weltmeister – und gewann 1:0! Doch nicht das allein war eine Sensation, nein, der absolute Knaller war der Treffer. Der kam nämlich von mir! Und schlagartig war mein Name gesamtdeutsch.

Wer bin ich?

2026. Versteckter Fußballer

Erfolgreich fischen

Zum Fangen benutzte er eine Fischreuse. Biologisch gesehen das Beste, was man verwenden konnte.

Können Sie den darin versteckten portugiesischen Fußballspieler entdecken?

2027. Wer hat's gesagt?

A „Elfmeterschießen, das ist irgendwie wie mit Frauen und Autos - reine Glückssache!"

Manfred Kaltz
Juri Sawitschew
Uli Maslo

B „Fußball ist wie eine Frikadelle, man weiß nie, was drin ist."

Martin Driller
Krassimir Balakow
Markus Babbel

C „Zum Glück hatten wir Glück."

Rui Costa
Ronaldo
Dede

D „Wenn es einmal hart auf hart kommt , kommt es meistens ganz hart."

Jens Jeremis
Jiri Nemec
Paul Breitner

E „Man hetzt die Leute auf mit Tatsachen, die nicht der Wahrheit entsprechen."

Norbert Nachtweih
Toni Polster
Olaf Marschall

2028. Wer war von 2001 bis 2003 Trainer des Hamburger SV?
- A Kurt Jara
- B Benno Möhlmann
- C Felix Magath
- D Frank Pagelsdorf

2029. An welchem Club scheiterte Hannover 96 im Europapokal der Pokalsieger 1992?
- A AC Florenz
- B Nottingham Forest
- C AS Monaco
- D Werder Bremen

2030. Wie viele Treffer erzielte Pelé im FIFA WM-Endspiel 1958?
- A 1
- B 2
- C 3
- D keinen

2031. Für wie viele verschiedene Vereine absolvierte Karl-Heinz Körbel seine 602 Bundesligaspiele?
- A Für vier
- B Für drei
- C Für zwei
- D Für einen

2032. Wer war kein Vorrundengegner der deutschen Elf beim „FIFA Konförderationen-Pokal Deutschland 2005"?
- A Japan
- B Argentinien
- C Australien
- D Tunesien

2033. In welchem Zeitraum war Jupp Derwall Assistent von Bundestrainer Helmut Schön?
- A 1969 bis 1975
- B 1970 bis 1978
- C 1975 bis 1980
- D 1978 bis 1984

2034. Welcher Nationaltorwart musste im Laufe seiner Bundesliga-Karriere insgesamt 829-mal hinter sich greifen?
- A Sepp Maier
- B Eike Immel
- C Bodo Illgner
- D Andreas Köpke

2035. Nach wem wurde das Wiener Praterstadion umbenannt?
- A Ernst Happel
- B Wolfgang A. Mozart
- C Bruno Kreisky
- D Robert Stolz

2036. Welcher dieser Spieler war nie FIFA WM-Torschützenkönig?
- A Karl-Heinz Rummenigge
- B Pelé
- C Ronaldo
- D Eusebio

2037. Bei welchem spanischen Spitzenclub steht Ruben Baraja unter Vertrag?
- A Real Madrid
- B FC Sevilla
- C FC Valencia
- D FC Barcelona

2038. An wie vielen Welt- und Europameisterschaftsendrunden nahm Stefan Reuter teil?
- A 1
- B 2
- C 3
- D 4

2039. Welchen DFB-Posten hatte Hans Kindermann 1970 bis 1992?
- A Vizepräsident
- B DFB-Justitiar
- C Vorsitzender des Kontrollausschusses
- D Schriftführer

2040. Für welchen Club spielte der niederländische Verteidiger Jaap Stam von 2001 bis 2004?
- A Inter Mailand
- B AS Rom
- C Lazio Rom
- D Atalanta Bergamo

2041. Wann spielte Eintracht Braunschweig letztmals in der Ersten Liga?
- A 1985
- B 1987
- C 1989
- D 1991

2042. Wann gewann Alex Ferguson mit Manchester United seinen ersten europäischen Titel?
- A 1991
- B 1993
- C 1995
- D 1997

2043. Von welchem Verein wechselte Sören Lerby 1983 zum FC Bayern München?
- A FC Brügge
- B Bröndby Kopenhagen
- C Celtic Glasgow
- D Ajax Amsterdam

2044. Wer wurde bei der FIFA WM-Endrunde 1974 Torschützenkönig?
- A Johan Cruyff
- B Grzegorz Lato
- C Rolf Edström
- D Gerd Müller

2045. Welcher Schiedsrichter leitete das Finale der FIFA WM 2002?
- A Hugh Dallas
- B Anders Frisk
- C Pierluigi Collina
- D Markus Merk

2046. Wie viele Heimspiele verlor der Hamburger SV in der Bundesligasaison 1963/64?
- A Sechs
- B Neun
- C Eines
- D Keines

2047. Welche Runde erreichte der FC Bayern München im Pokal der Pokalsieger 1972?
- A Zweite Runde
- B Achtelfinale
- C Viertelfinale
- D Halbfinale

2048. Wie hieß der Vorläufer des UEFA-Pokals?
- A Astra-Pokal
- B Europaliga
- C Messepokal
- D Fuji-Cup

2049. Für welchen Verein absolvierte Ralf Minge insgesamt 222 DDR-Oberligaspiele?
- A Dynamo Berlin
- B Hansa Rostock
- C VfB Leipzig
- D Dynamo Dresden

2050. Bei der FIFA WM 1970 trug der offizielle Ball erstmals einen Namen. Welchen?
- A Worldcup
- B Tango
- C Samba
- D Telstar

2051. Wann gewann der FC Porto erstmals einen europäischen Titel?
- A 1987
- B 2002
- C 2003
- D 2004

2052. Wer war Meistertrainer in der Saison 1987/88?
A Franz Beckenbauer
B Jupp Heynckes
C Horst Köppel
D Otto Rehhagel

2053. Von welchem Trainer stammt die Aussage: „Das Schönste an Schalke ist die Autobahnauffahrt nach München."?
A Klaus Toppmöller
B Erich Rutemöller
C Max Merkel
D Udo Lattek

2054. Mit welcher Rückennummer spielten früher die Mittelstürmer?
A 3
B 5
C 6
D 9

2055. Bei welchem Verein beendete „Jimmy" Hartwig 1988 seine aktive Fußballerkarriere?
A Hamburger SV
B 1. FC Köln
C FC Homburg
D Casino Salzburg

2056. Gegen wen gelang Deutschland der entscheidende Sieg in der FIFA WM-Qualifikation 1990?
A Wales
B Albanien
C Zypern
D Malta

2057. Wie hoch war die höchste deutsche Länderspiel-Niederlage?
A 0:6
B 0:7
C 0:9
D 1:10

2058. Für welche Ablösesumme wechselte Diego Maradona 1982 zum FC Barcelona?
A 2,5 Mio. DM
B 5 Mio. DM
C 10 Mio. DM
D 20 Mio. DM

2059. Wie nennt man den Drall des Balles, mit dem er schwer zu berechnende Flugbahnen einschlagen kann?
A Push
B Effet
C Drop
D Touch

2060. Welcher Spieler war Europas „Fußballer des Jahres" 1996?
A Jürgen Klinsmann
B Matthias Sammer
C Raul
D Luis Figo

2061. Wie endete das Spiel um den 3. Platz zw. Brasilien und Italien bei der FIFA WM 1978?
A 1:0
B 0:1
C 1:2
D 2:1

2062. Wer sagte: „Fußball ist, wenn 22 Leute auf dem Platz stehen und am Ende immer Deutschland gewinnt."?
A Gary Lineker
B Michael Owen
C Peter Beardsley
D Emile Heskey

2063. Welches Team wird die „Unabsteigbaren" genannt?
A Borussia Mönchengladbach
B VfL Bochum
C Karlsruher SC
D Hamburger SV

2064. **Welchen Komiker parodiert Sepp Maier gerne?**
A Otto Waalkes
B Werner Finck
C Heinz Erhardt
D Karl Valentin

2065. **Welcher Verein gab zuerst Aktien aus?**
A Real Madrid
B Tottenham Hotspur
C Borussia Dortmund
D Inter Mailand

2066. **Mit welchem Verein feierte Ibrahim Tanko einen Meistertitel?**
A SC Freiburg
B Werder Bremen
C Borussia Dortmund
D Bayern München

2067. **Wer war bei der FIFA WM 1966 treffsicherster deutscher Spieler mit sechs Toren?**
A Helmut Haller
B Siegfried Held
C Franz Beckenbauer
D Lothar Emmerich

2068. **Für welche Ablösesumme wechselte Lothar Matthäus 1984 von Borussia Mönchengladbach zum FC Bayern München?**
A 950.000 DM
B 1,3 Mio. DM
C 2,4 Mio. DM
D 3,1 Mio. DM

2069. **Wie viele Bundesligaspiele absolvierte Franz-Josef Tenhagen?**
A 22
B 100
C 235
D 457

2070. **Für welches Nationalteam schoss Kenny Dalglish in 102 Spielen 30 Tore?**
A Wales
B Irland
C Nordirland
D Schottland

2071. **Welches Symbol tragen die Spieler der grönländischen Nationalelf auf ihren Trikots?**
A Eisvogel
B Pinguin
C Schneeflocke
D Eisbär

2072. **Aus welchem Land stammt der ehemalige Trainer des 1. FC Köln, Marcel Koller?**
A Belgien
B Luxemburg
C Schweiz
D Österreich

2073. **In welcher Stadt fand das Finale der Europameisterschaft 1976 statt?**
A Bukarest
B Zagreb
C Belgrad
D Budapest

2074. **Wer wurde mit zehn Treffern Torschützenkönig der FIFA WM 1970?**
A Rivelino
B Uwe Seeler
C Pelé
D Gerd Müller

2075. **Wie wurde Bernd Schuster aufgrund seiner Haarfarbe genannt?**
A Weiße Taube
B Gelbe Pfeil
C Semmelweißer
D Blonder Engel

2076. Wahrheit oder Lüge?

A Michael Ballack hat fünf Geschwister.

B Preußen Münster gehört zu den Gründungsvereinen der Fußball-Bundesliga.

C Außer für Manchester United spielte Bobby Charlton nur für Preston North End.

D Jupp Derwall absolvierte als Stürmer mehr als 30 Länderspiele für Deutschland

E Größter Konkurrent von Torwart Giuanlugi Buffon ist Francesco Toldo von Juventus Turin.

F Das erste offizielle Länderspiel mit einer Auswahl der Sowjetunion fand erst 1954 statt.

G Der Copa Libertadores wird unter allen spanischsprachigen Vereinen der Welt ausgespielt.

2077. Wo ist die „Viktoria"?

in München
in Hamburg
in Frankfurt
in Berlin

2078. Wer hat's gesagt?

A „Eigentlich bin ich ein Supertyp. Aber ich kann wohl auch ein richtiger Arsch sein."

Mario Basler
Reiner Calmund
Fredi Bobic

B „Schuld ist der Mangel der Quantität an Qualität."

Jens Jeremies
Uli Stielike
Thorsten Legat

C „Wir hatten ein bisserl Pech. Das kommt, wenn man kein Glück hat."

Karlheinz Wildmoser
Ottmar Hitzfeld
Volker Finke

D „Das Geheimnis des Fußballs ist ja der Ball."

Klaus Toppmöller
Uwe Seeler
Werner Lorant

E „Ich akzeptiere nicht, wenn gesagt wird, wir sind ein Scheißhaufen. Logisch sind wir ein Scheißhaufen. Aber das ist nicht der einzige Punkt."

Christian Ziege
Christian Rahn
Bernd Schneider

F „Das muss man verstehen, dass er Schwierigkeiten hat, sich einzugewöhnen. Er ist die deutsche Sprache noch nicht mächtig."

Jürgen Wegmann
Andreas Möller
Bruno Labbadia

G „Ich glaube nicht, dass irgendwer größer oder kleiner ist als Maradona."

Pelé
Rudi Völler
Kevin Keegan

2079. Lügengeschichte

In dieser Geschichte befinden sich zwei sachliche Fehler. Können Sie sie finden?

Die Region um die Stadt Mannheim hat sich, zumindest in der Zeit, als die Position des deutschen Nationaltrainers eingeführt wurde, als Talentschmiede deutschen Fußballwissens herausgestellt. Bis zur Ernennung eines Reichstrainers war die Mannschaftsaufstellung in die Zuständigkeit des jeweiligen deutschen Sportministers gefallen.

Als am 1. Juli 1926 Dr. Otto Nerz beim DFB seinen Dienst antrat, war einer aus der „Mannemer" Gegend erster Reichstrainer geworden. Beliebt war Nerz nie, denn er, promovierter Arzt und Pädagoge, sah in den Spielern eher zu disziplinierende Soldaten, weshalb der Kasernenton beim Training häufig mehr im Mittelpunkt stand als das Training selbst. Immerhin: Bei der FIFA WM 1934 kam die deutsche Elf bis ins Finale. Ausgerechnet bei den Olympischen Spielen 1936 in Berlin versagten die deutschen Fußballer jedoch, sehr zum Leidwesen der damaligen Machthaber. Nerz musste gehen, was der Schalker Nationalspieler Ernst Kuzorra mit dem Götz-Zitat quittierte. Die Bilanz des Trainers: 70 Länderspiele, davon 42 Siege, 10 Unentschieden und 18 Niederlagen. Dr. Otto Nerz verstarb 1949 im sowjetischen Gefangenenlager Sachsenhausen. Nachfolger wurde Sepp Herberger, ebenfalls waschechter Mannheimer. Und der wechselte den Titel Reichstrainer 1949 gegen Bundestrainer. Unter seiner Regie fand Deutschland aus der fußballerischen Isolation nach dem Zweiten Weltkrieg und wurde 1954 in der Schweiz erstmals Weltmeister.

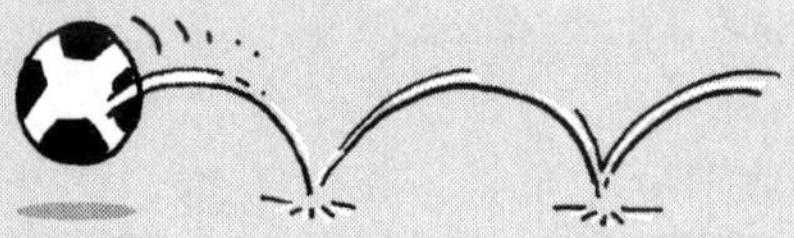

2080. Wer hat's gesagt?

A „Wenn wir kein Tor machen, können wir nicht einmal in Kaiserslautern gewinnen."

Peter Neururer
Aleksander Ristic
Eric Gerets

B „Es hat sich gezeigt, dass Haching gerade zu Hause so heimstark ist."

Frank Pagelsdorf
Christoph Daum
Horst Köppel

C „Ich will jetzt nicht noch zusätzlich Feuer ins Öl gießen."

Eduard Geyer
Jens Nowotny
Friedel Rausch

D „Für uns war die Trainerfrage nie eine Trainerfrage."

Rainer Calmund
Bernd Hoffmann
Roland Schmider

E „Unsere Spieler können 50-Meter-Pässe spielen: fünf Meter weit und 45 Meter hoch."

Uwe Klimaschweski
Stefan Klos
Carsten Janker

F „Wenn du die Meisterschale überreicht bekommst, dann bist du Meister."

Thomas Linke
Franz Beckenbauer
Michael Frontzeck

2081. Silbenspiel

Bilden Sie aus diesen Silben die Namen von sechs Ländern, aus denen Spieler in der Bundesliga spielen oder spielten. Wenn Sie diese richtig ordnen, ergibt sich aus den Anfangsbuchstaben der Name eines weiteren Landes:

A – AUST – BURG – DAE – DEN – EN – EN – GE – I – LI – LI – LU – MARK – NE – NI – RA – RI – SCHWE – TA – XEM

2082. Was passt hier nicht?

Welcher Club passt nicht zu den anderen?

ASMANIA 1900 BERLIN – FC ST. PAULI – OFFENBACHER KICKERS – WACKER BURGHAUSEN

2083. Wahrheit oder Lüge?

A Der Verteidiger Roberto Carlos ist fast zwei Meter groß.

B Das Fußballtor ist 2,44 Meter hoch.

C Zwischen 1924 und 1932 bestritt der Arbeiter-, Turn- und Sportbund insgesamt 77 Länderspiele.

D Der Irak nahm 1986 in Mexiko an der FIFA WM teil.

E Paul Breitner wurde mit Real Madrid nie Spanischer Meister.

F Nach dem Abschied vom aktiven Fußball betrieb der deutsche Nationalspieler Paul Janes eine Kneipe.

G Erster deutscher UEFA-Pokal-Sieger war Borussia Mönchengladbach.

2084. Besuchskarte

Welcher bekannte Fußballstar möchte sich hier bei Ihnen vorstellen?

D. M.
BRATEIER-RIESE
(Ford)

2085. Wie viele Spieler dürfen nach den FIFA-Regeln ausgetauscht werden?

A 1
B 2
C 3
D 4

2086. Welcher holländische Trainer stand 1995/96 bei Werder Bremen unter Vertrag?

A Huub Stevens
B Frank Rijkaard
C Aad de Mos
D Rinus Michels

2087. Welcher der Spieler ist kein Brasilianer?

A Rodolfo Cardoso
B Giovane Elber
C Paulo Sergio
D Dede

2088. Wie schnell fiel das schnellste Tor der Fußballgeschichte?

A Nach 3,53 Sekunden
B Nach 5,69 Sekunden
C Nach 7,41 Sekunden
D Nach 9,82 Sekunden

2089. In welcher Saison stieg Rot-Weiß Oberhausen zum ersten Mal in die Erste Bundesliga auf?

A 1964/65
B 1968/69
C 1975/76
D 1982/83

2090. Wer arbeitete nach seiner Entlassung 1994/95 zwischenzeitlich als Journalist?

A Jürgen Rollmann
B Jürgen Pahl
C Norbert Nigbur
D Uli Stein

2091. In welchem Stadion trägt Borussia Mönchengladbach seit der Saison 2004/2005 seine Heimspiele aus?

A Dreisamstadion
B Stadion am Nordpark
C AWD-Arena
D Stadion am Bruchweg

2092. Wer ist seit 1977 Mannschaftsarzt bei Bayern München?

A Müller-Meierschulze
B Müller-Wohlfahrt
C Müller-Thurgau
D Müller-Lüdenscheid

2093. In welchem Land wurde der ehemalige Bundesligatrainer Branko Zebec geboren?

A Jugoslawien
B Italien
C Rumänien
D Bulgarien

2094. In welcher Stadt fand am 29. Juni 2005 das Finale des „FIFA Konförderationen-Pokals Deutschland 2005“ statt?

A Leipzig
B Frankfurt am Main
C Hannover
D Köln

2095. Welche dieser Spielaktionen ahndet der Schiedsrichter mit einem indirekten Freistoß?

A Falscher Einwurf
B Tätlichkeit
C Gefährliches Spiel
D Grobes Foulspiel

2096. Wer war bei Bundesliga-Einführung nicht dabei?

A Hamburger SV
B TSV 1860 München
C Rot-Weiß Essen
D Karlsruher SC

Das Ziel erreicht: Pelé reckt den „Coupe Jules Rimet“ in die Höhe, nachdem er mit der brasilianischen Elf die FIFA WM 1979 gewonnen hat.

2097. **Welcher Nation gelang es noch nie, die Vorrunde einer EM oder FIFA WM zu überstehen?**
A Norwegen
B Belgien
C Jugoslawien
D Schottland

2098. **Welchen spanischen Club trainierte Hennes Weisweiler in der Saison 1975/76?**
A FC Sevilla
B Real Madrid
C FC Valencia
D FC Barcelona

2099. **Welche Mannschaft konnte bisher als einzige deutsche zweimal den UEFA-Cup gewinnen?**
A Borussia Mönchengladbach
B Bayer 04 Leverkusen
C Bayern München
D Hamburger SV

2100. **Für wen wurde Matthäus zu seinem ersten Länderspiel eingewechselt?**
A Bernhard Dietz
B Bernd Förster
C Manfred Kaltz
D Karl-Heinz Rummenigge

2101. **Welches dieser Länder nimmt nicht am Alpenpokal teil?**
A Schweiz
B Italien
C Österreich
D Deutschland

2102. **Wer spielte trotz über 500 Erstliga-Einsätzen nie für die deutsche Nationalmannschaft?**
A Klaus Fichtel
B Willi Neuberger
C Mirko Votava
D Michael Lameck

2103. **Bei welchem Club begann die Fußballerkarriere von Franz Beckenbauer?**
A 1860 München
B 1. FC Nürnberg
C SpVgg Fürth
D Bayern München

2104. **In welcher Stadt steht das Aztekenstadion?**
A Cancun
B Rio de Janeiro
C Mexico City
D Buenos Aires

2105. **Wie viele Viertelfinalspiele der FIFA WM 1986 wurden erst im Elfmeterschießen entschieden?**
A Eins
B Zwei
C Drei
D Alle vier

2106. **Für welchen Club spielte Zinedine Zidane von 1992 bis 1996?**
A Olympique Marseille
B AS Saint Etienne
C Girondins Bordeaux
D RC Lens

2107. **Die Meisterschaft 2001 war für Real Madrid der...**
A ...25. Titelgewinn
B ...28. Titelgewinn
C ...36. Titelgewinn
D ...49. Titelgewinn

2108. **Wo stand Vizeeuropameister Pavel Kuka 1996 unter Vertrag?**
A Hamburger SV
B FC Schalke 04
C Bayer Leverkusen
D 1. FC Kaiserslautern

2109. Lügengeschichte

Im nachfolgenden Text befinden sich zwei sachliche Fehler. Können Sie sie finden?

Es war nach 1954 das erste Mal, dass Deutschland es wieder in ein WM-Endspiel geschafft hatte: 1966 war im Fußball-Mutterland England der Gastgeber Gegner im Finale. Die Briten hatten zuvor Portugal ausgeschaltet, die deutsche Elf die Sowjetunion geschlagen. Nun ging es ums Ganze für Seeler, Beckenbauer & Co. Deutschland war leicht favorisiert, wenngleich die Engländer an diesem 30. Juli Heimvorteil hatten.

In der 12. Minute machte Italien-Gastarbeiter Helmut Haller das 1:0, fünf Minuten später traf Geoff Hurst zum Ausgleich. Das beiderseits kampfstarke Spiel blieb bis zur 78. Minute ohne weitere Tore. Doch dann traf Peters zum 2:1 für England. Alles schien verloren, doch der Fußballgott wollte es anders: Mit dem Schlusspfiff glich Wolfgang Weber aus – Verlängerung! Jetzt stieg die Spannung. Und dann, in der 101. Minute, geschah das, was seitdem als „Wembley-Tor" in die Fußballgeschichte einging. Bobby Charlton hatte den Ball so unter Tilkowskis Latte geknallt, dass niemand mit Sicherheit sagen konnte, ob der Ball vor oder hinter der Linie aufsetzte.

Niemand außer Bundespräsident Heuss, der dem Schweizer Schiedsrichter Dienst und seinem Linienrichter Tofik Bachramow aus der zuvor besiegten Sowjetunion Recht gab. Letzterer hatte den Ball im Tor gesehen und der Unparteiische schloss sich an. Das 4:2 durch Hurst war nur noch Kosmetik: England war Weltmeister, Deutschlands Traum vom Gewinn der zweiten FIFA WM nach 1954 ausgeträumt. Und der Mythos vom „Wembley-Tor" war geboren.

2110. Silbenspiel

Bilden Sie aus diesen Silben die Namen von sechs deutschen Nationalspielern. Wenn Sie diese richtig ordnen, ergibt sich aus den Anfangsbuchstaben der Name eines weiteren Nationalspielers:

A – AH – BAU – BE – BU – CKEN – DA – EM – ER – LER – LI – LOW – ME – ME – MO – RA – RICH – SA – SEE

2111. Wer passt nicht zu den anderen?

Eine der folgenden Personen passt nicht zu den anderen. Können Sie erkennen, welche?

MAX MERKEL – HENNES WEISWEILER – KLAUS TOPPMÖLLER – OTTMAR HITZFELD

2112. Rebusrätsel

Welcher Begriff verbirgt sich hier?

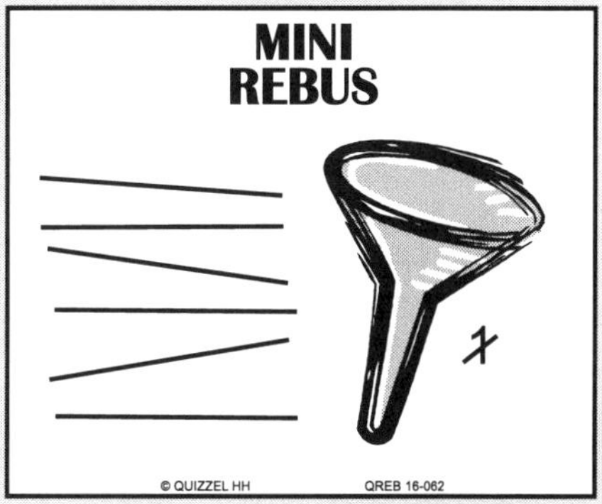

2113. **Welcher deutsche Ex-Nationalspieler trainierte in Japan die Yokohama Fügels Marinos?**
- A Thomas Strunz
- B Jürgen Klinsmann
- C Guido Buchwald
- D Pierre Littbarski

2114. **Wie hieß der Gegner der deutschen Nationalmannschaft im Qualifikationsspiel zur FIFA WM 1934?**
- A Liechtenstein
- B Luxemburg
- C Rumänien
- D Schweiz

2115. **In welchem Jahr endete die Nationalmannschaftskarriere von Sepp Maier?**
- A 1977
- B 1979
- C 1981
- D 1983

2116. **Wie lautet der Spitzname des Spielers Klaus Augenthaler?**
- A Auge
- B Taler
- C Putzer
- D Flieger

2117. **Welche Nationalmannschaft trainierte Uli Stielicke außer der deutschen?**
- A Die dänische
- B Die schweizerische
- C Die österreichische
- D Die luxemburgische

2118. **Welchen Tabellenplatz belegte Fortuna Düsseldorf in drei Bundesliga-Spielzeiten nacheinander?**
- A Den dritten
- B Den fünften
- C Den neunten
- D Den zwölften

2119. **Welcher aktuelle deutsche Nationalspieler schoss bereits fünf FIFA WM-Tore?**
- A Miroslav Klose
- B Gerald Asamoah
- C Kevin Kuranyi
- D Christian Wörns

2120. **Wer brachte Fallrückzieher zur Perfektion?**
- A Uwe Seeler
- B Helmut Rahn
- C Dieter Müller
- D Gerd Müller

2121. **Seit wann wird Europas „Fußballer des Jahres“ gewählt?**
- A 1956
- B 1966
- C 1976
- D 1986

2122. **Welcher Erstliga-Club führt die Fair-Play-Tabelle der Saison 2000/01 an?**
- A VfB Stuttgart
- B VfL Wolfsburg
- C FC Schalke 04
- D SpVgg Unterhaching

2123. **Wie viele Elfmeterschießen gewann die deutsche Nationalmannschaft bei EM- und FIFA WM-Turnieren?**
- A 1
- B 2
- C 3
- D 4

2124. **1963 wurden die 16 Teilnehmer an der ersten Bundesliga-Saison festgelegt. Welcher dieser Clubs war nicht dabei?**
- A Meidericher SV
- B Schalke 04
- C Eintracht Frankfurt
- D Borussia Mönchengladbach

2125. Versteckter Fußballer

Großer Erfolg

Drei Treffer in zehn Minuten – das war ein astreiner Hattrick! Endlich war der Traum des Torjägers wahr geworden.

Können Sie den darin versteckten deutschen Fußballspieler entdecken?

2126. Zum Schmunzeln

Einmal Torwart – immer Torwart

Der Sohn des Bundesliga-Mittelstürmers wird getauft. Als der Pfarrer mit dem Taufritual beginnt, sind alle Mannschaftskameraden in die Kirche gekommen. Plötzlich gleitet dem Pfarrer das Kind aus den Armen. Reaktionsschnell hechtet der Torwart in Richtung Altar und fängt das Baby wenige Zentimeter über dem Boden auf. Die Gäste atmen tief durch und klatschen danach begeistert Beifall! Der Torwart lächelt, tippt zweimal auf und schlägt dann gekonnt ab.

Prost!

Thomas Häßler, Darius Wosz und Olaf Thon gehen in eine Kneipe und rufen in Richtung Tresen: „Drei Kurze!" Der Wirt entgegnet: „Das sehe ich. Aber was wollt ihr denn trinken, Jungs?"

Eine kluge Entscheidung

Ein Fan des FC St. Pauli betritt eine Kneipe und ruft: „Hey, Jungs, wer will einen super HSV-Witz hören?" Am Tresen dreht sich – betont langsam – ein riesenhafter Kerl um und sagt: „Ey, ey, ey, Bürschli, ich bin 188 cm groß, wiege 110 kg und bin HSV-Fan! Der Typ neben mir ist 197 cm groß, wiegt 135 kg und ist HSV-Fan! Der Typ neben ihm ist 211 cm groß, wiegt 166 kg und ist auch HSV-Fan! Willst du uns den Witz wirklich immer noch erzählen?" Darauf überlegt der St.-Pauli-Fan: „Hast Recht, ich lass es lieber, bevor ich ihn dreimal erklären muss."

2127. Wahrheit oder Lüge?

A Nach Erhalt seines ersten Profi-Fußballvertrages beim FC Chemnitz stieg Michael Ballack 1995 mit dem Verein in die Regionalliga ab.

B Helmut Rahn wurde vielfacher Deutscher Meister in der Taubenzucht.

C Der Hampden Park ist größer als der Ibrox Park.

D Aston Villa ist der Lokalkonkurrent von Manchester United.

E Bei Bundesliga-Spielen dürfen bis zu zehn Ersatzspieler auf der Auswechselbank Platz nehmen.

F In Italien spielt eine „alte Dame" in der ersten Liga.

G Franz Beckenbauer wurde mit dem Hamburger SV Deutscher Meister 1983.

H Jürgen Klinsmann hält mit 15 Toren in einer Europapokal-Saison den Europa-Rekord.

I Noch nie stand ein Drittligist im Endspiel um den DFB-Pokal.

J Paulo Sergio wechselte 1997 von Bayer 04 Leverkusen zum FC Bayern München.

2128. Welche Rückennummer trug Gerd Müller während der FIFA WM 1970?

A 9
B 10
C 13
D 20

2129. Welches sind die Vereinsfarben von Juventus Turin?

A Schwarz-weiß
B Blau-schwarz
C Blau-gelb
D Grün-weiß

2130. Woher stammt der ehemalige Bundesligaspieler Khodadad Azizi?

A Aus Jordanien
B Aus dem Iran
C Aus Israel
D Aus dem Irak

2131. Welcher ehemalige Bundesligaspieler wurde scherzhaft „Ivan, der Schreckliche" genannt?

A Sergej Kiriakov
B Valdas Ivanauskas
C Alain Sutter
D Igor Belanov

2132. Wann wurde der FC Bayern München erstmals Weltpokalsieger?

A 1970
B 1972
C 1974
D 1976

2133. Welcher Spieler stieg mit seinen Vereinen fünfmal aus der Bundesliga ab?

A Andreas Keim
B Bernhard Dietz
C Bernd Hollerbach
D Dieter Schatzschneider

2134. Wie nannte man den legendären HSV-Stürmer Otto Harder?

A Bull
B Tull
C Mull
D Krull

2135. In welchem Jahr wurde der FC Liverpool bis 2000 letztmals Englischer Meister?

A 1970
B 1980
C 1990
D 2000

2136. Gegen welches Team feierte Deutschland seinen einzigen Sieg bei der EM 1984?

A Jugoslawien
B Schottland
C Rumänien
D Irland

2137. Wer war bis 2001 der teuerste Mittelfeldspieler der Bundesliga?

A Tomás Rosicky
B Bixente Lizarazu
C Sebastian Deisler
D Sergej Barbarez

2138. Bei welcher FIFA WM fiel das 1000. Tor der WM-Geschichte?

A 1966
B 1974
C 1978
D 1982

2139. Bei welchem Turnier stand Norbert Meier vom SV Werder Bremen im Aufgebot der deutschen Nationalelf?

A EM 1980
B FIFA WM 1982
C EM 1984
D FIFA WM 1986

2140. **Wer hoffte neben Stuttgart und Bor. Dortmund vor dem letzten Spieltag 1992 noch auf den Meistertitel?**
A Bayern München
B Eintracht Frankfurt
C Werder Bremen
D Hamburger SV

2141. **Wie lautet der Spitzname des Spielers Bernhard Klodt?**
A Buffy
B Hardy
C Koldi
D Berni

2142. **Gegen wen unterlag Titelverteidiger Argentinien im Auftaktspiel der FIFA WM 1982?**
A Sowjetunion
B Schottland
C Nordirland
D Belgien

2143. **Wie lautete der Spitzname des früheren italienischen Nationalstürmers Fabrizio Ravanelli?**
A Die weiße Feder
B Der rote Riese
C Der flinke Turm
D Der graue Wolf

2144. **Wer wurde nach einem Fernsehauftritt bei Thomas Gottschalk in Handschellen abgeführt?**
A Klaus Thomforde
B Maurizio Gaudino
C Wolfram Wuttke
D Victor Kasalo

2145. **Wie lautet der Spitzname des Spielers Franz Beckenbauer?**
A „Kaiser“
B „König“
C „Prinz“
D „Bettelmann“

2146. **Wer ist Präsident des Organisationskomitees der FIFA WM 2006™?**
A Franz Beckenbauer
B Gerhard Mayer-Vorfelder
C Werner Hackmann
D Karl-Heinz Rummenigge

2147. **Wer war von 1988 bis 1991 Vizepräsident des FC St. Pauli?**
A Hans Apel
B Heidi Kabel
C Helmut Schmidt
D Günter Grass

2148. **Mit wie vielen Toren wurde Oliver Bierhoff 1998 Torschützenkönig in Italien?**
A 22
B 25
C 27
D 38

2149. **Was ist eine „englische Woche“?**
A Spielfreie Woche
B Keine Spiele am Wochenende
C 3 Punktspiele innerhalb einer Woche
D Länderspielwoche

2150. **Wo wurde 1963 mit über 177.000 Zuschauern der Besucherweltrekord aufgestellt?**
A Wembley-Stadion in London
B Olympiastadion in Rom
C Maracanastadion in Rio de Janeiro
D Nou Camp Stadion in Barcelona

2151. **Wie lautet der Spitzname des Spielers Stefan Effenberg?**
A „Iffe“
B „Affe“
C „Effe“
D „Offe“

2152. **Wie oft wurde der SV Werder Bremen Deutscher Meister ?**
A Zweimal
B Viermal
C Sechsmal
D Achtmal

2153. **Was erhielt Uwe Seeler 1970 vor seinem letzten Länderspiel?**
A 500.000 Mark
B Ehrenbürgerwürde Hamburgs
C Das Bundesverdienstkreuz
D Nichts

2154. **Bei welchem französischen Verein stand Ronaldinho von 2001 bis 2003 unter Vertrag?**
A AS Monaco
B Girondins Bordeaux
C Paris Staint Germain
D Olympique Lyon

2155. **Wer war Kapitän der brasilianischen Nationalmannschaft bei der FIFA WM 1994?**
A Carlos Dunga
B Jorginho
C Roberto Carlos
D Juninho

2156. **Wann gelang Bayern München erstmals das Double?**
A 1969
B 1973
C 1976
D 1981

2157. **Für welchen Bundesligisten spielten die Brüder Gert und Bernd Dörfel?**
A Hamburger SV
B Werder Bremen
C Eintracht Braunschweig
D Bayern München

2158. **Wer war der erste – und bislang einzige – deutsche Spieler, der einen FIFA WM-Elfmeter verschoss?**
A Rolf Rüssmann
B Uli Stielike
C Wolfgang Dremmler
D Dietmar Hannes

2159. **Welchen Platz belegte Alemannia Aachen am Ende der Bundesligasaison 1968/69?**
A Den zweiten
B Den dritten
C Den siebten
D Den elften

2160. **Wie viele Elfmeter hielt Oliver Kahn im Champions League-Finale 2001 gegen den FC Valencia?**
A 1
B 2
C 3
D 4

2161. **Wer wurde in der Saison 1999/2000 Niederländischer Meister?**
A Vitesse Arnheim
B Ajax Amsterdam
C Feyenoord Rotterdam
D PSV Eindhoven

2162. **Wann stand RW Essen letztmals im DFB-Pokal-Finale?**
A 1968
B 1976
C 1985
D 1994

2163. **Bei welchem Verein war Gianluca Vialli 1998 Spielertrainer?**
A AC Parma
B FC Chelsea
C Nottingham Forest
D Real Mallorca

2164. **Wen besiegte die Frauen-Nationalelf 1982 in ihrem ersten Länderspiel?**
A Belgien
B Schweiz
C Österreich
D Polen

2165. **Mit welchen wilden Tieren werden die Nationalspieler Kameruns verglichen?**
A Antilopen
B Löwen
C Adler
D Tiger

2166. **Wie wird der Tabellenführer bei Saisonhalbzeit genannt?**
A Weihnachtsmeister
B Halbmeister
C Herbstmeister
D Herbstfavorit

2167. **Welchem Job geht Otto Rehhagel seit Mitte 2001 nach?**
A TV-Kommentator
B Nationaltrainer Griechenland
C Buchautor
D Pensionär

2168. **An welchem Spieltag der Saison 1997/98 kamen zum ersten Mal in der Bundesliga-Geschichte mehr als 400.000 Zuschauer?**
A Am 1.
B Am 17.
C Am 32.
D Am 34.

2169. **Wer schied in der Vorrunde der EM 1996 ohne einen einzigen Treffer aus?**
A Schottland
B Türkei
C Schweiz
D Dänemark

2170. **Wie oft gewann Bayern München den Landesmeister-Pokal bzw. die Champions League?**
A Einmal
B Zweimal
C Dreimal
D Viermal

2171. **Welche englische Stadt ist seit Einführung der Profi-Liga ununterbrochen in der höchsten Spielklasse vertreten ist?**
A London
B Birmingham
C Liverpool
D Manchester

2172. **Wann machte Lothar Matthäus sein erstes Länderspiel?**
A 1980
B 1984
C 1987
D 1988

2173. **In welcher Stadt fand 1988 das EM-Endspiel statt?**
A München
B Düsseldorf
C Berlin
D Frankfurt am Main

2174. **Welcher dänische Nationalstürmer spielt seit 1999 für Schalke 04?**
A Jesper Blomquist
B Ebbe Sand
C Flemming Povlsen
D Jon-Dahl Tomasson

2175. **Welcher Spieler war der jüngste im Kader der deutschen Nationalmannschaft bei der FIFA WM 2002?**
A Miroslav Klose
B Christoph Metzelder
C Sebastian Kehl
D Lars Ricken

2176. **Gegen wen setzte sich die deutsche Elf in der Qualifikation zur FIFA WM-Endrunde 1962 durch?**
- A Irland und die Türkei
- B Griechenland und Nordirland
- C Malta und Rumänien
- D Polen und die Niederlande

2177. **Welchen Verein führte Max Merkel 1973 zur spanischen Meisterschaft?**
- A Real Madrid
- B FC Sevilla
- C FC Valencia
- D Atletico Madrid

2178. **Aus welchem Land stammt der Wolfsburger Stürmer Diego Fernando Klimowicz?**
- A Tschechien
- B Polen
- C Argentinien
- D Ungarn

2179. **Welches dieser Nationalteams wurde von Ernst Happel trainiert?**
- A Italien
- B Deutschland
- C Niederlande
- D Norwegen

2180. **Welche dieser Mannschaften stand in der Saison 1979/80 nicht im Halbfinale des UEFA-Pokals?**
- A 1. FC Kaiserslautern
- B Bayern München
- C VfB Stuttgart
- D Borussia Mönchengladbach

2181. **Jörg Heinrich wechselte 1998 nach Florenz für DM...**
- A ...18 Millionen
- B ...23 Millionen
- C ...20 Millionen
- D ...25 Millionen

2182. **Was gewann die deutsche Frauen-Nationalmannschaft bei Olympia 2000?**
- A Gold
- B Silber
- C Bronze
- D Gar nichts

2183. **Welcher Bundesligaspieler bekam eine Gelb-Rote Karte wegen Beschimpfung eines eigenen Mitspielers?**
- A Jens Lehmann
- B Jens Keller
- C Jens Nowotny
- D Jörg Albertz

2184. **Welche Rückennummer trug Jürgen Klinsmann 1995/96 bei Bayern München?**
- A 9
- B 14
- C 18
- D 27

2185. **Wie viele Tore erzielte Gerd Müller in seiner Bundesligakarriere?**
- A 197
- B 261
- C 298
- D 365

2186. **In welcher Stadt ist der Racing-Club beheimatet?**
- A Nantes
- B Straßburg
- C Narbonne
- D Lille

2187. **Welcher Club spielt im Fritz-Walter-Stadion?**
- A 1. FC Kaiserslautern
- B FK Pirmasens
- C Borussia Neunkirchen
- D 1. FC Saarbrücken

2188. **Wie viele afrikanische Teams qualifizierten sich für die FIFA WM 2002?**
A 4
B 5
C 6
D 7

2189. **Welcher Spieler machte die meisten FIFA WM-Länderspiele?**
A Lothar Matthäus
B Uwe Seeler
C Franz Beckenbauer
D Fritz Walter

2190. **Bei welchem Verein wurde Otto Rehhagel am 9. Dezember 1975 gefeuert?**
A RW Essen
B Kickers Offenbach
C MSV Duisburg
D 1. FC Kaiserslautern

2191. **Zu welchem Verein wechselte Klaus Fischer in der Saison 1981/82?**
A Arminia Bielefeld
B Werder Bremen
C 1. FC Köln
D Borussia Dortmund

2192. **Wie viele Länderspiele absolvierte Andreas Möller?**
A 85
B 95
C 105
D 115

2193. **Seit wann werden Bundesligaspiele von „Premiere" übertragen?**
A 1991
B 1993
C 1995
D 1997

2194. **Welcher Spieler gehörte zusammen mit Fredi Bobic und Giovane Elber zum „magischen Dreieck" des VfB Stuttgart?**
A Marco Haber
B Carlos Dunga
C Krassimir Balakov
D Andreas Herzog

2195. **Für welchen Verein verhindert der französische Nationalverteidiger Lilian Thuram seit 2001 Gegentore?**
A AC Parma
B Juventus Turin
C FC Barcelona
D Inter Mailand

2196. **Welcher ehemalige deutsche Nationalstürmer spielte unter anderem für den AS Monaco?**
A Rudi Völler
B Karl-Heinz Riedle
C Jürgen Klinsmann
D Karl-Heinz Rummenigge

2197. **In welcher Saison kam der Karlsruher SC bis in das Halbfinale des UEFA-Pokals?**
A 1991/92
B 1993/94
C 1995/96
D 1997/98

2198. **Wo spielte Matthias Herget in der Saison 1989/90 zum Ende seiner Fußballerkarriere?**
A Borussia Dortmund
B RW Essen
C FC Schalke 04
D VfL Bochum

2199. **Wie weit kam die belgische Nationalmannschaft bei der EM 2000?**
A Vorrunde
B Viertelfinale
C Halbfinale
D Endspiel

Jubel um den Elfmeterschützen Andreas Brehme: Brehmes Tor brachte Deutschland den FIFA WM-Titel 1990 ein.

2200. **Wo spielte der dänische Nationalstürmer Preben Elkjaer-Larsen 1976/77?**
A Eintracht Braunschweig
B MSV Duisburg
C 1. FC Köln
D Borussia Mönchengladbach

2201. **Welcher Vorfall beendete 1979 die Karriere von Sepp Maier?**
A Ein Jagdunfall
B Eine schwere Krankheit
C Ein Autounfall
D Eine schwere Fußverletzung

2202. **In welcher Saison wurde der FC Bayern München erstmals von Udo Lattek trainiert?**
A 1969/70
B 1972/73
C 1976/77
D 1980/81

2203. **Wer wurde 1975, 1977 und 1978 „Fußballer des Jahres" in Deutschland?**
A Dieter Müller
B Felix Magath
C Sepp Maier
D Franz Beckenbauer

2204. **Wann fand erstmals der Länderpokalwettbewerb der Frauen statt?**
A 1981
B 1984
C 1987
D 1990

2205. **Welches Team konnte die deutsche Elf im Viertelfinale der EM 1972 ausschalten?**
A Portugal
B Italien
C Schweiz
D England

2206. **Welcher Sender erwarb 1999 überraschend die TV-Rechte der Champions League?**
A Vox
B arte
C Kabel 1
D tm 3

2207. **Für welchen Club spielte Krassimir Balakov von 1995 bis 2003?**
A VfB Stuttgart
B Benfica Lissabon
C Lazio Rom
D CD Teneriffa

2208. **Wie oft wurde Brasilien bis einschließlich 2002 „FIFA Fussball-Weltmeister"?**
A Zweimal
B Dreimal
C Viermal
D Fünfmal

2209. **Welcher Bundesligaspieler ist Nationalstürmer der Ukraine?**
A Andrej Voronin
B Jan Koller
C Tomas Hajto
D Levan Kobiashvili

2210. **Wer war Vorgänger von Wolfgang Wolf als Trainer des 1. FC Nürnberg?**
A Rainer Zobel
B Friedel Rausch
C Klaus Augenthaler
D Hermann Gerland

2211. **Welche Auswahl sicherte sich bei der FIFA WM 1990 den dritten Platz?**
A Schottland
B England
C Jugoslawien
D Italien

2212. **Welcher Brasilianer wird „Das Phänomen“ genannt?**
- A Rivaldo
- B Ronaldinho
- C Ronaldo
- D Denilson

2213. **In welcher Spielkleidung spielt in der Regel die Nationalelf Bulgariens?**
- A Braun
- B Rot/blau
- C Blau/weiß/schwarz
- D Weiß/grün/rot

2214. **In welcher Liga wurde der FC Glentoran 2003 nationaler Meister?**
- A Irland
- B Schottland
- C Nordirland
- D Wales

2215. **Welcher Bundesliga-Verein wird seit 1991 von Volker Finke trainiert?**
- A FSV Mainz 05
- B Bayer 04 Leverkusen
- C SC Freiburg
- D Hansa Rostock

2216. **Was wurde in England vor 1875 anstelle der Torlatte benutzt?**
- A Ein Stoffband
- B Eine Zaunlatte
- C Ein Schiffstau
- D Das Tor hatte gar keine Latte

2217. **Wie viel Geld zahlt die UEFA für jeden Sieg in der Champions League?**
- A 150.000 Euro
- B 250.000 Euro
- C 450.000 Euro
- D 500.000 Euro

2218. **Seit wann spielt der FC Bayern München in der 1. Liga?**
- A Ab der Saison 1965/66
- B Ab der Saison 1968/69
- C Ab der Saison 1970/71
- D Ab der Saison 1973/74

2219. **Für welchen dieser Vereine spielte Andrej Voronin noch nie?**
- A 1. FC Köln
- B VfL Bochum
- C FSV Mainz 05
- D Borussia Mönchengladbach

2220. **Welche Mannschaft blieb bei Europacup-Heimspielen 41 Jahre ungeschlagen?**
- A Olympiakos Piräus
- B ZSKA Moskau
- C Manchester United
- D Dynamo Kiew

2221. **Wo begann der Schweizer Nationalspieler Stephane Chapuisat seine Bundesliga-Karriere?**
- A Bei Borussia Dortmund
- B Bei Bayer Uerdingen
- C Beim VfB Stuttgart
- D Beim SC Freiburg1978/79

2222. **Welcher Stürmer wechselte im Sommer 2004 für 5 Mio. Euro vom 1. FC Kaiserslautern zu Werder Bremen?**
- A Ivan Klasnic
- B Miroslav Klose
- C Vratislav Lokvenc
- D Claudio Pizarro

2223. **Welcher ehemalige Nationalspieler versuchte sich in dem Film „Potato Fritz“ als Schauspieler?**
- A Hansi Müller
- B Berti Vogts
- C Paul Breitner
- D Günter Netzer

2224. An welcher FIFA WM-Endrunde nahm erstmals das Team aus Kanada teil?

A 1954
B 1970
C 1982
D 1986

2225. Wo spielte Rudolfo Esteban Cardoso von 1996 bis 1998 sowie von 1999 bis 2004?

A Werder Bremen
B FC Homburg
C SC Freiburg
D HSV

2226. Bei welchem französischen Verein stand David Trezeguet von 1995 bis zu seinem Wechsel nach Turin unter Vertrag?

A Stade Brest
B AS Monaco
C Olympique Lyon
D FC Sochaux

2227. In welcher italienischen Stadt wurde Salvatore Schillaci geboren?

A Rom
B Turin
C Palermo
D Bari

2228. Wie endete 1912 das erste Länderspiel Deutschland - Sowjetunion?

A 1:1
B 0:6
C 4:3
D 16:0

2229. Wann wurde Borussia Dortmund zum ersten Mal Deutscher Meister?

A 1956
B 1957
C 1958
D 1959

2230. Wie wird die Spielweise genannt, bei der der Ball meist planlos nach vorne geschlagen wird?

A Kick and Rush
B Abwehrriegel
C Catenaccio
D Kontrollierte Offensive

2231. Wann wurde Otto Rehhagel geboren?

A 1935
B 1936
C 1937
D 1938

2232. Wer spielte beim „FIFA Konföderationen-Pokal Deutschland 2005“ nicht in der Gruppe A?

A Argentinien
B Tunesien
C Deutschland
D Brasilien

2233. Bei welchem Verein begann die Fußballkarriere von Christoph Teinert?

A SV 98 Schwetzingen
B TSV Rheinhausen
C VfB Leimen
D TSG 1899 Hoffenheim

2234. Wie viele Vereinsmitglieder hat der VfL Bochum?

A ca. 6.000
B ca. 7.000
C ca. 8.000
D ca. 9.000

2235. Unter welchem Namen wurde 1905 der 1. FSV Mainz 05 gegründet?

A Hassia
B Mainzer Fußballklub
C Fußballverein Mainz 05
D Mainzer Kickers 05

2236. Wer bin ich?

Hier erzählt ein bekannter Fußballstar über sich selbst. Wissen Sie, um wen es sich dabei handelt?

Wenn ich so auf meine Karriere zurückblicke, werde ich manchmal ganz schwindelig, was ich alles erreicht habe! Ich war nie ein Superstar, aber einer der besten Außenverteidiger der Welt, das war ich ganz sicherlich.

44-mal habe ich zwischen 1971 und 1978 für die Nationalelf gespielt und wurde sowohl Welt- als auch Europameister. Mein Vereinsleben fand in München statt. Von den Sportfreunden München wechselte ich Mitte der 60er-Jahre zum FC Bayern, für den ich zwischen 1966 und 1980 in 416 Bundesliga-Spielen immerhin 21 Tore schoss – als Außenverteidiger, das müssen Sie sich mal vorstellen! Ich wurde mehrfach Deutscher Meister und Deutscher Pokalsieger. Auch Europapokalsieger der Landesmeister und Weltpokalsieger durfte ich mich nennen. Andere nannten mich den „Wasserträger des Kaisers“ oder sagten einfach „Katsche“ zu mir.

In Wirklichkeit war ich sowohl im Verein als auch in der Nationalelf der Ausputzer für den Franz. Und da ich ein ruhiger, bescheidener Typ bin, habe ich mehr Zeit damit verbracht, meine Arbeit gut zu machen, als mich persönlich ins Rampenlicht zu stellen. Das konnte der Franz einfach besser. Übrigens, Zurückhaltung ist gar nicht so übel: Immerhin hat sie dazu geführt, dass mich fast alle mochten. Und wer kann das schon von sich sagen?

Wer bin ich?

2237. Wahrheit oder Lüge?

A Der Fünfmeterraum zieht sich 5,50 m in den Strafraum hinein.

B Der Spitzname des englischen Top-Stürmers in den 20ern William Ralph Dean war „Pixie“.

C Bei der FIFA WM 1966 wurden zum ersten Mal gelbe und rote Karten im Profifußball verteilt.

D Gerd Müller wurde siebenmal Bundesliga-Torschützenkönig.

E In den 1920er-Jahren baute der uruguayische Fußballer José Andrade eine eigene Tanzgruppe auf.

F Das Stadio delle Alpi liegt in Mailand.

G Der einstige Mittelläufer hatte ausschließlich Abwehraufgaben zu erfüllen.

H Der Spitzname des österreichischen Stürmers Franz Binder lautete „Bimbo“.

I 1930 wurden die Spieler des FC Schalke 04 zu Berufsspielern erklärt und deshalb vom westdeutschen Verband ausgeschlossen.

J Der österreichische Nationalspieler Hans Krankl begann seine Karriere bei Straßenbahn Wien.

2238. Welche dieser Mannschaften befand sich im Juli 2001 nicht auf einem der drei ersten Plätze der FIFA-Weltrangliste?
A Brasilien
B Argentinien
C Frankreich
D Italien

2239. Welche Mannschaft war Italienischer Meister 1995?
A AC Mailand
B Inter Mailand
C AS Bari
D Juventus Turin

2240. Für welchen Traditionsverein spielte Wolfgang Weber zwischen 1963 und 1977?
A Borussia Dortmund
B FC Schalke 04
C Borussia Mönchengladbach
D 1. FC Köln

2241. Wer verschoss im Finale der FIFA WM 1994 gegen Brasilien den entscheidenden Elfmeter?
A Paolo Maldini
B Roberto Baggio
C Dino Baggio
D Daniele Massaro

2242. Gegen welches Team erzielte Gerd Müller 1972 vier Tore in einem Länderspiel?
A Schweiz
B Österreich
C Albanien
D Dänemark

2243. Welcher Spieler erzielte 101 Tore für Werder Bremen?
A Rudi Völler
B Marco Bode
C Frank Neubarth
D Uwe Reinders

2244. Wer erzielte die meisten Bundesligatore für Eintracht Frankfurt?
A Bernd Hölzenbein
B Bum-Kun Cha
C Uwe Bein
D Karl-Heinz Körbel

2245. Wer hatte in seiner Laufbahn als Fußballlehrer Verträge in Samoa, Mauritius und Botswana?
A Rudi Gutendorf
B Holger Osieck
C Dettmar Cramer
D Werner Lorant

2246. Wo wurde kein Spiel des „FIFA Konföderationen-Pokals Deutschland 2005“ ausgetragen?
A Nürnberg
B Leipzig
C München
D Köln

2247. Welches ist der bisher größte Erfolg von FC Erzgebirge Aue?
A Aufstieg in die 1. Bundesliga
B Aufstieg in die 2. Bundesliga
C Aufstieg in die Regionalliga Nord
D 6. Platz in der Regionalliga Nord

2248. Wie oft wurde Dynamo Dresden DDR-Meister?
A 4-mal
B 6-mal
C 8-mal
D 10-mal

2249. Wer schaffte es nicht ins EM-Halbfinale der Frauen 2005?
A Deutschland
B Norwegen
C Schweden
D Frankreich

2250. Versteckter Fußballer

Nerverei

„Du machst mich ganz krank, Ludwig, mit deiner ewigen Nörgelei!" schrie Mathilde ihren Mann an.

Können Sie den darin versteckten österreichischen Fußballspieler entdecken?

2251. Zum Schmunzeln

Wer waren die ersten Fußballer?

Der liebe Gott und Noah, denn schon in der Bibel steht: „Gott sprach zu Noah: Geh in den Kasten, ich mache Sturm!"

Angestochen

Ein Schalker Fan sitzt draußen in seiner Laube mit Kaffee und Kuchen. Plötzlich setzt sich eine Wespe auf den Pflaumenkuchen. Der Schalker ist außer sich und pöbelt: „Zieh bloß dat gelb-schwarze Trikot aus in mein Garten!"

Typisch Super-Mario!

Eine gute Fee besucht Mario Basler und sagt: „Du hast sehr viel für den deutschen Fußball getan, deshalb hast du zwei Wünsche frei. Bitte sage mir, was dein Begehr ist." Mario überlegt kurz und sagt dann: „Isch hätt gern e Flasch Bier, die nie leer werd!" Die Fee hebt ihren Zauberstab – und, schwupps, hat er eine Flasche Bier. Er öffnet sie und trinkt sie in einem Zug aus. Als Mario die Flasche absetzt, sieht er, dass sie wieder völlig gefüllt ist und meint: „Ey, das is jo geil, die is jo noch total voll!" Sagt die Fee: „Das hattest du dir doch gewünscht. Nun nenne mir noch deinen zweiten Wunsch!" Mario überlegt nicht lange: „Gebbe Se mer noch so e Flasch!"

2252. Wahrheit oder Lüge?

A Penalty ist das englische Wort für Anstoß.

B Der Däne Allan Simonsen spielte in den 1970er-Jahren für Borussia Dortmund.

C Fernando Morientes und Raúl bildeten das Angriffsduo von Real Madrid.

D Früher nannte man den Mittelstürmer auch Ausputzer.

E Der US-amerikanische Club US Cagliari wurde von italienischen Einwanderern gegründet.

F 1991 warf Frankreichs Eric Cantona einem Schiedsrichter wegen einer vermeintlichen Fehlentscheidung den Ball an den Kopf.

G Paul van Himst kickte von seinem 9. bis zu seinem 32. Lebensjahr für den RSC Anderlecht.

H In Buenos Aires gibt es einen Verein, der Racing heißt.

I Die Zweite Bundesliga gibt es seit 1974.

J Schwarz-Weiß Essen gewann 1959 den DFB-Pokal, spielte aber nie in der Bundesliga.

2253. Bei welchem Verein spielte einst Popsänger Julio Iglesias Fußball?
A FC Sevilla
B Real Madrid
C FC Valencia
D FC Barcelona

2254. Wie nannte man Georg Schwarzenbeck beim FC Bayern München?
A Beckenbauers Butler
B Der Putzer des Kaisers
C Bodenpersonal
D Franzls Hiwi

2255. Welcher Spieler traf im Endspiel der EM 1972 zweimal für das deutsche Team?
A Gerd Müller
B Paul Breitner
C Jupp Heynckes
D Günter Netzer

2256. Bei wem stand der Niederländer Clarence Seedorf noch nie bei einem Meisterschaftsspiel auf dem Platz?
A Real Madrid
B Juventus Turin
C Inter Mailand
D AC Mailand

2257. Den höchsten Sieg einer deutschen Nationalelf gab es 1912 mit...
A ...8:1 gegen die Schweiz
B ...7:0 gegen Belgien
C ...16:0 gegen Russland
D ...10:3 gegen Peru

2258. In welcher Saison gab es zum ersten Mal nur ein Messepokal-Endspiel?
A 1958/59
B 1960/61
C 1963/64
D 1968/69

2259. Zu welcher Saison wechselte Marcelo Bordon für 4 Millionen Euro zum FC Schalke 04?
A 2002/03
B 2003/04
C 2004/05
D 2005/06

2260. Welcher Glücksschuss kann eigentlich an jedem beliebigen Wochentag erfolgen?
A Mittwochsschuss
B Freitagsschuss
C Samstagsschuss
D Sonntagsschuss

2261. Gegen welches Team trat Luxemburg in seinem ersten Länderspiel 1911 an?
A Niederlande
B Frankreich
C Schweiz
D Deutschland

2262. Wann wurde der frühere Bundestrainer Sepp Herberger geboren?
A 1897
B 1900
C 1902
D 1903

2263. Welche beiden Mannschaften standen sich 1974 in der berühmten „Wasserschlacht von Frankfurt“ gegenüber?
A Schweden und die DDR
B Schottland und Uruguay
C Brasilien und die Niederlande
D Deutschland und Polen

2264. Ein Ball, der im hohen Bogen über den Torwart ins Tor fliegt, nennt man...
A ...Abseitstor
B ...Eigentor
C ...Turboschuss
D ...Bogenlampe

1 C Antonio Cabrini

2 D AS Monaco

3 B VfB Stuttgart

4 C Otto Rehhagel

5 B ...Loreley

6 A „Der Sieg über das Schicksal“

7 D Leverkusen und Mönchengladbach

8 B 1929

9 B 28. Januar 1900

10 C Boss

11 C Brüssel

12 A Ein Jahr

13 B Kolumnist bei „Sport-Bild“

14 A Zweimal

15 A Schweden

16 D Carl Zeiss Jena

17 B Uruguay

18 D Hertha BSC Berlin

19 B Rudi Gutendorf

20 B Zweimal

21 A 1979

22 C 2001/02

23 B Bulgarien

24 C Es gab zwei Gastgeber

25 A Lazio Rom

26 C Hans-Dietrich Genscher

27 D Andreas Brehme

28 C 3:8

29 B Michael Skibbe

30 A Branco Zebec

31 C VfL Osnabrück

32 A Nottingham Forest

33 C Rosenborg Trondheim

34 A An Otto Rehhagel

35 A RW Essen

36 C Alf Ramsey

37 (Michael) Ballack

38 (Textwitze)

39 VOLLBORN – OVERATH – TENHAGEN – AUGENTHALER – VOLKERT - ALLOFS = **VOTAVA**

40 Willi Lemke war Manager, alle anderen sind Torwarte.

41 Jan Koller

42 A Im September 1998

43 B Nordirland

44 D 5

45 B KNVB

46 A Rinus Michels

47 D Keiner

48 B Karl-Heinz Schnellinger

49 C SSC Bergisch Gladbach

50 B Toni

51 D Elfmeter

52 D Wegen einer Trinkflasche auf dem Spielfeld

53 A Manfred Kaltz

54 D Die Funkel-Brüder

55 A Klaus Fichtel

56 B Borussia Dortmund

57 A Helmut Schön

58 D 50 Mill. DM

59 A Carsten Ramelow

60 B 1950

61 B 1974

62 B 12 Minuten

63 C Alle

64 C Der große Zampano

65 C Borussia Dortmund

66 B Rudi Dil

67 A Borussia Mönchengladbach

68 A Franz Beckenbauer

69 C Lothar Matthäus

70 C FC Liverpool

71 C England

72 D Beim FC Barcelona

73 B Nordirland

74 C Ottmar

75 B 16,50 m

76 D Girondins Bordeaux

77 C ...der Sportstätte Plumpe

78 D Gerd Müller

79 C Am 18.

80 D Rex

81 B 1951

82 A 1991/92

83 B Benfica Lissabon

84 D Franco Baresi

85 C Alemannia Aachen

86 C Malte

87 A Im Mai 1980

88 A Ernst Happel

89 B FC Schalke 04

90 C FC Chelsea

91 C FC Brügge

92 B Norwegen

93 C 6

94 C Paris Saint Germain

95 C 1994

96 D Servette Genf

97 C Schweiz

98 C Michael Spies

99 A Andreas Thom

100 B Werder Bremen

101 D Flemming Povlsen

102 C Ernst Happel

103 C Am 20. Juni 1984

104 B Der fünfte

105 A Jürgen Wegmann

106 A Pasching

107 C 1988

108 C Uwe Bindewald

109 D Borussia Dortmund

110 B 10:1

111 D 7:6 nach Elfmeterschießen

112 A Ernst-Kuzorra-Weg 1

113 A Helmut Rahn

114 B Atletico Madrid

115 C ...Deutschland

116 A Niederlande

117 D Schalke 04

118 D Werder Bremen

119 A Fünfmal

120 D San Marino

121 B Aus Schweden

122 A Santiago de Chile

123 B ...der VfL Bochum

124 D 6

125 A MSV Duisburg

126 A 1.FC Köln

127 C Helmut Haller

128 A Peter Shilton

129 A Armin Veh

130 C Christian Rahn

131 D 2000

132 B 1996/97

133 B ...658 Platzverweise aus

134 D Dreimal

135 A 1

136 A Paul Breitner

137 B Seit 1996

138 D SSC Neapel

139 B Franz-Josef Steininger

140 A Herbert Widmayer

141 A 1983

142 D 1974

143 A 1985/86

144 A 12

145 D 14 Jahre

146 C Albanien

147 C VfB Leipzig

148 C Frankenstadion

149 C Helmut Schön

150 A Rüdiger Abramczik
B Willibert Kremer
C Mario Basler
D Steffen Baumgart
E Matthias Sammer
F Ottmar Hitzfeld

151 A Wahrheit
B Wahrheit
C Wahrheit
D Lüge
E Wahrheit
F Wahrheit
G Lüge
H Wahrheit
I Lüge
J Lüge

152 A Nur für Werder Bremen

153 B Zweimal

154 C HSV

155 A Champions-League-Pokal

156 C 2002/03

157 D Deutscher Fußballausschuss

158 A 1955 bis 1957

159 A Norwegen

160 B Tasmania 1900 Berlin

161 B Achtelfinale

162 A Klaus Fischer

163 A VfB Leipzig

164 B 2

165 B ...Bremer Bildungssenator

166 B KV Mechelen

167 A Bananenflanke

168 C 52

169 B Millionarios

170 C SC Freiburg

171 B Auf dem 10.

172 C Bild

173 B Volker Finke

174 D Ein Hattrick in nur vier Minuten

175 D SV Darmstadt

176 B 50-mal

177 B Drei

178 A Belgien

179 C Willi Holdorf

180 B Jürgen Croy

181 B Über 5 Millionen

182 B Österreich - Schweiz

183 A Borussia Dortmund

184 B Werder Bremen

185 B 1983/84

186 C Libero

187 C In Köln

188 **Fehler:** Das Ausgleichstor schoss Helmut Rahn.

189 (Lew) Jaschin

190 (Textwitz)

191 C 1977

192 B Dänemark und Portugal

193 C Bei Wattenscheid 09

194 C Ulrik Le Fevre

195 D 102

196 B Ulf Kirsten

197 C Felix Magath

198 D FC Arsenal

199 A Österreich/Schweiz

200 B Brasilien

201 C In Spanien

202 C 1. FC Köln

203 A TSV 1860 München

204 B Heike Rheine

205 D 57

206 A 68 - 70 m

207 A ...heja - heja!

208 A Auf dem 1.

209 B Etwa 500

210 C San Siro

211 C Hund

212 C Hamburger SV

213 D Team-Manager

214 A 1991/92

215 B Bosnien und Herzegowina

216 C Andreas Zeyer

217 D 1998

218 C Beim 1. FC Kaiserslautern

219 D Borussia Dortmund

220 D ...Berliner FC Germania

221 D Keine

222 B 1966 und 1970

223 B Jens Nowotny

224 D Jan Ullrich

225 C Günter Netzer

226 C Real Madrid

227 A 1. FC Köln

228 C 3

229 B 1950-1956

230 B Leipzig

231 A 50-mal

232 D Acht

233 C UEFA

234 C Walter Zenga

235 B Uli Stielike

236 D 68

237 A 9,15 m

238 C SG Wattenscheid 09

239 D VfB Stuttgart

240 D Keinen

241 A Seit 1988

242 A 1:5

243 A SV Chio Waldhof

244 C Bochum

245 D Leicester City

246 D Gut 85.500

247 A 1991

248 B Bor. Mönchengladbach

249 B Sporting

250 C Drei

251 C Bernd Trautmann

252 B Siebenmal

253 B Jorge Campos

254 D 1978

255 D 1990

256 B 1959

257 C 1984, 2000 und 2004

258 C Dariusz Wosz

259 C 6

260 A Real Madrid

261 B Im Wankdorfstadion

262 D 2000/01

263 C Brasilien

264 B ... 28.Titelgewinn

265 B 1976

266 A 1. FC Kaiserslautern

267 A Eintracht Frankfurt

268 D VfL Wolfsburg

269 A 1972/73

270 A Franz Beckenbauer

271 A 12-mal

272 B MSV Duisburg

273 A Feyenoord Rotterdam

274 A Hansa Rostock

275 A 1977

276 B Horst-Dieter Höttges

277 B Werner Liebrich

278 A Borussia Mönchengladbach

279 B AS Rom

280 C Rudi Völler

281 C Borussia Dortmund

282 B Rod Stewart

283 D FC Bayern München

284 D FC St. Pauli

285 A Torsten Frings

286 D 2001/02

287 B ...1. FC Köln

288 A Trainerlizenz

289 C 13:0

290 A Birgit Prinz

291 B 1982

292 B Beim SV Barmbek-Uhlenhorst

293 C Ghana

294 C SpVgg Unterhaching

295 C Grimme-Preis

296 D ...Torsten Gütschow

297 A 1993

298 B Christian Ziege

299 B Carsten Ramelow

300 C Peru

301 A Equipe Tricolore

302 B Blau-Weiß 92 Berlin

303 D 1860 München

304 B Blau

305 C Italien

306 A Lothar Emmerich

307 D ...80 Mark

308 D Cosmos New York

309 D Pelé

310 C Zum 4. Mal

311 D Jörn Andersen

312 C Nach 18 Jahren

313 B Rothosen

314 A „You'll never walk alone“

315 B Beim 1. FC Nürnberg

316 A Nach Mexiko

317 A Gerd Zewe

318 D Mit keiner

319 C Hertha BSC Berlin

320 A Tunnel

321 A Brazzo

322 C 3

323 B ... Uli Stielike

324 D Ajax Amsterdam

325 C Marcel Desailly

326 B 1978/79

327 A PSV Eindhoven

328 B Karl-Heinz Tritschler

329 D Im Halbfinale

330 B Wolfgang Rolff

331 A Heidi Mohr

332 A Carl Zeiss Jena

333 D Christoph Daum

334 C AC Florenz

335 Reiner Calmund

336 A Wahrheit
B Wahrheit
C Lüge
D Wahrheit
E Lüge
F Wahrheit
G Wahrheit
H Wahrheit
I Lüge
J Lüge

337 A Franz Beckenbauer
B George Best
C Andreas Brehme
D Paul Breitner
E Dettmar Cramer
F Martin Driller

338 A Lüge
B Lüge
C Wahrheit
D Wahrheit
E Wahrheit
F Lüge
G Wahrheit
H Wahrheit
I Wahrheit
J Wahrheit

339 B Essen

340 B Hannover 96

341 A 1967

342 D Anna-Maria Kaufmann und Joey Tempest

343 B 1. FC Köln

344 C Johan Cruyff

345 C Göteborg

346 A Polen

347 B Zu kleine Tore

348 D Etwa 200 Millionen

349 D Noch nie

350 A 1958

351 (Franz) Beckenbauer

352 (Textwitze)

353 A Wahrheit
B Lüge
C Wahrheit
D Wahrheit
E Wahrheit
F Lüge
G Wahrheit
H Wahrheit
I Wahrheit
J Lüge

354 C Dynamo Dresden

355 C Bomber der Nation

356 C Grün/weiß

357 B Vier

358 D AC Mailand

359 B 13

360 B Werner Lorant

361 B 1986/87

362 C Bayer 04 Leverkusen

363 B 1972 und 1973

364 D RW Oberhausen

365 C Melanie Hoffmann

366 D Philipp Lahm

367 D Werder Bremen

368 B 21.11.1990, Leipzig

369 C Karl-Heinz Rummenigge

370 D Sepp Herberger

371 C Gerd Müller

372 C Tomas Hajto

373 A Gheorghe Hagi

374 D Es war ein Eigentor

375 B 2

376 A Blau-weiß

377 B Aston Villa

378 C Cesar Luis Menotti

379 C Tschammer-Pokal

380 B Franz Beckenbauer

381 C Michael Ballack

382 D Schalke 04

383 C 1. FC Nürnberg

384 C Ewald Lienen

385 A 1

386 D Brasilien

387 D 1966

388 A Fiffi

389 A Italien

390 C 1. FFC Frankfurt

391 D Rosenborg Trondheim

392 A VfL Bochum

393 A 1978

394 A Maurizio Gaudino

395 B Hakan Sükür

396 B In Deutschland

397 A Thomas Ohrner

398 B Berti Vogts

399 C Bieberer Berg

400 C USA - Iran

401 D 1969

402 B Eintracht Frankfurt

403 D Rune Bratseth

404 A Den zweiten

405 C 1905

406 D Eintracht Frankfurt

407 C 8

408 A FC Bayern München

409 B ...Andreas Thom

410 A 1860 München

411 A Karl-Heinz Rummenigges

412 C Branko Zebec

413 C Manfred Kaltz

414 C 1954, 1974, 1990

415 D Willibald Kress

416 B Karl Allgöwer

417 C VfL Bochum

418 B 50 DM

419 D Atletico Madrid

420 B 776.000

421 C Bolivien

422 D 96

423 D Malta

424 D Viertelfinal-Qualifikation mit nur einem erzielten Tor

425 B Benefizspiel

426 Christoph Daum

427 A Wahrheit
B Wahrheit
C Wahrheit
D Wahrheit
E Wahrheit
F Wahrheit
G Wahrheit
H Wahrheit
I Wahrheit
J Lüge

428 A Erich Ribbeck
B Givane Elber
C Eduard Geyer
D Jens Jeremies
E Oliver Kahn
F Dirk Lottner

429 Beckenbauer

430 A 1971

431 D VfB Leipzig

432 C Wolfgang Weber

433 C Hans Tilkowski

434 A SC Westfalia Schalke

435 D VfL Osnabrück

436 A Rio de Janeiro

437 D ...1097 (1983/84)

438 C 1996

439 B 1. FC Nürnberg

440 A 1. FC Kaiserslautern

441 A Timo Konietzka

442 B Torfrau

443 B Botafogo

444 A Ötte

445 A 59

446 C FC Homburg

447 C 1986

448 A Berti Vogts

449 C Tschechoslowakei

450 D Jürgen Friedl

451 C Abwehrspieler

452 B Klaus Allofs

453 B Ibrahim Sunday

454 C 27

455 C Javier Saviola

456 A Italien

457 B Helmut Rahn

458 D RW Essen

459 B In Gelsenkirchen

460 A 1908

461 C Klaus Augenthaler

462 C ...dem HSV

463 A ...Dieter Müller

464 C 2004/05

465 B Ottmar Hitzfeld

466 A 10

467 C ... Rote Teufel

468 D Hamburger SV

469 D Franz Roth

470 D Jean Marie Pfaff

471 B Zweimal

472 B Borussia Mönchengladbach

473 D Oberliga

474 A Stuttgarter Kickers

475 B Mit 16 Jahren

476 A 16

477 A Lothar Matthäus

478 BECKHAM

479 (Textwitze)

480 Oliver Bierhoff

481 B Wolfgang Fahrian

482 C Rolf Schafstall

483 A 1995

484 B Sechsmal

485 B Zweimal

486 C Michael Tarnat

487 B 1. FC Nürnberg

488 C 5 Treffer

489 D 365

490 D Deutschland

491 B FC Schalke 04

492 B Jorge Burruchaga

493 B 68-70 cm

494 D In Polen

495 A 11

496 A Jupp Derwall

497 B Dynamo Dresden

498 A IFK Göteborg

499 A Durch den Ausschluss Jugoslawiens

500 C Rudi Glöckner

501 C 1860 München

502 C Karl-Heinz Feldkamp

503 B 1975

504 D 1. FC Köln

505 Ein Fußball

506 A Wahrheit
B Wahrheit
C Lüge
D Lüge
E Lüge
F Wahrheit
G Wahrheit
H Wahrheit
I Wahrheit
J Lüge

507 A Uwe Seeler
B Andreas Möller
C Claus Reitmaier
D Arie van Lent
E Martin Wagner

508 A Wahrheit
B Lüge
C Lüge
D Wahrheit
E Wahrheit
F Wahrheit

509 Paul Breitner

510 D U 24

511 B Irland

512 B 9:3

513 D Keinen

514 C Helmut Rahn

515 A An einer

516 A Mario Kempes

517 B ...Österreich

518 B ...Klaus Fichtel

519 C Stefan Klos

520 B FC Schalke 04

521 A Saloniki

522 **Fehler 1:** Die Sätze lauteten tatsächlich „Strunz! Strunz ist zwei Jahre hier, hat gespielt zehn Spiele, ist immer verletzt. Was erlauben Strunz?" **Fehler 2:** Der Schlusssatz lautete tatsächlich „Ich habe fertig."

523 A Lüge
B Wahrheit
C Wahrheit
D Wahrheit
E Wahrheit
F Lüge
G Wahrheit
H Wahrheit
I Wahrheit

524 Uli Stein

525 NERLINGER – EFFENBERG – TARNAT – ZIEGE – EMMERICH – REUTER = **NETZER**

526 Siebenmeter ist ein Strafwurf beim Handball, alle anderen kennt man vom Fußball.

527 (Toni) Polster

528 (Textwitze)

529 Bastian Schweinsteiger

530 B ...Dr. Otto Nerz

531 A Michael Preetz

532 A Fritz und Ottmar

533 C Schalke 04

534 A Toni

535 A Hibernian Edinburgh

536 B Borussia Dortmund

537 A 9

538 B Lazio Rom

539 C Wolfgang Fahrian

540 C Joachim Streich

541 A Oldrich Nejedly

542 B Tennis Borussia Berlin

543 D Über 9,5 Millionen

544 B Turbine Potsdam

545 C Dettmar Cramer

546 D 441-mal

547 D Schiedsrichter

548 C RW Essen

549 D Als Torwarttrainer

550 D Eintracht Braunschweig

551 D FC Bayern München

552 C Im Mai 2005

553 D 1996

554 B Mercedes-Benz

555 D Dynamo Dresden

556 C VfL Bochum

557 C Rinus Michels

558 A Edinburgh

559 D 5:1 gegen den 1. FC Kaiserslautern

560 A 17.30 Uhr

561 B Viktoria

562 A Klaus Allofs

563 A 1986

564 A Helmut Ducadam

565 B SC Jülich

566 B In der 101.

567 B Ghana

568 A Einmal

569 A Otto

570 C Premiere

571 C Hans-Jörg Criens

572 B FC Schmiere

573 A 1972

574 C Island

575 B 1939

576 D Borussia Dortmund

577 C 1992

578 A Wahrheit
B Wahrheit
C Lüge

D Lüge
E Lüge
F Wahrheit
G Lüge
H Wahrheit
I Lüge
J Lüge

579 A Horst Hrubesch
B Uwe Klimaschewski
C Ronald Koeman
D Christoph Daum

580 C 1974

581 B Australien

582 D „Ente"

583 D Keinen

584 C Bayer Uerdingen

585 C Lissabon

586 A Tifosi

587 D Uli Hoeneß

588 B 1938

589 A Oliver Kahn

590 B Mario Kempes

591 A Jack und Robert

592 C ...mit 7 Ausländern

593 B 10.000 DM

594 C 3

595 B 1989/90

596 C Gerd und Dieter Müller

597 D Keines

598 C 0:1

599 D Zebras

600 A 1980

601 D 87

602 D München

603 A Brasilien

604 B Willi Lemke

605 C Beim Karlsruher SC

606 C Ajax Amsterdam

607 B 1979 bis 1984

608 C 1998

609 B Meidericher SV

610 D 1:5

611 D Hamburger SV

612 A Eckhard Krautzun

613 B Mia Hamm

614 A Kamerun

615 A 1. FC Kaiserslautern

616 C FC Valencia

617 C Dieter Müller

618 C Dänemark

619 D Schottland

620 A 1945

621 B Rund 7,5 Mio. Euro

622 B Ronaldo

623 A WM-Elf 1954

624 C Playmobil

625 D Galatasaray

626 C Jupp Derwall

627 D Fredi Bobic

628 D Dettmar Cramer

629 B Christian Schulz

630 D René Müller

631 D Etwa 46 Mio. Euro

632 A 1997/98

633 D 18 Jahre

634 C FC Porto

635 C Jürgen Klinsmann

636 C ... 500. Länderspiel

637 A Alemannia Aachen

638 D Dynamo Dresden

639 A ...Goldenen Fußballschuh

640 A Eins

641 B Frankreich / England

642 A 1925

643 A Uruguay

644 A Seit 1990

645 A 1987

646 B Pierre Littbarski

647 B Manchester United

648 A Espanyol

649 B Zweimal

650 B Giovane Elber

651 C Rainer Bonhof

652 C Spieler von Gottes Gnaden

653 A Ralf Rangnick

654 D Eduard Geyer

655 D Manchester United

656 D Karlsruher SC

657 B West Ham United

658 A Didi

659 B Daniel-Nivel-Stiftung

660 C ...Bayer Leverkusen

661 C 4

662 C Uwe Seeler

663 A Holger Osieck

664 B Algerien

665 D Patrik Andersson

666 C 26

667 B Oddset

668 C 46

669 D 802

670 A Inter Mailand

671 A Einmal

672 D Dino Zoff

673 D Beim AS Monaco

674 C 10

675 A Tasmania Berlin und Bor. Neunkirchen

676 A ... 90 u. 120 m

677 C Dino Zoff

678 D Oliver Bierhoff

679 A Real Madrid

680 A Jugoslawien

681 A Werder Bremen

682 C Uli Hoeneß

683 A Niederlande

684 A ...SC Bastia

685 B Südkorea - Türkei

686 B Etwa 3,6 Mio. DM jährlich

687 A RW Essen

688 Ottmar Hitzfeld

689 A Wahrheit
B Wahrheit
C Wahrheit
D Wahrheit
E Lüge
F Wahrheit
G Wahrheit
H Wahrheit
I Wahrheit
J Lüge

690 A Andreas Möller
B Werner Lorant
C Jörg Berger
D Mario Basler
E Rudi Assauer

691 (Udo) Lattek

692 (Textwitze)

693 A der 14. Platz

694 C Dynamo Dresden

695 C 1. FC Kaiserslautern

696 B Jörg Berger

697 B Bernhard Dietz

698 C Corinthians

699 C Salatschüssel

700 A Borussia Dortmund

701 A 1970/71

702 B Giovanni Trapattoni

703 C London

704 B Seit 1967

705 C Hany Ramzy

706 B Jugoslawien

707 D Borussia Dortmund

708 C 2002/03

709 D MSV Duisburg, Schalke 04

710 A Hans-Peter Briegel

711 A 1976

712 B Lothar Emmerich

713 A Arminia Bielefeld

714 A Norwegen

715 C Ernst Lieblich

716 C Uli Maslo

717 C FC Kopenhagen

718 D Ewerthon

719 A 1967 - 1970

720 B 16

721 B Dänemark

722 A 1987

723 C Borussia Dortmund

724 D Hansa Rostock

725 C 1986

726 D Bianca Illgner

727 A Nach 30 Minuten

728 D Russland

729 C Gero Bisanz

730 A Hennes Weisweiler

731 D 2003/04

732 C Real Madrid

733 D DFB-Pokal

734 B RCD Mallorca

735 B Die englische

736 C Italien

737 B Hans-Peter Briegel

738 B Wolfgang Fahrian

739 B Bernd Nickel

740 C Shakespeares Figur Harry Hotspur

741 B Ein Torpfosten brach

742 A 5

743 D Berlin

744 B Bundestag

745 C In einer Saison Landesmeister und Pokalsieger

746 A Blau

747 D England

748 A Raimond Aumann

749 B 1. FC Kaiserslautern

750 A Ralf Zumdick

751 A Enzo Bearzot

752 B „Das Mädchen meiner Träume“

753 B 1. FC Saarbrücken

754 A AS Monaco

755 B Gerd Müller

756 A 1968

757 C 9:0

758 A 6

759 C Nordkorea

760 C Robert Hoyzer

761 C ... Neun

762 A 1956

763 D Fenerbahce Istanbul

764 D 1. FC Kaiserslautern

765 A Uwe Seeler

766 B Nationaltrainer

767 A Lothar Matthäus

768 A Der Schwatte

769 C Karlsruher SC

770 C Dynamo Dresden

771 C Max Merkel

772 C 27 Jahre

773 D Salvatore Schillaci

774 B Ungarn

775 C VfB Stuttgart

776 D AC Mailand

777 C FC Bayern München

778 D Schalke 04

779 D 162

780 D Günter Netzer

781 A 1961/62

782 B Christian Wörns

783 D Sepp Maier

784 C 46

785 C Stan

786 C Olympiakos Piräus

787 A FC Liverpool

788 C 1983

789 C Geißbock

790 A 1

791 B Daniel van Buyten

792 C VfL Bochum

793 A 1973/74

794 D Messepokal

795 C Sanyo

796 C Hannover 96

797 A Christiano Ronaldo

798 B Felix Magath

799 D Hans-Jürgen Kreische

800 B RSC Anderlecht

801 C Udo Lattek

802 A 1860 München

803 C Von 1974 bis 1981

804 D Bayer 04 Leverkusen

805 A Gianluigi Buffon

806 A 1980 und 1981

807 B ...Hennes

808 B Ghana

809 A Den ersten

810 C Klaus Toppmöller

811 A 1966

812 C FC Valencia

813 D 1980

814 C VfB Stuttgart

815 D 1. FC Nürnberg

816 D AS Rom

817 D Patrick Battiston

818 D Horst Szymaniak

819 B VfL Wolfsburg

820 A Markus Merk

821 B FC Bayern München

822 A 1. FC Saarbrücken

823 B 2

824 A Hellmut Krug

825 D Pelé

826 C 3

827 B USA

828 B Werder Bremen

829 C 1992

830 C Thomas Brunner

831 B Schweden

832 B FC Schalke 04

833 B Inter Mailand

834 C Fritz Walter

835 A Samuel Kuffour

836 D Zwischen 68 und 70 cm

837 A Standard Lüttich

838 B Benfica Lissabon

839 A ...Berliner Olympiastadion

840 A Bodo Illgner

841 B Meidericher SV

842 B Sean Dundee

843 C 10 Yards

844 A Bahrain

845 D 4:2

846 D 2001

847 B 1987/88

848 C Stan

849 D 45 min.

850 C Nationaltrainer

851 A 1973-75

852 C 10.000 DM

853 B Franz Kremer

854 C 1970

855 D Grün/gelb

856 D Düsseldorf

857 A Am 4. November 1964

858 A 1968

859 B Alfredo di Stefano

860 A 2,44 m

861 Manfred Kaltz

862 A Lüge
B Wahrheit
C Wahrheit
D Lüge
E Lüge
F Wahrheit
G Wahrheit
H Wahrheit
I Wahrheit
J Wahrheit

863 A Gary Lineker
B Willi Lippens
C Gyula Lorant
D Harald Schmidt
E Werner Lorant

864 A Wahrheit
B Wahrheit
C Wahrheit
D Lüge
E Wahrheit
F Wahrheit

865 Lew Jaschin

866 A 12 Minuten

867 A Lazio Rom

868 B 1979/80

869 B 6 Sekunden

870 C FC Aberdeen

871 B 1970

872 C Portugal

873 A 1975/76

874 C ...Entführung

875 D PSV Eindhoven

876 C 1984

877 B Großbritannien

878 C Claude Makelele

879 D ...Torraum

880 C Hertha BSC Berlin

881 D ZSG Horch Zwickau

882 D Argentinien

883 B Hertha BSC Berlin

884 D Thomas Helmer

885 A 70.000 DM

886 C 8

887 C Eintracht Braunschweig

888 C Hennes Weisweiler

889 A Hermann Gerland

890 B 1997

891 D Südkorea

892 C Wanderers

893 C Marcel Reif

894 A Qualifikation

895 A In China

896 A Christoph Metzelder

897 B ...Hattrick

898 B Christian Wörns

899 A Aus Schottland

900 B Borussia Dortmund

901 C Alemannia Aachen

902 A Otto Rehhagel
B Lothar Matthäus
C Berti Vogts
D Toni Polster
E Horst Hrubesch
F Johannes Rau
G Klaus Schwarze

903 A Wahrheit
B Lüge
C Wahrheit
D Wahrheit
E Lüge
F Wahrheit
G Wahrheit
H Lüge
I Lüge
J Wahrheit

904 D 1860 München

905 B TSV Siegen

906 C Iran

907 A ...der Goldenen Pfeife

908 C Dreimal

909 D Jupp Derwall

910 D 442

911 D Wimpel

912 C 5400

913 D 3 Europacup-Siege in Folge

914 C Liberia

915 A 1983/84

916 (Karlheinz) RIEDLE

917 (Textwitze)

918 B Olaf Thon
C Lothar Matthäus
D Jens Jeremies

919 Gerald Asamoah

920 C Liberia

921 C Bor. Mönchengladbach

922 D Beim HSV

923 B Die einer Siegesgöttin

924 C Goldsaal Dortmund

925 D Hamburger SV

926 C 1988

927 C Eintracht Frankfurt

928 D VfB Stuttgart

929 D Belgien

930 B Wolfram Wuttke

931 D Norwegen

932 C Michael Preetz

933 C Darmstadt 98

934 A Werder Bremen

935 A 3

936 D VfB Leipzig

937 A Oliver Kahn

938 B Sowjetunion

939 A Bayern München

940 A SSG Bergisch-Gladbach

941 A 1970

942 B Wolfgang Overath

943 B FSV Mainz 05

944 Fritz Walter

945 Stefan Effenberg

946 A 1988

947 C ...Double

948 A Paul Steiner

949 A Berti Vogts

950 C 1996

951 A Einmal

952 D 2004

953 A 1992/93

954 C 2,5 Mio. Euro

955 D Bei Cosmos New York

956 C Günther Schäfer

957 C 1998

958 A ...über 40

959 C Gianluca Zambrotta

960 D Pelé

961 D Fabian Ernst

962 A Rio de Janeiro

963 A Beim Bramfelder SV

964 C Frank Pagelsdorf

965 D FC Bayern München

966 D Schalke 04, Bayern München

967 A Rudi Völler

968 A AS Monaco

969 C Zaïre

970 A Lüge
B Lüge
C Wahrheit
D Wahrheit
E Lüge
F Lüge
G Wahrheit
H Wahrheit
I Wahrheit
J Wahrheit

971 Christian Ziege

972 (Textwitze)

973 C VfB Leipzig

974 C Schwalbe

975 A Energie Cottbus

976 A 6

977 B Rosa

978 C Bodo Illgner

979 C 5:5

980 B Zweimal

981 A 1900

982 B Hans-Dietrich Genscher

983 A 1860 München

984 B Willi Landgraf

985 A Bochum, Freiburg, Rostock

986 C München

987 C Eike Immel

988 B Robert Huth

989 B Südafrika

990 A Am 9. Juli 1990

991 D Sechsmal

992 C ... Thomas Strunz

993 A 1860 München

994 A 4:2

995 B Dynamo Kiew

996 D 19.12.1909

997 A Wahrheit
B Wahrheit
C Wahrheit
D Lüge
E Lüge
F Wahrheit
G Wahrheit
H Lüge
I Wahrheit
J Wahrheit

998 A Aleksandar Ristic
B Michael Ballack
C Berti Vogts
D Lothar Matthäus

999 A Roter Stern Belgrad

1000 A Augustine

1001 C FC São Paulo

1002 D Joachim Streich

1003 C 90 Minuten

1004 D Österreich

1005 A 1899

1006 B Zweimal

1007 A In Malente

1008 B 1973/74

1009 A 1969/70

1010 A Kalli

1011 C Mighty Mouse

1012 A 1954, 1974, 1990

1013 A GOLEO VI

1014 A Viermal

1015 A Hennes Weisweiler

1016 D Fünfmal

1017 A Köln, Duisburg, Eintr. Frankfurt

1018 B Anpfiff

1019 C Wertvollster Ersatzmann

1020 C Beide Tore

1021 A Niederlande

1022 D Am 17.9.1971

1023 **Fehler 1:** Nur Rahn gehörte zu der WM-Elf, die Ungarn 1954 schlug. Stollenwerk und Erhardt wurden im Endspiel nicht eingesetzt. **Fehler 2:** Beim 7:0-Sieg der deutschen Elf schoss Uwe Seeler nur drei Tore.

1024 KOITKA – OEZCAN – EHRMANN – PFAFF – KARGUS – EWERT = **KOEPKE**

1025 Rudi Völler war Teamchef der Nationalelf, alle anderen Bundestrainer.

1026 Schalke 04

1027 A Lüge
B Wahrheit
C Lüge
D Wahrheit
E Wahrheit
F Lüge

1028 Ronaldo

1029 D 11

1030 C Schottland

1031 A Pierre Littbarski

1032 A Patrick Berger

1033 B Fritz Herkenrath

1034 B Im Carl-Benz-Stadion

1035 A Kamerun

1036 B Sheffield

1037 C Uli Hoeneß

1038 C AC Mailand

1039 A ...Elfmeterschießen

1040 B Chen Yang

1041 (Luis) FIGO

1042 (Textwitze)

1043 A Wahrheit
B Wahrheit
C Lüge
D Wahrheit
E Wahrheit
F Wahrheit
G Lüge
H Wahrheit

1044 Giovanni Trappatoni

1045 B 3:1

1046 D Erich Däuser

1047 A 1899

1048 A Den 3. Platz

1049 A 1:0

1050 B Hertha BSC Berlin

1051 A Bayer 04 Leverkusen

1052 A 1860 München

1053 B Kolumbien

1054 A Der 10. Platz

1055 B Charly

1056 A 1.FC Kaiserslautern

1057 A Einmal

1058 A 1989

1059 B Bravehearts

1060 C Nia Künzer

1061 C Er hebt einen Arm

1062 B FC Liverpool - Juventus Turin

1063 D 1. FC Köln

1064 D Mexiko

1065 A Stanley Matthews

1066 B SSV Ulm

1067 A Manfred Kaltz

1068 A Frankreich

1069 A Am 22.9.1976

1070 C England

1071 B Dagmar Berghoff

1072 C 1930

1073 A Dänemark

1074 D 1. FC Lokomotive Leipzig

1075 A 1900

1076 A 1969 (12:0 gegen Zypern)

1077 A 10

1078 A Eintracht Frankfurt

1079 C Jan Koller

1080 B 15.3.1962

1081 C Rot-Weiß

1082 D 1996/97

1083 C Fohlenelf

1084 C Guido Buchwald

1085 D 5:1

1086 B 3

1087 A 1992

1088 B Sepp Maier

1089 C Bolivien

1090 C Spandau

1091 C 1999/2000

1092 B Karl-Heinz Rummenigge

1093 C Russland und Italien

1094 D ...Giovane Elber

1095 A Verein für Bewegungsspiele

1096 C Argentinien

1097 A van de Kerkhof

1098 C Eintracht Frankfurt

1099 D Zypern

1100 B David Seaman

1101 B 1. FC Kaiserslautern

1102 A 1848

1103 C 1860 München

1104 B Claus Reitmaier

1105 Pelé

1106 A Lüge
B Lüge
C Lüge
D Wahrheit
E Wahrheit
F Wahrheit
G Wahrheit

1107 (Textwitze)

1108 (Kevin) KEEGAN

1109 A Wahrheit
B Wahrheit
C Wahrheit
D Wahrheit
E Wahrheit
F Wahrheit
G Wahrheit
H Lüge
I Wahrheit
J Lüge

1110 C Säbener Straße

1111 C Chile

1112 C Michael Owen

1113 D Bernd Schuster

1114 A Einmal

1115 B SC Freiburg

1116 C Albanien

1117 B 1982

1118 D Dixie

1119 C Hannover 96

1120 D Weltmeister 2002 (Brasilien)

1121 C 1997/98

1122 D Werder Bremen

1123 B Ulf Kirsten

1124 D 287 Tore

1125 D 5:2

1126 B 54.267

1127 D Dynamo Dresden

1128 C Andre Golke

1129 C Karl-Heinz Rummenigge

1130 A Sowjetunion

1131 D Uli Hoeneß

1132 A 1997

1133 A Sepp Piontek

1134 B ...des 100. DFB-Geburtstages

1135 B Saarland

1136 D 1999

1137 C FC Augsburg

1138 C Cosmos New York

1139 A 3

1140 D Den vierten

1141 B 1.FC Magdeburg

1142 B Athletic Bilbao

1143 C Rot

1144 A Lucio

1145 C 1990

1146 B Clemens

1147 A Manchester United

1148 A ...1967

1149 D 1987

1150 A FC St. Pauli

1151 B Glasgow Rangers

1152 B Manchester United

1153 A Slowenien

1154 B Holger Osieck

1155 B 1000. Tor der Bundesligageschichte

1156 B 12

1157 C 1986

1158 C Werder Bremen

1159 C Inter Mailand

1160 C 106

1161 B England

1162 D Ägypten

1163 D Juri Schlünz

1164 A Tottenham Hotspurs

1165 C ...Bronze

1166 B Ben Slimane

1167 A 1. FC Köln

1168 A Stürmer

1169 C 1. FC Köln

1170 B Neuseeland

1171 A Blaue Flagge

1172 B Hellmut Krug

1173 D 1991

1174 A 1. FC Kaiserslautern

1175 B 3

1176 A Cruzeiro Belo Horizonte

1177 C Ballspielverein Borussia

1178 C Jupp Posipal

1179 A „Ich will kein Vorbild sein"

1180 B VW-Arena

1181 C Glasgow

1182 C 95

1183 A Andreas Neuendorf

1184 B Willi Reimann

1185 B Max Merkel

1186 A 1:0

1187 B Es gab Hin- und Rückspiele

1188 C Blau-weiß

1189 C Polen

1190 B Ludwig Kögl

1191 B 1979/80

1192 D Bei Fortuna Düsseldorf

1193 D FC Porto

1194 A Lettland

1195 B Marcel Reif

1196 C VfL Osnabrück

1197 D 1944

1198 C Rumänien

1199 B Mighty Mouse

1200 D Ausflüge als Feldspieler

1201 D FC Karl-Marx-Stadt

1202 C 1992/93

1203 A SC Geislingen

1204 B Kerze

1205 A Eintracht Frankfurt

1206 A 4-2-4

1207 C FC Bayer 05 Uerdingen

1208 C Ukraine

1209 C SEC Bastia

1210 D Wersestadion

1211 B 1966

1212 B Grün/Rot/Gelb

1213 C Eike Immel

1214 D Dieter Schatzschneider

1215 D Noch nie

1216 C AC Florenz

1217 D Frank Pagelsdorf

1218 A Sergej Barbarez und Ebbe Sand

1219 B 9:0

1220 C 1991/92

1221 D ...162 Tore

1222 B 1951

1223 A USA

1224 C Viermal

1225 A Zwei

1226 C 73

1227 A Friedel Rausch

1228 C Edi Finger

1229 C Mexiko

1230 A Franz Beckenbauer
B Friedel Rausch
C Friedhelm Funkel
D Helmut Schulte
E Hermann Gerland
F Karl-Heinz Körbel

1231 A Wahrheit
B Lüge
C Wahrheit
D Lüge
E E Wahrheit
F Wahrheit
G Wahrheit
H Lüge
I Lüge
J Lüge

1232 D Jupp Heynckes

1233 A Mario Zagalo

1234 C Günter Netzer

1235 A Die fabulösen Thekenschlampen

1236 A 139

1237 C Bernd Schuster

1238 D Frank und Ronald de Boer

1239 A Keines

1240 B Eintracht Frankfurt

1241 B Volker Roth

1242 C Viermal

1243 C Luxemburg

1244 D Budapest

1245 B Sampdoria Genua

1246 A 1989

1247 C 1997

1248 D In Leipzig

1249 C 1. FC Köln

1250 C 1984 und 1985

1251 A Sunday

1252 C Borussia Dortmund

1253 A Regen

1254 D 9,15 m

1255 D Schweden

1256 A Für einen

1257 A FC Valencia

1258 D ...etwa 18.000 Mark

1259 B 12

1260 B Martin Max

1261 A Manfred Kaltz

1262 B 1966

1263 D 7-mal

1264 B Zweimal

1265 B Jüngster Nationalspieler aller Zeiten

1266 B Jürgen Sparwasser

1267 A VfB Stuttgart

1268 C Pierre Littbarski

1269 D ...500. Länderspiel

1270 D Portugal, Rumänien, England

1271 C 18,30 m

1272 C ...bei den Spice Girls

1273 A Alan Shearer

1274 C 29

1275 B Der zuvor gefoulte Spieler

1276 B Klaus Fischer

1277 A Frankenstadion

1278 A Costa-Rica

1279 C Schalke 04

1280 Romario

1281 A Manfred Krafft
B Max Merkel
C Karl-Heinz Rummenigge
D Ditmar Jakobs

1282 (Textwitze)

1283 B Ferdinand Hueppe

1284 C VfB Stuttgart

1285 A 25

1286 C Schweden

1287 B Giovanni Trapattoni

1288 D Borussia Mönchengladbach

1289 D Jupp Heynckes

1290 A Real Madrid

1291 B „Das aktuelle Sportstudio"

1292 A Eintracht Frankfurt

1293 C 1975

1294 A Thomas Häßler

1295 C Wien

1296 C 5 in einem Spiel

1297 C 90-120 m

1298 C Herbert Zimmermann

1299 A Dreimal

1300 A 1976

1301 C Hertha BSC Berlin

1302 D Klaus Fischer

1303 D Nie

1304 B 1982/83

1305 B Frank Ordenewitz

1306 C AC Florenz

1307 D 1. FC Köln

1308 B Borussia Mönchengladbach

1309 D 16,5 m

1310 C Schweiz

1311 A 1. FC Köln

1312 D Malta

1313 A ...DM 647.000

1314 A 1965

1315 D 1860 München

1316 D Veilchen

1317 B Billy

1318 A ...Jack White

1319 B Real Madrid

1320 B Walter Junghans

1321 B ... Dicker

1322 C Jugoslawien

1323 A Velez Mostar

1324 A 1995

1325 A 1958

1326 B Toni Turek

1327 C Francisco Gento

1328 C Charly

1329 C Rudi Kargus

1330 D Hans-Jörg Butt

1331 **Fehler 1:** Trainer war nicht mehr Helmut Schön, sondern schon Jupp Derwall. **Fehler 2:** Die zweite Serie wurde von Brasilien beendet, das Deutschland am 25. März 1998 mit 2:1 schlug.

1332 KOEMAN – EVANILSON – MARADONA – PLATINI – EUSEBIO – SOCRATES = **KEMPES**

1333 KSC ist die Abkürzung für den Karlsruher SC, alle anderen sind Abkürzungen für Fußballverbände.

1334 A Mario Basler
B Marco Rehmer
C Oliver Kahn

1335 D SpVgg. Unterhaching

1336 C Grazer AK

1337 D Valencia und Teneriffa

1338 D Udo Lattek

1339 B Bobby Moore

1340 D 750 Millionen DM

1341 C Portugal

1342 C Polen

1343 A ...Holland

1344 D Rainer Bonhof

1345 C Oliver Kahn

1346 B 1:9

1347 A „Doppelpass"

1348 B FC Barcelona

1349 A Häßler und Buchwald

1350 A SpVgg Greuther Fürth

1351 B Jairzinho

1352 C Fünfmal

1353 B Klaus Allofs

1354 C Dreimal

1355 D 454

1356 A Zwei

1357 C Im 18.

1358 A Gerd Müller

1359 Pierluigi Collina

1360 Otto Rehhagel

1361 A Michael Lusch
B Franz Beckenbauer
C Dieter Burdenski
D Erich Ribbeck

1362 A Wahrheit
B Lüge
C Wahrheit
D Wahrheit
E Lüge
F Wahrheit

1363 Kopfball

1364 B Die alte Dame

1365 C Tschechoslowakei

1366 C China

1367 B Beim Chemnitzer FC

1368 D Juventus Turin

1369 D Dragoslav Stepanovic

1370 A 1984

1371 A Sergej Kiriakow

1372 C 22

1373 D ...fast 200.000 Zuschauer

1374 B ...den FC Schalke 04

1375 A Real Madrid

1376 A Martin Petrov

1377 C „Running With A Dream“

1378 C Dynamo Dresden

1379 C Anfield Road

1380 D Ludwigspark

1381 B Frank Mill

1382 C Atlético Madrid

1383 A 1985

1384 D Fabio Capello

1385 C Georg Knöpfle

1386 D Borussia Neunkirchen

1387 D Oleg Salenko

1388 D ...Jens Lehmann

1389 A Stefan Kuntz

1390 A FC Bayern München

1391 C Amica Wronki

1392 D Otto Waalkes

1393 D Präsident

1394 B 2002

1395 C Anna-Maria Kaufmann, Joey Tempest

1396 A Einziger Masseur mit Fanclub

1397 D 15

1398 C 21

1399 C Deco

1400 A Wahrheit
B Lüge
C Lüge
D Lüge
E Wahrheit
F Lüge
G Wahrheit

1401 A Fredi Bobic
B Eduard Geyer
C A. Brehme
D Frank Rost
E Bernd Krauss
F Otto Rehhagel

1402 C Manchester United

1403 A AS Rom

1404 B 1990/91

1405 A Frankreich

1406 B Fortuna Düsseldorf

1407 B Willi Reimann

1408 A Carles Puyol

1409 B AS Saint Etienne

1410 D Franz Beckenbauer

1411 A 1981

1412 C ...Regionalliga

1413 C FC Liverpool

1414 (Christoph) Daum

1415 (Textwitze)

1416 A Lüge
B Lüge
C Wahrheit
D Wahrheit
E Wahrheit
F Wahrheit

1417 Elfmetertor

1418 A einmal

1419 D Hans Peter Briegel

1420 C seit 1992/93

1421 C 49

1422 C Argentinien

1423 A 1958

1424 A 1990/91

1425 C Alemannia Aachen

1426 A ... Italien

1427 D ... an den Pfosten

1428 A Egidius Braun

1429 B Stretching

1430 A 1970

1431 A Belgrad

1432 A Pelé

1433 B Dänemark

1434 B Nach 145 Sekunden

1435 B Kickers Offenbach

1436 A Ottmar Hitzfeld

1437 B Arminia Bielefeld

1438 C Leeds United

1439 C Ungarn

1440 B Roda Kerkrade

1441 A 10

1442 B 16

1443 D Timo Konietzka

1444 C BayArena

1445 C Borussia Mönchengladbach

1446 A VfL Bochum

1447 B Deutsches Sportecho

1448 B 5

1449 D Enatz

1450 A 125.000 DM

1451 C 1. FC Köln

1452 B Berti Vogts

1453 C 333-mal

1454 A Rote Erde

1455 A 3

1456 A Gottfried Fuchs

1457 D ... nicht verwandt

1458 C VfB Stuttgart

1459 D Eckhard Krautzun

1460 A Tilburg

1461 C Jürgen Sundermann

1462 A FC Bayern München

1463 B 33

1464 C Hamburger SV

1465 A 7

1466 Otto Rehhagel

1467 Fußballbraut

1468 A Stefan Reuter
B Hans Krankl
C Lothar Matthäus
D Gary Lineker
E Giovanni Trappatoni

1469 A Wahrheit
B Wahrheit
C Wahrheit
D Wahrheit
E E Wahrheit
E Lüge
F Lüge

1470 C 1968

1471 B FC Schalke 04

1472 C Norwegen

1473 A Schalke 04

1474 D Gremio Porto Alegre

1475 D Thomas von Heesen

1476 D Schweden, Finnland und Estland

1477 B FC Barcelona

1478 A Otto Rehhagel

1479 A Rainer Holzschuh

1480 D 252

1481 A Zidane und Blanc

1482 D Patrick Kluivert

1483 D ...die Schweiz

1484 B 2

1485 A 3

1486 A Mercedes Benz

1487 D 68

1488 C Dritter Platz

1489 B Belgien

1490 B Seit 1985

1491 A Darmstadt 98

1492 D 2004

1493 A Carsten Jancker

1494 C Italien

1495 C Ludwig Kögl

1496 C Holz oder Aluminium

1497 D England und Spanien

1498 B Eintracht Frankfurt

1499 C Lothar Matthäus

1500 A 8 Mio. DM

1501 C Filippo Inzaghi

1502 A Am 12. September 1984

1503 D ...Max und Moritz

1504 C Verlust des Kapitänspostens

1505 D Südafrika

1506 A Wahrheit
B Wahrheit
C Wahrheit
D Lüge
E Lüge
F Wahrheit

1507 A Sabine Töpperwien
B Fritz von Thurn und Taxis
C Manfred Breuckmann
D Gerhard Delling

1508 Michel Platini

1509 A Wahrheit
B Wahrheit
C Wahrheit
D Wahrheit
E Lüge
F Lüge
G Wahrheit
H Wahrheit
I Wahrheit
J Lüge

1510 A Horst Hrubesch
B Bernhard Dietz
C Torsten Legat
D Olaf Thon
E Roy Präger

1511 D MSV Duisburg

1512 B 1. FC Köln

1513 B Tunesien

1514 C Libero

1515 B Bora Milutinovic

1516 A 1972/73

1517 B Jever

1518 B 1988

1519 B Jürgen Pahl

1520 C Inter Mailand

1521 D 1966

1522 B 1938

1523 B Bayern München

1524 C Fritz Walter

1525 C Ole Gunnar Solskjaer

1526 A 2

1527 C 1968

1528 D Keines

1529 D Fünfmal

1530 B „Kalli"

1531 C ...Fohlen

1532 C Ajax Amsterdam

1533 B 8

1534 A Bayer 04 Leverkusen

1535 B Am 5. April 1908

1536 D Frank Verlaat

1537 D 441

1538 B 1987

1539 B 1996/97

1540 D LTU-Arena

1541 C FC Sunderland

1542 C ...Nebel

1543 A Falko Götz

1544 C 1994

1545 D Klaus Augenthaler

1546 A Hertha BSC Berlin

1547 D Etwa 27.000

1548 B Frankreich

1549 A Borussia Dortmund

1550 A Spanien

1551 B Paris Saint Germain

1552 B Am Rothenbaum

1553 D Mit 40

1554 A Andre Breitenreiter

1555 B Bosnien/Herzegowina

1556 C Helmut Benthaus

1557 C Marko Rehmer

1558 B Tunesien

1559 (Uwe) Seeler

1560 (Textwitze)

1561 A Wahrheit
B Wahrheit
C Lüge
D Wahrheit
E Wahrheit
F Wahrheit

1562 Andreas Brehme

1563 D Fred Schaub

1564 D 1. FC Kaiserslautern

1565 A Grasshoppers Zürich

1566 B Klinsmann und Riedle

1567 A VfL Wolfsburg

1568 A ...der DFB-Bundestag

1569 C Borussia Dortmund

1570 C Vereinigte Arabische Emirate

1571 C Wattenscheid 09

1572 D AC Mailand

1573 B Tschik

1574 C Zahnarzt

1575 D Dieter Müller

1576 C Oleg Blochin

1577 D Christoph Daum

1578 D Der 14. Platz

1579 D Südafrika

1580 B Wales, Türkei und Malta

1581 D Bei Eintracht Braunschweig

1582 C Tunesien

1583 C ... 45 und 90 m

1584 A 1969

1585 D Real Saragossa

1586 A 1993/94

1587 D 10

1588 A Jürgen Klinsmann

1589 A Sepp Piontek

1590 A 1936

1591 B Lew Jaschin

1592 B 32

1593 B Alexi Lalas

1594 A PSV Eindhoven

1595 D 4

1596 A Grün

1597 D 32

1598 B Ottmar Walter

1599 A 2

1600 B Hellmut Krug

1601 C Uwe Seeler

1602 C Josef Dieter

1603 A Er saß im Gefängnis

1604 B Hamburger SV

1605 A 1986

1606 C Marcel Reif, Günter Jauch

1607 A Chile

1608 A Zweimal

1609 A Didier Deschamps

1610 C Tschik

1611 A In Italien

1612 B ...Joker

1613 B 3 Eigentore in einem Spiel

1614 D Noch nie

1615 A 1995

1616 A Der König

1617 C Olympique Marseille

1618 C Schweiz

1619 D Ehrendivision

1620 D Fortuna Düsseldorf

1621 A Bulgarien

1622 A 1. FC Saarbrücken

1623 A 86

1624 A 1. FC Kaiserslautern

1625 A 1976

1626 B Borussia Mönchengladbach

1627 A VfL Bochum

1628 A 1977

1629 A Ralf Schumacher

1630 B Boca Juniors

1631 B FC Bologna

1632 A SV Werder Bremen

1633 B Wolfgang Holzhäuser

1634 C ...Geißbock

1635 C 1. FC Köln

1636 C 1994/95

1637 B Italien

1638 D Aus Argentinien

1639 D Frauenfußball

1640 A Gerd Müller

1641 A ...1981/82

1642 B 1974 und 1978

1643 A Patrick Kluivert

1644 A Schwarz/gelb

1645 C Kicker

1646 C 1986/87

1647 Günter Netzer

1648 Ulf Kirsten

1649 A Werner Hansch
B Marcel Reif
C Heribert Faßbender
D Paul Breitner
E Günter Netzer
F Jörg Dahlmann

1650 A Wahrheit
B Wahrheit
C Wahrheit
D Wahrheit
E Lüge
F Lüge

1651 C In Berlin

1652 C Chelsea London

1653 B 1979/80

1654 D Martina Voss

1655 B Bayern München

1656 C Frank Ordenewitz

1657 B 1977/78

1658 B 1996

1659 D Werder Bremen

1660 C Ali Daei

1661 D Fortuna Köln

1662 A 1984

1663 C 2003/04

1664 B AS Rom

1665 D Kolumbien

1666 C Belgien

1667 C Bolivien

1668 A Roland Wohlfarth

1669 D FC Liverpool

1670 D 2004/05

1671 D 2000

1672 A Terrier

1673 B Manfred Kaltz

1674 A Belo Horizonte

1675 **Fehler 1:** Die Rechtsform der Deutschen Fußball-Liga ist eine Gesellschaft mit begrenzter Haftung (GmbH). **Fehler 2:** Rot-Weiß Essen wurde bisher nur zweimal (1991 u. 1994) verweigert.

1676 FOULSPIEL – LINIENRICHTER – ANSTOSS – NACHSPIELZEIT – KOPFBALL – ERSATZSPIELER = **FLANKE**

1677 Willi Schulz ist der einzige Spieler, der kein Mitglied der WM-Elf 1954 war.

1678 Kleine, erfolglose Fußballnation

1679 B Bo Larsson

1680 B 3

1681 B Vorwärts Berlin

1682 C 1994

1683 C Atletico Madrid

1684 C Helmut Schön

1685 D Hans-Jörg Butt

1686 A 1970

1687 D Rot/weiß/blau

1688 A FC Liverpool

1689 A Jugoslawien

1690 C Eusebio

1691 C Gunnar Sauer

1692 A 1987/88

1693 A 790 (1989/90)

1694 B Karlsruher SC

1695 C Richard Möller-Nielsen

1696 B 1985

1697 D In Turin

1698 C Jens Lehmann

1699 D Essen

1700 D Uwe Seeler

1701 D Inter Mailand

1702 A 1967/68

1703 A Lüge
B Wahrheit
C Wahrheit
D Wahrheit
E Lüge
F Wahrheit
G Wahrheit
H Wahrheit
I Lüge
J Lüge

1704 Ein Schiedsrichter

1705 B 1963/64

1706 A Arthur Friedenreich

1707 B Manfred Kaltz

1708 B SC Verl

1709 A Kickers Offenbach

1710 C 7,32 m

1711 C Dreimal

1712 B Harald Anton

1713 C Der Europäische Gerichtshof

1714 C Andreas Köpke

1715 D 1992

1716 B VfL Bochum

1717 D Jugoslawien

1718 D Rüdiger Abramczik

1719 C 1998

1720 A Manchester United

1721 A 1968/69

1722 C 1945

1723 B Fritz Baumgarten

1724 A Luigi Riva

1725 A Als Stürmer

1726 A Physiotherapeut

1727 C Niederlande

1728 C Besiktas Istanbul

1729 D Rivaldo

1730 A RW Oberhausen

1731 B Sampdoria Genua

1732 D Giovanni Trapattoni

1733 B 1. FC Nürnberg, SpVgg. Greuther-Fürth

1734 D 447-mal

1735 C Socrates

1736 A Robert Schwan

1737 B UEFA-Fünfjahreswertung

1738 D Achtmal

1739 B G. Dienst

1740 A SC Freiburg

1741 (Paul) Breitner

1742 (Textwitze)

1743 A Udo Lattek
B Thorsten Legat
C Ewald Lienen
D Jürgen Röber
E Franz Beckenbauer

1744 C Euro-Eddy

1745 D FK Pirmasens

1746 B Tasmania 1900 Berlin

1747 C FC Liverpool

1748 D Bernd Schneider

1749 C Frankreich

1750 D Michael Owen

1751 C 3

1752 D Dietmar Hamann

1753 B 16

1754 B Borussia Dortmund

1755 D Er wurde Zweiter

1756 C AJ Auxerre

1757 C Andreas Brehme

1758 A Franz Beckenbauer

1759 D 1997

1760 D Feyenoord Rotterdam

1761 A Sepp Herberger

1762 B Siggi Held

1763 A Uruguay

1764 A 1. FC Köln

1765 B KFC Uerdingen

1766 B Bremen und Dortmund

1767 A Giovanni Trapattoni

1768 B Wolfgang Rolff

1769 A Borussia Mönchengladbach

1770 A Österreich

1771 C SpVgg. Unterhaching

1772 A Bomber der Nation

1773 A Stefan Effenberg

1774 B Borussia Dortmund

1775 B Sepp Herberger

1776 A Carolina Courage

1777 B Helmuth Johannsen

1778 C Leeds United

1779 C Royal Sporting Club

1780 C Bayern München

1781 D Newcastle United

1782 D FC Tirol Innsbruck

1783 A Frankreich

1784 B 1966

1785 D ...113 Millionen

1786 A Es gab zwei Endspiele

1787 C Borussia Dortmund

1788 B Drei

1789 C 7

1790 A 1998

1791 D Inter Mailand

1792 A Wahrheit
B Lüge
C Lüge
D Wahrheit
E Lüge
F Lüge

1793 A Daniel van Buyten
B Franz Beckenbauer
C Robby Robson
D Bruno Labbadia
E George Best

1794 Günter Netzer

1795 C Borussia Mönchengladbach

1796 B 2004/05

1797 C Hannes Löhr

1798 C EM 1984

1799 D Darmstadt 98

1800 C Berlin

1801 B 4 Jahre

1802 C Beim 1:2 gegen Tschechien

1803 C Dynamo Dresden

1804 D 25

1805 D Elland Road

1806 D Christoph Dugarry

1807 C Argentinien und Spanien

1808 D Oliver Bierhoff

1809 C Gordon Banks

1810 C Müller-Milch

1811 A Willie

1812 B Inter Mailand

1813 B ... 3 Vereine ab

1814 D Werner Lorant

1815 D 205

1816 A 1991/92

1817 C AJ Auxerre

1818 A Uli Stein

1819 B Stefan Reuter

1820 C AS Monaco

1821 C Luis Cesar Menotti

1822 B 9

1823 B Rinus Michels

1824 D Belfast

1825 D Georg-Melches-Stadion

1826 A ...am 31. Dezember 1949

1827 A Den dritten

1828 A Schweiz

1829 A 1940

1830 B Franz Brungs

1831 A Horst Blankenburg

1832 A Bayer 04 Leverkusen

1833 C Lokomotive Leipzig

1834 D ...2020

1835 C Wales

1836 C Gerhard Meier-Röhn

1837 D Saudi-Arabien

1838 B Giovane Elber

1839 C Kuno Klötzer

1840 D RW Oberhausen

1841 D ...50 Milliarden Mark

1842 C Dietmar Beiersdorfer

1843 Eine Abseitsfalle

1844 A Wahrheit
B Wahrheit
C Wahrheit
D Lüge
E Wahrheit
F Wahrheit

1845 (Textwitze)

1846 A Bayern München

1847 C Werder Bremen

1848 A Inter Mailand

1849 C Afrika

1850 D 1860 München

1851 B Er aß eine Apfelsine

1852 B VfB Stuttgart

1853 C Griechenland

1854 D 1977

1855 B Stefan Kuntz

1856 A 1982

1857 B Titan

1858 C Zwei

1859 D Olympique Marseille

1860 D Hamburg

1861 B USA

1862 D FC Porto

1863 B 1935

1864 C Girondins Bordeaux

1865 C Feyenoord Rotterdam

1866 A VfB Stuttgart

1867 A Zwei

1868 D 1. FC Kaiserslautern

1869 A 1972/73

1870 A FC Schalke 04

1871 B Olympique Lyon

1872 A Standard Lüttich

1873 A England

1874 B VfB Stuttgart

1875 B Zwei

1876 B Franz Beckenbauer

1877 A Erik Gerets

1878 B Dänemark

1879 C Tasmania 1900 Berlin

1880 C Helmut Schön

1881 B RTL

1882 A AS Monaco

1883 B Absage aller Spiele wegen schlechter Witterung

1884 D Werner Liebrich

1885 B Viermal

1886 B Rudi Bommer

1887 C Borussia Dortmund - Chemnitzer FC

1888 A AC Florenz

1889 D 1860 München

1890 A Servette Genf

1891 B Nottingham Forest

1892 D Keinen

1893 C VfL Bochum

1894 (Ruud) GULLIT

1895 A Lüge
B Wahrheit
C Wahrheit
D Wahrheit

1896 (Textwitz)

1897 Oliver Kahn

1898 D Borussia Mönchengladbach

1899 D Chefscout

1900 A Zweimal

1901 D 765-mal

1902 C 8

1903 C 1976/77

1904 A Uwe Seeler

1905 B Norbert Nigbur

1906 A Hamburger SV, Eintracht Frankfurt

1907 A Marc Wilmots

1908 C Kanada

1909 C Manolo

1910 C Dynamo Dresden

1911 D FC Barcelona

1912 B Ladislaus Kubala

1913 A 67

1914 A 1:0

1915 A 45.000

1916 C Karlsruher SC

1917 D 1860 München

1918 C Inter Mailand

1919 D El Salvador

1920 D 1. FC Kaiserslautern

1921 B Olympique Marseille

1922 A 1

1923 D Hamburger SV

1924 D Hakan Sükür

1925 C 8

1926 B Die deutsche Hymne war falsch

1927 A MSV Duisburg

1928 B Inter Mailand

1929 A FC Brügge

1930 A Walter Eschweiler

1931 A 1

1932 C Sechsmal

1933 C 1. FC Lokomotive

1934 D 466

1935 D Den zwölften

1936 A Bochum

1937 A Jürgen Croy

1938 B PANINI

1939 C Frankreich

1940 A FC Barcelona

1941 B Hansa Rostock

1942 B Raumschiff

1943 C Michael Zorc

1944 A ...zehn Spielen

1945 D 2006

1946 C Klaus Fischer

1947 C 41 Tore

1948 D CD Teneriffa

1949 B Hamburger FC

1950 C Viermal

1951 A 1904

1952 C FC St. Pauli - Hamborn 07

1953 D Andreas Brehme

1954 C Platzsperre

1955 A 1937

1956 A 2

1957 D In der französischen

1958 A Wahrheit
B Lüge
C Wahrheit
D Lüge
E Wahrheit
F Wahrheit
G Wahrheit

1959 VfB Stuttgart, Trainer war Christoph Daum

1960 A Jens Lehmann
B Berti Vogts
C Roland Wohlfahrt
D Klaus Toppmöller
E Peter Neururer
F Wilhelm Neudecker

1961 D Rapid Wien

1962 C FC Schalke 04

1963 C Dänemark

1964 A Mario Basler

1965 D Rolf Schafstall

1966 D 115.000

1967 A Berner Wankdorfstadion

1968 B Floh

1969 A Ägypten (1934)

1970 A Bernard Tapie

1971 A Heinrich Lübke

1972 D Fünfmal

1973 B Ulf Kirsten

1974 A Im ersten

1975 B Marcio Amoroso

1976 D 1997

1977 A 15. Dezember 1995

1978 A 1. FC Saarbrücken

1979 B Andreas Möller

1980 C 1. FC Köln

1981 B Bis 1963

1982 C England

1983 C 1995 und 1996

1984 B Blau/Weiß

1985 Die FIFA-Weltcup-Trophäe

1986 A Wahrheit
B Wahrheit
C Wahrheit
D Wahrheit
E Lüge
F Lüge

1987 A Felix Magath
B Dettmar Cramer
C Edgar Endress
D Jimmy Hartwig
E Lothar Matthäus
F Rudi Völler

1988 A Wahrheit
B Wahrheit
C Lüge
D Lüge
E Lüge
F Wahrheit
G Wahrheit

1989 B Jürgen Klinsmann

1990 B Werder Bremen

1991 A Weißrussland

1992 B Franz Beckenbauer

1993 C Borussia Dortmund

1994 C Karl-Heinz Rummenigge

1995 B 1981

1996 A Einmal

1997 A Udinese Calcio

1998 B Reinhard Stumpf

1999 C Karlsruher SC

2000 C Stade Reims

2001 B Predator

2002 A 1992

2003 B 1963

2004 C Inter Mailand

2005 A Liechtenstein

2006 A Hermann Rieger

2007 C Fuji-Cup

2008 D ...VfB gegen Kickers (Stuttgart)

2009 A 1967

2010 D TV-Moderator

2011 D 19

2012 A Heinz Flohe

2013 D Erich Juskowiak

2014 B Georg Schwarzenbeck

2015 A Real Madrid

2016 B 1953

2017 A 1967

2018 B In Hohensachsen

2019 A Friedel Rausch

2020 A Thomas Häßler

2021 A Gottfried Dienst

2022 C Energie Cottbus

2023 D 61

2024 D Ertl

2025 Jürgen Sparwasser

2026 Eusebio

2027 A Juri Sawitschew
B Martin Driller
C Rui Costa
D J. Jeremies
E Norbert Nachtweih

2028 A Kurt Jara

2029 D Werder Bremen

2030 B 2

2031 D Für einen

2032 A Japan

2033 B 1970 bis 1978

2034 B Eike Immel

2035 A Ernst Happel

2036 A Karl-Heinz Rummenigge

2037 C FC Valencia

2038 D 4

2039 C Vorsitzender des Kontrollausschusses

2040 C Lazio Rom

2041 A 1985

2042 A 1991

2043 D Ajax Amsterdam

2044 B Grzegorz Lato

2045 C Pierluigi Collina

2046 D Keines

2047 D Halbfinale

2048 C Messepokal

2049 D Dynamo Dresden

2050 D Telstar

2051 A 1987

2052 D Otto Rehhagel

2053 C Max Merkel

2054 D 9

2055 C FC Homburg

2056 A Wales

2057 C 0:9

2058 D 20 Mio. DM

2059 B Effet

2060 B Matthias Sammer

2061 D 2:1

2062 A Gary Lineker

2063 B VfL Bochum

2064 D Karl Valentin

2065 B Tottenham Hotspur

2066 C Borussia Dortmund

2067 A Helmut Haller

2068 C 2,4 Mio. DM

2069 D 457

2070 D Schottland

2071 D Eisbär

2072 C Schweiz

2073 C Belgrad

2074 D Gerd Müller

2075 D Blonder Engel

2076 A Lüge
B Wahrheit
C Wahrheit
D Lüge
E Lüge
F Wahrheit
G Lüge

2077 in Frankfurt; die „Viktoria“ war der Wanderpokal, den die deutschen Meister 1903–44 erhielten. Die Trophäe, eine bronzene Jungfrau mit Engelsflügeln und Lorbeerkranz in der Hand, war 1 m hoch. Während des 2. Weltkriegs verschwand sie und tauchte erst nach der Wende wieder auf.

2078 A Mario Basler
B Uli Stielike
C Karlheinz Wildmoser
D Uwe Seeler
E Christian Ziege
F Jürgen Wegmann
G Kevin Keegan

2079 **Fehler 1:** Vor der Ernennung des ersten deutschen Nationaltrainers wurde die Aufstellung vom DFB-Spielausschuss festgelegt. **Fehler 2:** Bei der FIFA WM 1934 erreichte die deutsche Mannschaft nur Platz 3.

2080 A Aleksander Ristic
B Frank Pagelsdorf
C Friedel Rausch
D Roland Schmider
E Uwe Klimaschewski
F Franz Beckenbauer

2081 ITALIEN – SCHWEDEN – LUXEMBURG – AUSTRALIEN – NIGERIA - DAENEMARK = **ISLAND**

2082 Wacker Burghausen spielte als einziger Club nie in der 1. Bundesliga.

2083 A Lüge
B Wahrheit
C Wahrheit
D Wahrheit
E Lüge
F Wahrheit
G Wahrheit

2084 Dietmar Beiersdorfer

2085 C 3

2086 C Aad de Mos

2087 A Rodolfo Cardoso

2088 A Nach 3,53 Sekunden

2089 B 1968/69

2090 A Jürgen Rollmann

2091 B Stadion am Nordpark

2092 B Müller-Wohlfahrt

2093 A Jugoslawien

2094 B Frankfurt am Main

2095 C Gefährliches Spiel

2096 C Rot-Weiß Essen

2097 D Schottland

2098 D FC Barcelona

2099 A Borussia Mönchengladbach

2100 A Bernhard Dietz

2101 C Österreich

2102 D Michael Lameck

2103 A 1860 München

2104 C Mexico City

2105 C Drei

2106 C Girondins Bordeaux

2107 B ...28. Titelgewinn

2108 D 1. FC Kaiserslautern

2109 **Fehler 1:** Das „Wembley-Tor" schoss Geoff Hurst. **Fehler 2:** Der Bundespräsident war Heinrich Lübke, nicht Theodor Heuss.

2110 BECKENBAUER – ASAMOAH – SEELER – LIBUDA – EMMERICH – RAMELOW = **BASLER**

2111 Klaus Toppmöller ist der einzige Trainer, unter dessen Leitung kein Club Deutscher Meister wurde.

2112 Linienrichter

2113 D Pierre Littbarski

2114 B Luxemburg

2115 B 1979

2116 A Auge

2117 B Die schweizerische

2118 A Den dritten

2119 A Miroslav Klose

2120 A Uwe Seeler

2121 A 1956

2122 D SpVgg Unterhaching

2123 D 4

2124 D Borussia Mönchengladbach

2125 (Lars) RICKEN

2126 (Textwitze)

2127 A Wahrheit
B Wahrheit
C Wahrheit
D Lüge
E Lüge
F Wahrheit
G Wahrheit
H Wahrheit
I Lüge
J Lüge

2128 C 13

2129 A Schwarz-weiß

2130 B Aus dem Iran

2131 B Valdas Ivanauskas

2132 D 1976

2133 A Andreas Keim

2134 B Tull

2135 C 1990

2136 C Rumänien

2137 C Sebastian Deisler

2138 C 1978

2139 C EM 1984

2140 B Eintracht Frankfurt

2141 D Berni

2142 D Belgien

2143 A Die weiße Feder

2144 B Maurizio Gaudino

2145 A „Kaiser“

2146 A Franz Beckenbauer

2147 A Hans Apel

2148 C 27

2149 C 3 Punktspiele innerhalb einer Woche

2150 C Maracanastadion in Rio de Janeiro

2151 C „Effe“

2152 B Viermal

2153 C Das Bundesverdienstkreuz

2154 C Paris Staint Germain

2155 A Carlos Dunga

2156 A 1969

2157 A Hamburger SV

2158 B Uli Stielike

2159 A Den zweiten

2160 C 3

2161 D PSV Eindhoven

2162 D 1994

2163 B FC Chelsea

2164 B Schweiz

2165 B Löwen

2166 C Herbstmeister

2167 B Nationaltrainer Griechenland

2168 D Am 34.

2169 B Türkei

2170 D Viermal

2171 C Liverpool

2172 A 1980

2173 A München

2174 B Ebbe Sand

2175 B Christoph Metzelder

2176 B Griechenland und Nordirland

2177 D Atletico Madrid

2178 C Argentinien

2179 C Niederlande

2180 A 1. FC Kaiserslautern

2181 D ...25 Millionen

2182 C Bronze

2183 A Jens Lehmann

2184 C 18

2185 D 365

2186 B Straßburg

2187 A 1. FC Kaiserslautern

2188 B 5

2189 A Lothar Matthäus

2190 B Kickers Offenbach

2191 C 1. FC Köln

2192 A 85

2193 A 1991

2194 C Krassimir Balakov

2195 B Juventus Turin

2196 C Jürgen Klinsmann

2197 B 1993/94

2198 C FC Schalke 04

2199 A Vorrunde

2200 C 1. FC Köln

2201 C Ein Autounfall

2202 A 1969/70

2203 C Sepp Maier

2204 A 1981

2205 D England

2206 D tm 3

2207 A VfB Stuttgart

2208 D Fünfmal

2209 A Andrej Voronin

2210 C Klaus Augenthaler

2211 D Italien

2212 C Ronaldo

2213 D Weiß/grün/rot

2214 C Nordirland

2215 C SC Freiburg

2216 A Ein Stoffband

2217 D 500.000 Euro

2218 A Ab der Saison 1965/66

2219 B VfL Bochum

2220 C Manchester United

2221 B Bei Bayer Uerdingen

2222 B Miroslav Klose

2223 C Paul Breitner

2224 D 1986

2225 D HSV

2226 B AS Monaco

2227 C Palermo

2228 D 16:0

2229 A 1956

2230 A Kick and Rush

2231 D 1938

2232 D Brasilien

2233 B TSV Rheinhausen

2234 A ca. 6.000

2235 A Hassia

2236 Georg Schwarzenbeck

2237 A Wahrheit
B Lüge
C Lüge
D Wahrheit
E Wahrheit
F Lüge
G Wahrheit
H Wahrheit
I Wahrheit
J Wahrheit

2238 D Italien

2239 D Juventus Turin

2240 D 1. FC Köln

2241 B Roberto Baggio

2242 A Schweiz

2243 B Marco Bode

2244 A Bernd Hölzenbein

2245 A Rudi Gutendorf

2246 C München

2247 B Aufstieg in die 2. Bundesliga

2248 C 8-mal

2249 D Frankreich

2250 (Hans) KRANKL

2251 (Textwitze)

2252 A Lüge
B Lüge
C Wahrheit
D Lüge
E Lüge
F Wahrheit
G Wahrheit
H Wahrheit
I Wahrheit
J Wahrheit

2253 B Real Madrid

2254 B Der Putzer des Kaisers

2255 A Gerd Müller

2256 B Juventus Turin

2257 C ...16:0 gegen Russland

2258 C 1963/64

2259 C 2004/05

2260 D Sonntagsschuss

2261 B Frankreich

2262 A 1897

2263 D Deutschland und Polen

2264 D ...Bogenlampe